Fit+Jung-Formel

– Aktuelle Tipps und Trends für Gesundheit, Haut, Haare und Figur

Ratgeber

Dr. Tina Vanessa Gatzk

Impressum

Bibliografische Information der Deutschen Nationalbibliothek: Die Deutsche Nationalbibliothek verzeichnet diese Publikation in der Deutschen Nationalbibliografie; detaillierte bibliografische Daten sind im Internet über dnb.d-nb.de abrufbar.

TWENTYSIX – der Self-Publishing-Verlag
Eine Kooperation zwischen der Verlagsgruppe Random House und BoD – Books on Demand

© 2020 PD Dr. M. Vanessa Gatzka

Herstellung und Verlag:
BoD – Books on Demand, Norderstedt

ISBN 978-3740762209

Alle Rechte an diesem Buch und seinen Inhalten liegen bei der Autorin.

Das Werk ist urheberrechtlich geschützt. Eine Vervielfältigung oder Verbreitung ist untersagt.

Alle Fotos und Bilder entstammen der privaten Sammlung der Autorin oder wurden für dieses Buch speziell angefertigt oder adaptiert. Im Einzelfall sind die Quellen in den jeweiligen Kapiteln angegeben.

Disclaimer – Anmerkung der Autoren und Herausgeber

Dieses Buch enthält Informationen zu medizinischen Sachverhalten zu privaten Bildungszwecken. Das Buch und die Informationen dienen nicht dazu, Krankheiten zu diagnostizieren, zu heilen oder Krankheiten im Einzelfall vorzubeugen. Die Informationen in diesem Buch ersetzen nicht den Rat von Ärzten oder medizinischem Fachpersonal. Konsultieren Sie Ihre Hausarztpraxis oder einen Fachmediziner, bevor Sie ein neues Gesundheitsprogramm beginnen. Die Autorin und die Herausgeber übernehmen keine Verantwortung oder Haftung für etwaige Anwendungsfolgen. Ein rechtliches Vorgehen gegen die Autorin und die Herausgeber ist damit ausgeschlossen. Eine Garantie wird nicht von der Autorin oder den Herausgebern übernommen. Die Angaben zu Nahrungsergänzungsmitteln, Medizinprodukten, Arzneimitteln und anderen Produkten entsprechen einer aktuellen persönlichen Auswahl der Autorin und erheben keinen Anspruch auf Vollständigkeit. Ebenso können sich Produkte, Verfahren und medizinische Leitlinien jederzeit ändern.

Inhaltsverzeichnis

Vorwort	....	Seite 7
Kapitel 1	Einleitung: Was ist die „Fit+Jung-Formel"?	Seite 10
Kapitel 2	Alterungsmechanismen	Seite 21

    2.1 Definition der Alterung
    2.2 Alterungsmechanismen – Warum altern wir?
    2.3 Diagnostik und Biomarker des Alterungsprozesses

Kapitel 3	Kleiner anatomischer Grundkurs	Seite 40

    3.1 Aufbau der Haut
    3.2 Funktionen der Haut
    3.3 Hautzonen
    3.4 Haare
    3.5 Fettgewebe

Kapitel 4	Stufenplan für Gesundheit, Haut und eine gute Figur	Seite 54
Kapitel 5	Vorsorge und Risikenvermeidung	Seite 57

    5.1 Vorsorgemaßnahmen
    5.2 Vermeidung schädlicher Außeneinflüsse
    5.3 UV-Schutz, UV-Schädigung und Hautkrebsrisiken

Kapitel 6	Gesunde Ernährung und Supplements	Seite 70

    6.1 Grundregeln gesunder Ernährung
    6.2 Grundnährstoffe (Macronutrients)
    6.3 Die „Superfoods"
    6.4 Aktuelle Ernährungstrends
    6.5 Internationale Kochkunde
    6.6 Nahrungsergänzungsmittel (Micronutrients)
    6.7 Ernährungsmonitoring

Kapitel 7	Fitness – das "fit+jung" Trainingsprogramm	Seite 110
Kapitel 8	Hormonoptimierung – auch eine Hau(p)t-Sache	Seite 123

    8.1 Allgemeine Grundlagen
    8.2 Schilddrüsenhormone
    8.3 Vitamin D
    8.4 Weibliche Hormone: Östrogene und Menopause
    8.5 Männliche Hormone: Testosteron
    8.6 Dehydroepiandrosteron (DHEA)
    8.7 Wachstumshormon und IGF-1

Kapitel 9	Cosmeceuticals: Die richtige „Anti-Aging" Hautpflege	Seite 150
	9.1 Hautpflegeprinzipien	
	9.2 Hautpflegewirkstoffe	
Kapitel 10	Schlaf und mentale Fitness	Seite 165
Kapitel 11	Ästhetische Prozeduren	Seite 170
	11.1 Micro-Needling	
	11.2 Mesotherapie: PDGF, GFs	
	11.3 Plasma-Lifting	
	11.4 Dermabrasion	
	11.5 Chemische Peelings	
	11.6 Filler: Hyaluronsäure	
	11.7 Botox	
	11.8 Physikalische Verfahren	
	11.9 Laser und IPL	
	11.10 PDT	
	11.11 Fadenlifting	
	11.12 Chirurgisches Facelift	
Kapitel 12	Haargesundheit	Seite 189
Kapitel 13	Anti-Aging Medizin	Seite 195
Kapitel 14	Innovationen, aktuelle Alterungsforschung und Ausblick	Seite 199
Anhang		Seite 204

Vorwort

Naturgemäß möchte jeder Mensch gerne gesund und fit sein und in Gesundheit alt werden können. Aufgrund fortschreitender gesundheitlicher Veränderungen ist jedoch das Älterwerden auch heute oft schwierig und mit Problemen, Funktionseinbußen und verminderter Lebensqualität verbunden.

In unserer modernen Gesellschaft haben wir durch allgemeinen Wohlstand und die Erkenntnisse der hochentwickelten Medizin heute die Chance, ein wesentlich höheres Lebensalter zu erreichen als die Menschen noch vor 100 Jahren. Die durchschnittliche Lebenserwartung liegt im deutschsprachigen Raum – wie auch in anderen modernen Industriegesellschaften – derzeit erfreulicherweise bei durchschnittlichen 80,65 Jahren (laut statistischem Bundesamt 83,3 Jahre für Frauen und 77,5 Jahre für Männer). Bereits 2015 war jeder 5. Mitbürger in Deutschland über 60 Jahre alt. – 2030 wird es voraussichtlich jeder 3. sein. Unsere Gesellschaft – und jeder Einzelne – wird also immer älter.

Mit höherem erreichbarem Lebensalter steigt aber auch das Risiko des Einzelnen, an sog. „Wohlstandskrankheiten" und Krankheiten des Alters zu erkranken, wenn wir nicht aktiv etwas für unsere Gesundheit tun. Zudem befindet sich unsere Welt in einem Wandel: Durch Klima, Umwelt und Stress wirken vermehrt schädliche Einflüsse auf uns ein. Damit wird es für unsere Gesellschaft und jeden Einzelnen immens wichtig, in Gesundheit älter zu werden und typischen Wohlstandserkrankungen, wie Stoffwechselleiden, Immobilität und Demenz, vorzubeugen. Unsere Erbanlagen setzen den Rahmen für unseren Alterungsprozess, durch gesunden Lebensstil und Prävention kann jeder aber glücklicherweise aktiv Einfluss nehmen und seine Gesundheit erheblich verbessern – und zwar heute besser den je.

Dieser Gesundheits-Ratgeber fasst die aktuellen Erkenntnisse und Studien rund um gesundes Altern und personalisierte Vorsorge (*Prävention*) in interessanten und allgemein verständlichen Texten zusammen. Mit der „*Fit+Jung-Formel*" für Gesundheit, Haut, Haare und Figur bekommst Du zudem ein ganzheitliches und personalisierbares Konzept für ein Gesundheits-Stufenprogramm vermittelt – mit vielen nützlichen Tipps und Anwendungen dieser aktuellen Erkenntnisse der Anti-Aging- und Alterungswissenschaften (*Gerontologie*) für den Alltag. Fitness und Gesundheit geben mehr Energie und Zufriedenheit beim Älterwerden. Neben positiven gesundheitlichen Wirkungen werden zudem aktuelle Trends für ein jugendliches und gepflegtes Äußeres und für mentale Fitness vorgestellt, mit deren Hilfe die wachsenden

Anforderungen unserer modernen Gesellschaft optimal gemeistert werden können. Die beste Nachricht: Du kannst jederzeit anfangen, die Erkenntnisse der „Fit+Jung-Formel" und ein ganzheitliches Gesundheitsprogramm für Dich zu nutzen und damit Deiner Gesundheit und Deinem Körper entscheidende Unterstützung im täglichen Prozess des Älterwerdens und der Auseinandersetzung mit altmachenden inneren und äußeren Faktoren zu geben. Die verschiedenen Strategien der „Fit+jung-Formel" wirken in der Summe zusammen und ergänzen sich zu einem noch besseren Effekt für die Gesundheit.

Erfahre in den folgenden Kapiteln,
- welche Vorgänge im Körper täglich die Alterung vorantreiben
- persönliche Risikofaktoren für Alterungsvorgänge besser einzuschätzen
- wie äußere Einflüsse die Alterung beschleunigen
- durch gezielte personalisierte Prävention möglichen Alterserkrankungen besser vorzubeugen
- wissenswerte Fakten zum Aufbau von Haut, Haaren, Fett- und Bindegewebe
- was der Hautzustand über den Alterungsprozess der inneren Organe aussagt
- mehr zu Gesundheitstrends für jedes Alter wie *Biohacking* und *Pre-Juvenation*
- wie aktuelle Ernährungsmethoden positiv auf die Alterungsprozesse wirken können und Du über eine gesunde, frische, gut balancierte Ernährung Deinen Körper bestens versorgen, bei Aufbau- und Reparaturvorgängen unterstützen und optimale Leistungsfähigkeit in jedem Alter fördern kannst – und dabei gleichzeitig Deine Traumfigur bekommen kannst
- durch ein einfaches körperliches Fitnessprogramm Herz-und-Kreislauf-Funktionen zu fördern und dem Muskel- und Knochenabbau im Alter entgegenzuwirken
- welchen Einfluss Hormone und Hormonoptimierung auf den Alterungsprozess haben
- Tipps und Wirkstoffe für eine individuelle Haut- und Haarpflege in jedem Alter
- aktuelle kosmetische Tricks und Prozeduren zur Unterstützung individueller Schönheitsziele
- wie Dein Gehirn und Nervensystem und die geistige Fitness vom einem gesunden Stufenprogramm profitieren und Demenzerkrankungen vorgebeugt werden kann
- welchen Arzneimitteln und Wirkstoffen besondere Anti-Aging Wirkungen zugesprochen werden, und wie Du Deine Hausarztpraxis für das „fit+jung"-Programm mit ins Boot holst
- Trends für die Alterungstherapien der Zukunft und interessante Ausblicke auf innovative künftige wissenschaftliche Ansätze aus der Stammzell- und Regenerationsforschung

Viel Spaß beim Lesen und bei der Umsetzung Deines persönlichen „fit+jung"-Programms!

1. Einleitung – Über gesundes Altern und die „Fit+Jung-Formel"

1.1 Bedeutung personalisierter gesundheitlicher Vorsorgemaßnamen

Wieso sind personalisierte gesundheitliche Vorsorge und „Anti-Aging" so wichtig?
– Was wir aus Alterungsforschung und personalisierter Medizin lernen können...

Der in der Entwicklungsgeschichte konservierte *Alterungsprozess* geht allgemein mit einem Funktionsverlust der Gewebe des Körpers über die Zeit von der Jugend bis zum Tod des Organismus einher. In unserer Gesellschaft verbinden wir das Altern zwar einerseits mit positiven Eigenschaften wie „Erfahrung" und „Weisheit". Häufig stehen dem jedoch leider die „Gebrechen" des Alters gegenüber – körperlicher Verfall, eingeschränkte Beweglichkeit, Kreislauf-, Stoffwechsel- und Organerkrankungen, geistiger Abbau und Schmerzen [1]. Durch diese Erkrankungen des Alters wird die *Lebensqualität* des Einzelnen teilweise erheblich gemindert. Aufgrund der Erkenntnisse der modernen Medizin und Alterungsforschung und der verbesserten medizinischen Versorgung in unserer Wohlstandsgesellschaft ist zwar prinzipiell die Lebenserwartung für Frauen und Männer in den letzten Jahren erfreulicherweise weiter gestiegen, aber sehr häufig erkranken Menschen im Alter chronisch und können das Leben nicht mehr richtig genießen. Insbesondere *„Wohlstandskrankheiten"*, wie Alters-Diabetes (Typ II-Diabetes), Herz-Kreislauf-Erkrankungen, Gelenkerkrankungen und Alters-Demenz, – die auch durch den Lebensstil beeinflussbar sind – sind in der heutigen Zeit zunehmend auf dem Vormarsch [2]. Schon in jüngeren Jahren bemerken wir oft selber störende Veränderungen und Vorboten, wie Übergewicht, Leistungsminderung oder Falten. Ebenso sind wir verstärkten äußeren Belastungen durch den Klimawandel, durch Umweltgifte, durch veränderte Infektionserreger und vermehrten Stress ausgesetzt [3]. In jedem Alter gesund, fit und vital und den Belastungen gewachsen zu sein, gewinnt in unserer Leistungsgesellschaft für jeden somit immer mehr an Bedeutung. Der Anteil älterer Menschen in unserer Gesellschaft wird in den kommenden Jahren weiter zunehmen. Auch unser Gesundheitssystem wird durch Wohlstandserkrankungen und Erkrankungen als Folge ungesunder Lebensweise belastet.

Der Alterungsprozess ist *multifaktoriell* und *individuell*, d.h. verschiedenste innere und äußere Faktoren tragen zur Alterung und Alterungsgeschwindigkeit bei. Glücklicherweise kann jeder die Erkenntnisse der modernen Alterungsforschung und personalisierten Vorsorge zur Verbesserung der eigenen Gesundheit und für möglichst gesundes Altern nutzen. Durch einen gesunden Lebensstil und ein auf persönliche Belastungen und Risikofaktoren abgestimmtes Gesundheitsprogramm, wie die hier vorgestellte *„Fit+Jung-Formel"*, lässt sich der Alterungsprozess positiv beeinflussen, vielen Alterserkrankungen vorbeugen – und einige negative Erscheinungen lassen sich sogar „umkehren". In jedem Alter lässt sich die Gesundheit durch entsprechende Vorsorge auf natürliche Art und Weise verbessern – je früher und je nachhaltiger wir etwas für unsere Gesundheit tun, desto besser; und desto positiver sind auch die Auswirkungen für Körper und Geist, Haut und Figur.

1.2 Zusammenwirken von erblichen und äußeren Einflüssen

Durch medizinische und molekulargenetische Forschung ist die Bedeutung unserer Erbanlagen (*Gene*) für unsere Gesundheit und den individuellen Alterungsprozess immer besser bekannt. Das menschliche Genom, also die Gesamtheit der Gene, wurde zum Jahr 2003 komplett entschlüsselt. – Seitdem konnten vielen Genen spezifische Funktionen im Hinblick auf Erkrankungen zugewiesen werden. Insbesondere Untersuchungen zur Verbindung von Genvariationen mit gehäuftem Auftreten bestimmter Erkrankungen (sog. *Genome-wide Association Studies, GWAS* oder *Linkage*-Studien) konnten solche „Risikogene" identifizieren [4]. Auch anhand genetischer *„Voralterungssyndrome"*, bei denen betroffene Patienten infolge bestimmter Genveränderungen besonders schnell altern, konnten molekulare Mechanismen gefunden werden, die generell beim Alterungsprozess eine Rolle spielen [5].

Der Zusammenhang zwischen Veranlagung, äußeren Einflüssen und stufenweiser Entwicklung von Alterserscheinungen lässt sich am Beispiel der Haut und des sog. *„Haut-Licht-Typs"* (Pigmenttyp) anschaulich verdeutlichen: Bekanntermaßen sind hellhäutige, blauäugige, blonde oder rothaarige Typen (Lichttyp I-II nach *Fitzpatrick*) empfindlicher gegenüber der Sonnenstrahlung. Sie bekommen schneller einen Sonnenbrand und müssen sich besser vor der Sonne schützen als dunkelhäutige Typen [6]. Auch die sog. „Lichtalterung" (engl. *photoaging*) ist bei helleren Hauttypen gegenüber dunkelhäutigen beschleunigt: Unter dem lebenslangen Einfluss des UV-Lichts der Sonne entstehen insbesondere bei hellerem Hauttyp mit anlagebedingt geringerer Produktion des schützenden Hautpigments *Melanin* mit zunehmendem Alter sonst Lichtschäden und möglicherweise auch Hautkrebs. Das *„Sonnenkonto"* ist erschöpft.

Vergleichbar mit dem Lichttyp haben auch veranlagungsbedingte, unterschiedliche *Stoffwechseltypen* und Variationen im Hormonhaushalt, Immunsystem und Körperbau einen Einfluss auf die Alterung [7]. *Tabelle 1.1* fasst einige bekannte *Genvariationen* zusammen.

Die sog. *personalisierte Medizin* ist ein relativ „junges" Fachgebiet, das sich speziell mit dem Einfluss der Erbanlagen und anderer persönlicher Faktoren bei Erkrankungen befasst. Dieses Fachgebiet ist auch für die Alterungsmedizin von großer Bedeutung: Während jeder Mensch einem Alterungsprozess unterliegt, sind entsprechend der Erbanlagen bestimmte Risiken beim Einzelnen unterschiedlich stark ausgebildet. In den verschiedenen Körpergeweben gibt es also individuelle „genetische" Modulationen der Alterungsgeschwindigkeit und der Reaktionen auf Umwelteinflüsse. Zusammen bestimmen Genetik und Umwelt somit das sog. *biologische* Alter unseres Körpers. Im Gegensatz zum chronologischen Alter, das Deinem aktuellen Alter gemäß Deines Geburtsdatums entspricht, wird das biologische oder körperliche Alter auch von der Intensität der laufenden Alterungsprozesse entsprechend Genetik, Risiken und Belastungen bestimmt. Ein verbessertes und modernes Gesundheits- und Anti-Aging-Programm muss sich also auch mit den Voraussetzungen des Einzelnen auseinandersetzen – und nicht nur blind „pauschal" wirksame Strategien anbieten oder Produkte verkaufen.

Tabelle 1.1: Beispiele für bekannte genetische Faktoren und verbundene Krankheitsrisiken

a) Haut

Licht-Hauttyp (I-V nach *Fitzpatrick*)	Hautkrebs, Photoaging (Hautalterung)
UV-Schaden Reparaturenzyme (diverse)	Hautkrebs, Photoaging, *Xeroderma pigmentosum*
Hautstrukturproteine (Filaggrin, COL, KRT)	Neurodermitis, Ekzeme, Ichthyosen, Vernarbung

b) Gefäße und Blutgerinnung

Thrombophilie Faktoren (II, V, MTHFR, u.a.)	Thrombose, Embolie, Schlaganfall

c) Stoffwechsel, metabolisches Syndrom, Figur

Insulinstoffwechsel	Diabetes, metabolisches Syndrom (MetS)
Lipidstoffwechsel (LPL, APOE, u.a.)	Dys-/Hyperlipid-, Dys-/Hypercholesterinämie,

d) Immunsystem

HLA-System, TNF-, IL-17/IL-23-Achse, u.a.	„Rheuma", Schuppenflechte, multiple Sklerose

e) Gehirn und Nervensystem

Presenilin, Amyloid Vorläufer, APOE, u.a.	Neurodegenerative Erkrankungen (*Alzheimer* u.a.)

e) Gewebe, Tumorentwicklung

Tumorsuppressoren (Cdkn2a, BRCA, u.a.)	Tumorerkrankungen (Krebs)

Abkürzungen: Kollagen (COL), Keratin (KRT), Methylen-Tetrahydrofolat-Reduktase (MTHFR), Lipoproteinlipase (LPL), Apolipoprotein E (APOE), Histokompatibilitätskomplex (HLA), Tumornekrosefaktor (TNF), Interleukin (IL), Cyclin-dependent kinase inhibitor (Cdkn2a), Breast Cancer (BRCA) Gen

1.3 Deine persönliche Gesundheitsformel

1.3.1 Was ist das Besondere an der Fit+Jung-Formel?

Unsere Gene setzen also den Rahmen für den persönlichen Alterungsprozess. Zu einem hohen Prozentsatz wird der Alterungsprozess aber auch von äußeren „altmachenden" Faktoren bestimmt. Neben den Genen machen es uns oft die Annehmlichkeiten der modernen Gesellschaft schwer, unseren Lebensstil und Gewohnheiten nachhaltig zugunsten unserer Gesundheit zu verbessern Eine Vielzahl schädlicher Außeneinflüssen wirken auf uns ein – und oft wissen wir gar nicht, welchen potentiellen „Altmachern", Dickmachern und Krankmachern wir uns aussetzen und wie wir unseren Körper daran hindern, seine naturgegeben heilenden und jungmachenden Kräfte voll auszuschöpfen. – Stattdessen probieren wir verschiedene Gesundheitskuren, Diäten, Produkte und Schönheitsmittel, sind von „Jojo-Effekten" und Stress geplant – ohne dass der gewünschte Erfolg anhaltend eintritt. Meist tappen wir nur immer tiefer in die Fallen der Nahrungs- und Gesundheitsproduktindustrie. Warum aber zeigen herkömmliche Gesundheits- und Schlankheitskuren oft nicht die erhoffte dauerhafte Wirkung?

Es gibt mindestens *3 Hauptgründe* für den oft fehlenden nachhaltigen gesundheitlichen Erfolg vieler Diäten und Gesundheitskuren:

1. Viele Diäten und Kuren sind nicht *ganzheitlich* – sie zielen nur auf einen bestimmten Aspekt Deiner Gesundheit und Deines Lebensstils ab, wie eine kurzfristige Ernährungsumstellung oder Kalorienreduktion, eine bestimmte sportliche Betätigung oder eine äußerliche Schönheitsmaßnahme. Der Körper als Gesamtheit kann sich damit nicht ausreichend umstellen und seine inneren Jungbrunnen daher nicht mit voller Kraft sprudeln lassen.

2. Herkömmliche Programme sind oft nicht *personalisiert* und werden ohne Kenntnis persönlicher Alterungsfaktoren, Stoffwechselvariationen oder möglicher Vorerkrankungen „pauschal" angeboten. Wesentliche Ressourcen des Körpers bleiben damit unberücksichtigt.

3. Es findet keine *nachhaltige* Verbesserung des Lebensstils statt, sondern nur eine kurzfristige Änderung zugunsten eines schnellen Gewichtsverlusts oder vermeintlicher Fitness. Speziell bei unkontrollierten Reduktions- oder „Blitz"-Diäten verliert der Körper meist nur Wasser und Muskelmasse – und nimmt bei Rückkehr zu den alten Essgewohnheiten umso schneller an Gewicht wieder zu. Der nachhaltige Erfolg ist also auch eine „Kopfsache".

Oftmals hat die Zielsetzung der Kur auch von vornherein nicht gestimmt, wenn z.B. das Programm zu langweilig oder zu streng ist, so dass ständig geschummelt wird oder durch äußere Stressfaktoren kompensatorisch nur wieder andere Alterungswege getriggert werden.

1.3.2 Die Strategien der „Fit+Jung-Formel"

Die 3 gerade genannten Punkten gilt es also zu verbessern, um die Gesundheit zu optimieren: Die „Fit+Jung-Formel" stellt daher ein nachhaltiges, ganzheitliches („holistisches") und auf die Bedürfnisse des Einzelnen zugeschnittenes („personalisiertes") Gesundheits-Stufenprogramm vor, das verschiedene bewährte und moderne Gesundheitsstrategien aus Prävention, „anti-aging", „biohacking", Ernährungsmedizin, Fitness, Kosmetik, Hormonoptimierung und „pre-juvenation" vereint. Aufbauend auf die Kenntnis Deines Gesundheitsstatus, Deiner Blutwerte und der Reaktionen Deines Körpers („innere Alterung") können äußere Einflüsse bewusst und gezielt verbessert und optimiert werden. Durch einen ganzheitlichen gesunden Lebensstil wird der Körper optimal in seinen natürlichen Vital- und Regenerationsprozessen unterstützt und der multifaktorielle Alterungsprozess wird gemildert. In der Ernährungsmedizin und im Fitnessbereich wird diese bewusste Beeinflussung körpereigener Vorgänge auch modern als „biohacking" bezeichnet. Die Gesundheitsstrategien der Fit+Jung-Formel sind abhängig vom Gesundheitsstatus prinzipiell in jedem Alter anwendbar: Dein Ziel sollte eine dauerhafte und bewusste Verbesserung des Lebensstils und der Gesundheit sein.

Zu den *Gesundheitsstrategien* einer *Fit+Jung-Formel* für gesundes Altern gehören:

* Vorab: Die Bestimmung des *Alterungstyps* und ein *Monitoring* der Blutwerte:
  Voraussetzung für ein gezieltes Jungmach-Programm ist die Kenntnis der „Schwachstellen" des Körpers, des individuellen Alterungstyps und der äußeren Belastungen. Im folgenden Abschnitt ist ein kleines Quiz eingearbeitet: Sowohl Risikofaktoren wie auch Reaktionen des Körpers sollten bei Deinem persönlichen fit+jung-Programm berücksichtigt werden.

1. Vorsorge und gezielte *Vermeidung* bzw. Ausschaltung schädlicher äußerer Einflüsse:
   Verschiedenste Umwelteinflüsse, wie Strahlung (UV, Radioaktivität), Luftverschmutzung und Stäube, schädliche Nahrungsbestandteile und Genussmittel, körperliche Fehlbelastung und Stress, setzen unserem Körper täglich zu und (über-)fordern seine natürlichen Entgiftungs- und Regenerationskräfte oftmals. Verschiedene Strategien helfen, diese schädlichen Einflüsse zu minimieren und den Körper bei der „Reparatur" von Schäden zu unterstützen.

2. Eine *Kohlenhydrat-* und *Fett-balancierte, gesunde Ernährung*:
   Die „Jungmach-Formel" ist kein weiteres leidiges „Diät-Programm", beinhaltet aber eine gesunde Balancierung von Kohlenhydraten und Fetten in der Nahrung. Gerade gesunde Ernährung unterstützt den Körper entsprechend des Alterungs- und Stoffwechseltyps nämlich dabei, Alterungsschäden und Wohlstandserkrankungen vorzubeugen.

Zusätzlich kann eine bedarfsgerechte *Nahrungsergänzung* sinnvoll sein:
Auf der Basis natürlicher Stoffe kann zudem die Nahrung gezielt ergänzt werden, um den Körper noch besser bei seinen Funktionen zu unterstützen und körpereigene Jungbrunnen zu wecken. Nahrungsergänzung ist besonders hilfreich, wenn nicht immer eine ausgewogene und frische Ernährung möglich ist oder Stress zu erhöhter Belastung führt.

3. Ein einfaches körperliches *Fitnessprogramm*, das mit regelmäßigem an-/aerobem Training zur Förderung von Herz-Kreislauf-Gesundheit und Kräftigung beiträgt und den Empfehlungen für gesunde Bewegung der *World Health Organisation* (WHO) entspricht.

4. Eine alters- und Alterungstyp-gerechte *Hormonoptimierung* durch den Fachmediziner:
Da verschiedene Hormone im Zuge des Altersprozesses vermindert gebildet werden und dem Körper fehlen, kann bei Mangelzuständen und entsprechenden Beschwerden eine fachgerechte Hormonoptimierung abhängig von Alterungstyp und -risiken sinnvoll sein.

5. Ausreichender *Schlaf* und Übungen für Entspannung und mentale Fitness:
Da im Schlaf wichtige Stoffwechsel- und Entgiftungsvorgänge erst richtig gut ablaufen können, werden täglich 7-9 Stunden Nachtschlaf empfohlen. Ebenso sollte auf einen gezielten Stressausgleich geachtet werden: In diese Kategorie fallen daher auch Entspannungs- und Anti-Stress-Therapien sowie ein „Trainingsprogramm" für das Gehirn.

6. und individuelle *Zusatzmaßnahmen* aus Wellness, medizinischer Kosmetik und Medizin:
Auch hier sollte jeder selbst entscheiden, welche der heute anerkannten und möglichen Maßnahmen passend und wertvoll für die eigene Lebensqualität sind. Ziel ist hier die persönliche *Zufriedenheit*, die maßgeblich zu einem gesunden Alterungsprozess beiträgt.

Fast vergleichbar mit einer mathematischen Formel können sich die Wirkungen der verschiedenen Gesundheits-Strategien 1.-6. zu einem gewissen Grad addieren (sog. „*Synergismus*") für einen noch besseren Gesamteffekt auf die Gesundheit. Aber auch wenn nur bestimmte Strategien genutzt werden, kann ein positiver anti-aging Effekt für die Gesundheit erzielt werden. Die Kenntnis Deines Alterungstyps hilft zudem, Schwerpunkte zu setzen.

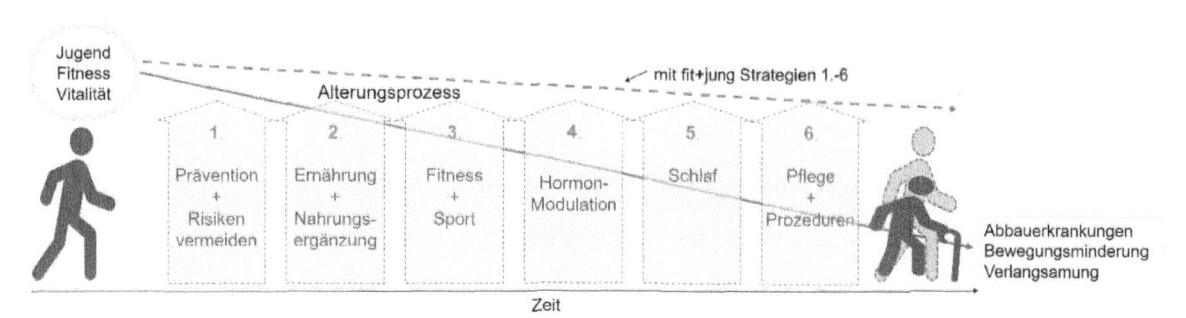

1.4 Alterungsstatus, Alterungstypen und ihre Bedeutung

- Erkenne Deinen Alterungstyp und wie gesund Dein Lebensstil ist...

Der erste Schritt zu einem erfolgreichen „Jungmach-Programm" und anhaltender Gesundheit und Fitness mit zunehmendem Alter ist zunächst einmal die Kenntnis der körpereigenen Voraussetzungen (Genetik) und der persönlichen Belastungen, also der *inneren* und *äußeren Alterungsfaktoren* (s. auch Kapitel 2). Darauf aufbauend solltest Du Dir persönliche aktuelle Ziele für ein Jungmach-Programm mit den Strategien der *Fit+Jung-Formel* stecken. In diesem Abschnitt kann Du einen integrierten Gesundheits-Test machen (s. *Anhang*), der Aufschluss über Deine Veranlagungen für Alterserkrankungen, Deinen Alterungstyp und eventuelle Verbesserungsmöglichkeiten in Deinem aktuellen Lebensstil gibt. Anhand der *Fit+Jung-Formel* – und mit Hilfe eines Fachmediziners oder Heilpraktikers – lässt sich dann Dein ganz persönliches anti-aging Gesundheits- und Fitness-Programm zusammenstellen.

1.4.1 Fragebogen zu Alterungsfaktoren (Integriertes Gesundheits-Quiz)

In unserem „Alterungs-Quiz" werden verschiedene Fakten zur Deiner Gesundheit – in Kategorien wie Veranlagung und Familiengeschichte, gesundheitliche Risikofaktoren, derzeitige Erkrankungen, körperliche Verfassung, Lebensstil, äußere Einflüsse und Belastungen, aktuelle Vorsorgemaßnahmen, Lebensqualität (QoL) und Zufriedenheit sowie soziale Einbindung – abgefragt und berücksichtigt. Den Fragebogen dazu findest Du im Anhang. Anhand der Angaben kann Dein aktueller Alterungsstatus und Dein ungefähres *biologisches Alter* nach den angegebenen Formeln ermittelt werden. Während das sog. chronologische Alter dem aktuellen Alter anhand Deines Geburtsdatums entspricht, wird das *biologische Alter* als körperliches Alter auch von der Intensität der ablaufenden Alterungsprozesse, von den Veranlagungen und den äußeren Belastungen mitbestimmt.

In Ergänzung zum Alterungs-Quiz sollte vor Beginn mit Deinem persönlichen fit+jung-Programm ein *ärztlicher gesundheitlicher Check-Up* erfolgen mit Bestimmung der Blutwerte, des Blutdrucks und weitere Untersuchungen in Abhängigkeit von möglichen persönlichen Risikofaktoren.

Den *Fragebogen* für das Alterungsquiz findet Du im Anhang am Ende dieses Buches. Fülle den Bogen aus und ermittle Deinen Gesamtpunktwert. In den folgenden Anschnitten wird die Auswertung und Beurteilung der Ergebnisse erklärt.

1.4.2 Auswertung des Alterungsquiz

Der Gesamtpunktwert im „fit+jung"-Alterungs-Quiz gibt Aufschluss über Deinen momentanen Alterungsstatus und die derzeitige Geschwindigkeit der ablaufenden Alterungsprozesse. Aus dem Alterungsstatus lässt sich auch das ungefähre biologische (körperliche) Alter bezogen auf Dein tatsächliches (chronologisches) Alter bestimmen.

- Zur Berechnung Deines *Punktwertes* bilde zunächst einfach die Summe aller Punkte in allen 6 Kategorien (I-VI). Ein niedriger Gesamtwert im Alterungs-Quiz besagt generell, dass Du jung oder jung geblieben bist. Bei höheren Werten solltest Du zusätzliche vorbeugende Strategien gegen Alterungsprozesse in Betracht ziehen und vermehrt auf einen gesünderen Lebensstil achten.

- Dein *Alterungsstatus* ergibt sich als Quotient der zuvor bestimmten Differenz des Punktwertes minus 30 geteilt durch die Zahl 3 (dem maximalen Einzelpunktwert pro Frage) - minus die Zahl 2. Der Alterungsstatus kann auch einen negativen Wert haben, – was auf ein „unterdurchschnittlich" langsames Ablaufen von Alterungsprozessen hinweist.

- Mit Hilfe des so ermittelten Alterungsstatus lässt sich Dein ungefähres *biologisches Alter* als Summe Deines tatsächlichen Alters und Deines Alterungsstatus bestimmen.

- Zur Bestimmung des *Alterungstyps* wird im nächsten Schritt die Summe in den jeweiligen Kategorien A-E und I gebildet.

Tabelle 1.4.2: Schema für die Auswertung des Alterungs-Quiz

Punktwert	Bewertung
• Punktwert bis *30 Punkte*	gesunder Lebensstil, Status „jung-geblieben"
	Alterungsprozesse derzeit gut im Schach
• Punktwert *31-45 Punkte*	durchschnittlicher Lebensstil, Status „altersentsprechend"
	Anzeichen der Alterung nachweisbar und fortschreitend
• Punktwert über *45 Punkte*	weniger gesunder Lebensstil, Status „vorgealtert"
	Alterungsprozesse derzeit beschleunigt fortschreitend

Zur Berechnung des *Alterungsstatus* ziehst Du zunächst 30 von Deinem Punktwert ab und teilst die gebildete Differenz dann durch die Zahl 3, dem maximalen Einzelpunktwert, minus 2.

- *Alterungsstatus* = ([Punktwert – 30] : 3) - 2   (negatives Ergebnis möglich)
- Ungefähres *biologisches Alter* = Aktuelles Alter + *Alterungsstatus*

1.4.3 Dein persönlicher Alterungstyp und seine Bedeutung

Anhand der Antworten im Alterungs-Quiz findest Du auch Anhaltspunkte auf Deinen aktuell vorwiegenden „Alterungstyp" und kannst so persönliche Alterungsrisiken besser einordnen. Zur Bestimmung Deines Alterungstyps bildest Du die Summe der Punkte, die in einer der Kategorien A-E sowie I erreicht wurden. Die Kategorie mit der höchsten Punktzahl entspricht Deinem überwiegenden Alterungstyp. Mit dieser Kenntnis kannst Du in den folgenden Kapiteln noch gezielter passende Jungmach-Strategien finden und Dein Gesundheitsprogramm besser personalisieren.

Je nach Alterungstyp stehen Risiken für Herz-Kreislauf-Erkrankungen (Typ A, *Arterien*), das sog. metabolische Syndrom mit unterschwelliger Entzündungsneigung (*B, Blut*), für Krebserkrankungen (*C, Cancer*), geistigen Abbau (*D, Demenz*) oder hormonelle Störungen (*E, Endokrinologie*) im Vordergrund des Alterungsprozesses. Gibt es keine bekannten besonderen Gesundheitsrisiken, ist der Alterungstyp unbestimmt (*I, indefinite risk*). Natürlich gibt es bei manchen Menschen Überlappungen zwischen den Alterungstypen – und ein „*Mischtyp*" mit mehr als einem Alterungsmodus kann vorliegen, ebenso wie eine Typänderung mit der Zeit. Insbesondre Risiken für Stoffwechselstörungen und Diabetes gehen meist auch mit einem erhöhten Risiko für Herz-Kreislauf-Erkrankungen und Mikroentzündungen einher. Auch wenn sich prinzipiell alle in der *Fit+Jung-Formel* vorgestellten Gesundheits-Strategien in ihrer jungmachenden und gesundheitsfördernden Wirkung zu einem gewissen Grad addieren, können je nach Alterungstyp persönliche Schwerpunkte gelegt werden.

⚠ *Achtung*: Generell und für jeden Alterungstyp werden regelmäßige *Gesundsheitschecks*, die Teilnahme an den gesetzlichen *Vorsorgeuntersuchungen* und die Begleitung Deines Gesundheitsprogramms und Fitnesstrainings durch einen *Fachmediziner* angeraten.

Tabelle 1.4.3: Alterungstypen, verbundene Gesundheitsrisiken und präventive Strategien

Vorwiegender Alterungstyp	Merkmale und fit+jung Schwerpunkt-Strategien
Typ **A** (*Arterien* und Kreislauf)	Kardiovaskuläre Risiken in Familien- oder Vorgeschichte
	Durchblutungsstörung, Herzinfarkt, Schlaganfall möglich
	- Meiden *kardiovaskulärer Risikofaktoren* wie Rauchen
	- Fettbalancierte Ernährung mit Omega-3s (Kapitel 6)
	- Nahrungsergänzung zur Bekämpfung von Fettablagerungen und -stoffwechselstörungen

	- Fitness Programm mit *aerobem Training* (Kapitel 7)
Typ **B** (*Blut* und MetS)	Risiko für Diabetes und metabolisches Syndrom (MetS)
	Chronische Entzündungen im Körper verstärkt möglich
	Übergewicht möglich
	- Niedrig-glykämische ausgewogene Ernährung
	- Nahrungsergänzung zur Blutzuckernormalisierung und Bekämpfung von Fettstoffwechselstörungen und/oder Therapie des Insulinmangels
	- Fitness Programm mit an-/aerobem Training
Typ **C** (Krebsrisiko)	erhöhtes Risiko für Krebsleiden in der Familien- und/oder Eigenanamnese
	- häufigere Krebs-Vorsorgeuntersuchungen
	- Fett- und Kohlenhydrat-balancierte Ernährung
	- Moderates regelmäßiges Fitness-Programm
Typ **D** (Demenzrisiko)	Demenz-Risiko in der Familien- oder Eigenanamnese
	Risiko für vorschnellen kognitiven Abbau und Folgen
	- Fett- und Kohlenhydrat-balancierte Ernährung
	- Neuroprotektive Nahrungsergänzung
	- Fitness-Programm
Typ **E** (Endokrin)	Symptome hormoneller Dys- oder Unterfunktion
	- Ausgewogene Ernährung
	- Hormonoptimierung (Kapitel 8)
	- Fitnessprogramm
Typ **I** (Indefinite)	unklare Risiken oder bisher fehlender Gesundheitscheck
	- Check-up und Teilnahme an Vorsorgeuntersuchungen
	- Fett- und Kohlenhydrat-balancierte Ernährung
	- Nahrungsergänzung nach ärztlicher Konsultation
	- Fitness-Programm nach ärztlicher Konsultation

1.5   Ausgewählte und weiterführende Literatur

1. Jopp DS, Boerner K, Rott C. Gesundheit und Krankheit im Alter von 100 Jahre – Befunde der Zweiten Heidelberger Hundertjährigen-Studie. *Dtsch Arztebl.* 2016; 113:203-210. doi: 10.3238/arztebl.2016.0203

2. Boehm K, Tesch-Roemer C, Ziese T. Gesundheit und Krankheit im Alter. Beiträge zur Gesundheitsberichterstattung des Bundes. Robert Koch-Institut, Berlin, 2009.

3. Eckert N. Klimawandel – Ernstfall für die Gesundheit. *Dtsch Arztebl.* 2019; 116(47):A2174-2176.

4. Li MJ, Wang P, Liu X, Lim EL, Wang Z *et al.* GWASdb: A database for human genetic variants identified by genome-wide association studies. *Nucleic Acids Res.* 2012; 40:D1047-D1054.

5. Hirschfeld G, Berneburg M, von Arnim C, Iben S, Ludolph AC, Scharffetter-Kochanek K. Progeroid-Syndrome Klinik und Molekularbiologie der vorzeitigen Alterung. *Dtsch Arztebl* 2007; 104(6): A 346–53.

6. Fitzpatrick TB. Ultraviolet-induced pigmentary changes: Benefits and hazards. *Curr Probl Dermatol.* 1986; 15:25-38.

7. Franceschi C, Bezrukov V, Blanché H, Bolund L, Christensen K, *et al.* Genetics of healthy aging in Europe: The EU-integrated Project GEHA (Genetics of Healthy Aging). *Ann N Y Acad Sci.* 2007. 1100(1):21-45.

2. Alterungsmechanismen

2.1 Definition der Alterung

2.1.1 Alterungsprozess und altersabhängige Veränderungen des Körpers

Alterung ist ein fortschreitender und prinzipiell nicht umkehrbarer Prozess mit zunehmendem Funktionsverlust der Zellen und Gewebe – bis zum Tod des Organismus. Während die Alterung bei allen Menschen durch das gleiche Set physiologischer und biochemischer Vorgänge des Körpers vermittelt wird (s. Abschnitt 2.2), kann die Intensität einzelner Alterungsvorgänge individuell stark variieren und durch den Lebensstil beeinflusst werden. Im Zuge des Alterns können verschiedene altersabhängige Erkrankungen auftreten. Zu den Erkrankungen des Alters gehören insbesondere Herz-Kreislauf-Erkrankungen (wie Bluthochdruck, Herzinfarkt und Schlaganfall), Stoffwechselerkrankungen (Diabetes Typ II, Schilddrüsenunterfunktion, Fettleber), Verschleißerkrankungen wie Gelenkverschleiß (*Arthrose*) und andere degenerative Erkrankungen, Krebserkrankungen (Tumore), Lungenerkrankungen, neurodegenerative Erkrankungen (*Demenz* wie Alzheimer oder Parkinson) mit geistigem Abbau sowie ein Funktionsverlust des Immunsystems mit erhöhter Infektanfälligkeit und verminderter Tumorabwehr. Viele dieser Erkrankungen gehören – neben Unfällen und Selbstmorden – auch zu den häufigsten Todesursachen in unserer modernen Gesellschaft.

Auch am äußeren Erscheinungsbild des alternden Menschen zeigen sich degenerative Veränderungen und Abbauerscheinungen, die zusammen den sog. *Alterungsphänotyp* ausmachen: Es kommt zu einer Abnahme der Knochenmasse (*Osteoporose*) sowie der Muskel- und Bindegewebsmasse. An der Haut und der Figur sind die Alterungszeichen besonders deutlich sichtbar – wie Faltenbildung und Gewebsschlaffheit, dünne, fleckige und trockene Haut, Haarergrauen, Haarverlust und typische gebückte Haltung. Diese sichtbaren Alterungszeichen gehen mit inneren Alterungsveränderungen an den Gefäßen und Organen einher sowie mit einer allgemeinen „Verlangsamung" und zunehmendem Funktionsverlust der Bewegungsfähigkeit, der Sinneswahrnehmungen und des Immunsystems.

2.1.2 Charakteristika der Hautalterung und Haut als Alterungsindikator

– Wie kommt es zu den typischen sichtbaren Alterungsveränderungen an der Haut?
Sprichwörtlich ist die Haut „der Spiegel der Seele". Als größtes Organ und „Schutzschild" gegenüber der Außenwelt lässt die Haut auch den allgemeinen Alterungsprozess des Körpers

von außen am offensichtlichsten erkennen. Erwiesenermaßen spiegelt die Haut mit zunehmendem Alter unseren Lebenswandel wider. Zudem ist die Zusammensetzung der Haut aus Funktionszellen und Bindegewebe mit anderen Organen vergleichbar. Auch in der Medizin gilt die Haut daher als diagnostisches *Indikatororgan* für den Gesundheitszustand und die im Inneren unseres Körpers ablaufende Alterungsprozesse (s. Abschnitt 2.3).

Wie auch bei der Alterung anderer Organe führen sowohl innere als auch äußere Faktoren über die Jahre zu einer sichtbaren Alterung der Haut. Dabei ist die Haut in ihrer Funktion als schützende „Grenzfläche" zur Umwelt in besonderem Maß potentiell schädigenden Außeneinflüssen ausgesetzt. Zu den vielfältigen Funktionen der Haut gehören u.a. der Schutz vor Strahlung, verschiedensten Umweltschadstoffen, Mikroorganismen und Verletzungen sowie vor Feuchtigkeits- und Wärmeverlust. Zudem hat die Haut Funktionen als Sinnesorgan als Ort des Tastsinns und in der Hormonproduktion von Vitamin D, was auch im Kapitel 3 zur *Anatomie* näher erklärt wird. Verständlicherweise muss auch die Haut bei so vielen Aufgaben selber über besonders intensive Schutzmechanismen für ihre eigenen Zellen verfügen, um mit all diesen Belastungen lebenslang fertig zu werden und diese zu „entgiften" und zu reparieren. Durch gute Pflege, gesunden Lebensstil und Beachten der Strategien der *Fit+Jung-Formel* kannst Du die natürlichen Schutzfunktionen der Haut unterstützen. Starker Sonnenkonsum, Rauchen, Alkohol, falsche Ernährung, aber auch Medikamente und andere mögliche Schadstoffe oder innere Erkrankungen hinterlassen dabei im Zuge der Hautalterung ihre Spuren. Die Hautstruktur ist damit wie ein „Tagebuch" und sichtbares Gedächtnis unseres Lebenswandels – oder wie es die Gynäkologin *Allesandra Graziottin* ausdrückte, ist die Haut als „multisensorische Identitätskarte" der Fingerabdruck unseres Lebens [1].

Wenn man die Altershaut optisch mit junger Haut vergleicht, gibt es charakteristische sichtbaren Veränderungen der Alterung wie Faltenbildung, Pigmentflecken, verminderte Elastizität, Substanzminderung der Unterhaut und der Hautkompartimente (medizinisch als *„Atrophie"* bezeichnet), Trockenheit sowie möglicherweise auch die Bildung gutartiger und bösartiger Hauttumore. Diese Veränderungen können einerseits als kosmetisch störend empfunden werden und führen andererseits auch in einem Kreislaufprozess zu weiterer Schädigung und Funktionsverlust. Ausreichende Pflege und Schutz der Haut sind daher für jeden von Bedeutung. Insgesamt eignet sich die Hautalterung als „Modelbeispiel", um den allgemeinen Alterungsprozess des Körpers zu erfassen und zu erklären.

2.2 Alterungsmechanismen – Warum wir altern und was bei der Alterung passiert....

In den letzten Jahren konnte die Alterungsforschung verschiedene molekulare Vorgänge und Signalwege identifizieren, die für das Altern unserer Körperzellen und -gewebe maßgeblich mitverantwortlich sind. Vorangetrieben wird die körperliche Alterung demnach einerseits durch körpereigene (*endogene*) Prozesse des normalen zellulären Gewebs-Erhaltungsstoffwechsels (sog. *„intrinsische"* Alterung oder Zeitalterung). Andererseits lassen uns äußere (*exogene*) schädliche Einflüsse altern (sog. *„extrinsische"* Alterung oder Stressalterung). Wenn die Entgiftungs- und Reparatursysteme des Körpers die schädlichen Faktoren in der Summe nicht ausreichend neutralisieren können, kann es dadurch zu dauerhaften Schäden und zu lebensverkürzender bzw. -begrenzender Wirkung kommen.

Nach der *Ursache* werden biologische Alterungsmechanismen in *zwei Kategorien* eingeteilt:

- *Intrinsische* Alterung (*endogene* Faktoren): Durch genetische Veranlagung beeinflusste, in jeder Körperzelle im Rahmen des körpereigenen Erhaltungs- und Baustoffwechsels ablaufende Alterungsvorgänge (*„Zeit-Alterung"*).

  - *Hormonelle* Alterung ist eine Sonderform der intrinsischen Alterung ausgelöst durch den zunehmenden Funktionsverlust der Hormondrüsen und abnehmende Hormonspiegel.

- *Extrinsische* Alterung (*exogene* Faktoren): Durch schädliche äußere Einflüsse bedingte Stressantworten und Veränderungen der Zellen mit Alterungsfolge (*„Stress-Alterung"*).

Im Rahmen beider, der intrinsischen und extrinsischen, Alterungsprozesse, gibt es verschiedene, teilweise überlappende, molekulare Signal- und Stoffwechselwege und Regelkreise mit jeweils gemeinsamen Endstrecken in einem Zellabschaltungszustand (sog. *Seneszenz*) oder bei starker Schädigung dem Zelluntergang (sog. *Apoptose* oder programmierter Zelltod). Durch moderne Gesundheits- und Anti-Aging Strategien und Konzepte wie die *„Fit+Jung-Formel"* können die jeweiligen Alterungsprozesse positiv beeinflusst werden. Im folgenden Abschnitt werden diese molekularen Alterungsmechanismen erklärt, damit Du mit Hilfe der vermittelten Kenntnisse bei der Gestaltung Deines personalisierten Gesundheitsprogramms im Rahmen der *Fit+Jung-Formel* aktiv mitwirken kannst.

Da die Haut medizinisch gesehen ein wichtiges und sichtbares Indikatororgan für die im Körper auch in anderen Geweben und Organen ablaufenden Alterungsvorgänge ist und zudem im ständigen Kontakt mit äußeren Alterungseinflüssen steht, werden in den folgenden Abschnitten die Alterungsmechanismen anschaulich am Beispiel der Hautalterung erklärt.

2.2.1 Innere Auslöser und Mechanismen der Alterung (sog. intrinsische Alterung)

Verschiedene physiologische Prozesse und Signalwege des körpereigenen und lebensnotwendigen Energie-, Erhaltungs- und Baustoffwechsels der Körperzellen und -gewebe sowie der Zellteilung sind direkt oder indirekt an der Schädigung und dem Funktionsverlust der Haut und des gesamten Organismus im Zuge der Alterung beteiligt (sog. Alterungsmechanismen oder *„Hallmarks of Aging"* [2]) – und verändern sich zudem mit zunehmendem Alter Da bei dieser Form der Alterung die Ursachen im Körper selbst liegen, spricht man auch von inneren oder *„endogenen"* Alterungsmechanismen sowie von *„intrinsischer"* Alterung. Die intrinsische Alterung wird auch als *„Zeitalterung"* oder chronologische Alterung angesehen (griech. *chronos* bedeutet „Zeit").

Neben den inneren Belastungen, denen die unterschiedlichen Gewebe funktionsabhängig als gewebsabhängige Stoffwechselbelastung und Entgiftungsvorgänge ausgesetzt sind, laufen Zellteilung und Gewebeerneuerung (lat. *Regeneration*) nach gewebstypischen, im Erbgut festgelegten Regeln ab. Generell nimmt die Aktivität der Gewebsstammzellen mit dem Alter und mit zunehmender Zahl durchlaufener Teilungsvorgänge ab. Zudem werden die Funktionszellen der Gewebe, wie die „residenten" hauteigenen Zellen, und die Stammzellen durch andere alternde oder geschädigte Zellen der sog. *„Nische"* beeinflusst sowie durch systemischen Rückgang der *Hormonfunktionen* mit Überlappungen, so dass alternde Zellen umgebende Zellen *quasi* „anstecken" können

---

Tabelle 2.2: Übersicht über intrinsische Alterungsprozesse: Körpereigene zelluläre und hormonelle Prozesse mit Auswirkung auf die Hautalterung (s. auch Abb. 2.1)

Zelluläre Vorgänge // *chronologische Alterung*	1. Radialtheorie der Alterung (reaktive Sauerstoffspezies, ROS)
	2. zufällige DNA-Schäden (stochastische Schäden)
	3. Telomerverkürzung
	4. epigenetische Markierungen
	5. veränderte Proteostase
	6. veränderte Zellkontakt und Nährstoffaufnahme
	7. verminderte Stammzellaktivität
Genetische Einflüsse	8. unterschiedliche Veranlagungen für Schutzmechanismen Proteinvarianten, Enzymvarianten, Signalproteinvarianten...:
	- Hauttyp nach Fitzpatrick (hell, mittel, dunkel),
	- Melaninproduktion, Immunsystem
Hormonelle Vorgänge	9. allgemeine hormonelle Alterung
	- Menopause/Klimakterium (abnehmendes Östrogen)
	- Andropause (abnehmendes Testosteron)
	- Seneszenz-assoziierter sekretorischer Phenotyp (SASP)

1. Freie Radikal-Theorie der Alterung
– Mitochondriale Dysfunktion und „Inneres Rosten" des Körpers

Die für die Energiegewinnung in unserem Körper lebensnotwendige Zellatmung – bei der in den *Mitochondrien* jeder Zelle, wie in kleinen „Kraftwerken", der Brennstoff Traubenzucker (*Glukose*) unter Mithilfe von Sauerstoff zu Kohlendioxid und Wasser verbrannt wird – birgt zugleich ein wesentliches Alterungsrisiko: Beim Verbrennungsprozess entstehen als giftige Nebenprodukte sog. *„freie Radikale"*, in Form von hoch aggressiven und reaktiven Sauerstoffspezies (ROS), zu denen Superoxid- (O_2^-), Peroxid- (ROO^-) und Hydroxylradikale (OH^-) gehören, sowie auch reaktive Stickstoffspezies (RNS). Die von den Körperzellen produzierte ROS-Menge korreliert dabei mit der metabolischen Rate – etwa 2% des Sauerstoffumsatzes werden zu ROS, mit zunehmender Tendenz im Alter.

Bei unzureichender Entgiftung und Neutralisierung über körpereigene Entgiftungsvorgänge und -enzyme (wie *Katalase, Peroxidase, Superoxiddismutasen* als sog. natürliche „Radikalfänger") kann durch freie Radikale ein Angriff und eine oxidative Schädigung körpereigener Proteine, Fette und Membranen (sog. *Lipidperoxidation*) sowie auch der Erbsubstanz DNA ausgelöst werden. Die Körperzellen „rosten" *quasi*. Dadurch kommt es wie in einem Teufelskreis zu einer Verminderung der allgemeinen Zellfunktionen mit Funktionseinschränkung der Mitochondrien sowie verminderter Energie- und gesteigerter ROS-Produktion, verminderter Enzymfunktion und Schädigung der Erbsubstanz DNA. – Die Folge sind Alterung sowie im schlimmsten Fall bleibende DNA-Mutationen und Krebsentstehung. Zusätzlich können Umwelt-Stressfaktoren die Produktion von freien Radikalen antreiben und damit die Alterungsvorgänge weiter potenzieren (s. *extrinsische* Alterung). Da ROS in bestimmten Geweben des Körpers aber auch förderliche Funktionen erfüllen („duale Funktion") – wie im Immunsystem oder in der Skelettmuskulatur – nimmt man einen kritischen *Schwellenwert* an, bei dessen Überschreiten die negativen ROS-Wirkungen überwiegen, und es zu Seneszenz, Zelluntergang und Alterung kommt.

- *Schutzmöglichkeiten*: Durch Zufuhr von als Radikalfänger fungierenden *Antioxidantien* mit der Nahrung und über Cremes – wie Vitamine, CoQ10 und Polyphenole –, soll den durch freie Radikale ausgelösten schädlichen Alterungsprozessen vorgebeugt und entgegengewirkt werden. Kalorienrestriktion, also *Fasten*, führt über einen erhöhten mitochondrialen Gehalt der Zellen und verbesserten oxidativen Stoffwechsel zu einer Verjüngung (s. Kapitel 6.4.1).

2. Genomische Instabilität: DNA-Schäden, Replikationsfehler und Reparatur

Am Erbgut, das sich in Form unserer DNA (*Desoxyribonukleinsäure*) verpackt in Chromosomen in jedem Zellkern befindet, können durch freie Radikale aus der Zellatmung sowie auch durch äußere Einflüsse, wie ultraviolette (UV)- und ionisierende (γ)-Strahlung, Chemikalien und Noxen, verschiedene Arten von DNA-Schäden entstehen. Bei unzureichender Reparatur durch zelleigene Reparaturvorgänge können diese DNA-Schäden über einen Schutzmechanismus, den sog. *p53/p21-Tumorsuppressor-Signalweg* (s. Abschnitt 2.2.3), zum Funktionsstopp der Zelle und zum Zellzyklusstop führen. In der Folge kommt es entweder zu einem „untoten Zustand", der *Seneszenz*, oder zum Zelluntergang, dem programmierten Zelltod, auch *Apoptose* genannt. Auf Gewebsebene bewirkt der zunehmende Zellverlust und der sog. *Seneszenz-assoziierte sekretorische Phenotyp* (*SASP*) einen Gewebsschwund (sog. *Atrophie*). DNA-Schäden und -Mutationen in bestimmten Regulator- oder Reparaturgenen können zudem zur Entstehung von Krebszellen führen (sog. *Transformation*), die den schützenden Tumorsuppressor-Signalweg unterwandern.

3. Telomerverkürzung („molekulare Uhr der Zellalterung")

Als „innere Uhr" jeder Körperzelle befinden sich an den Enden der Chromosomen, den Trägern der Erbanlagen, die *Telomere*. Telomere sind repetitive DNA-Sequenzen begrenzter Länge, die sich bei jeder Zellteilung verkürzen bis zu ihrem Verbrauch. Diese *„molekulare Zellalterungsuhr"* misst damit, gleichsam einer Sanduhr, wie viele Teilungen die Zelle bereits durchlaufen hat und begrenzt die Teilungsfähigkeit. In teilungsaktiven Geweben treten die Zellen nach Verbrauch der Telomere in den o.g. *Seneszenz*-Zustand; und es kommt auf Gewebsebene zu zunehmender altersabhängiger *Atrophie*. Unter bestimmten Umständen, z.B. auch in Tumorzellen, wird das Enzym *Telomerase* angeschaltet. Die Telomerase kann die Telomere wieder verlängern und die Zelle damit „verjüngen" und sie wieder teilungsfähig machen. Für die Entdeckung der Telomere wurde 2009 der Medizin-Nobelpreis verliehen.

4. Veränderte epigenetisches Markierungsmuster („Matrix")

Durch zelluläre – und auch äußere – Einflüsse kommt es mit zunehmendem Alter zu veränderten sog. *epigenetischen Markierungen* an der DNA selbst und an deren Proteinverpackung, den *Histonen*. Diese Erbgut-Markierungen bestehen aus verschiedenen molekularen Anhängseln: An die DNA selbst werden vorwiegend sog. *Methylreste* angefügt; Histonmodifikationen können in Form von Methylierungen wie auch *Phosphorylierungen*, *Acetylierungen*, *Ubiquitinierungen* und andern die molekulare Matrix des Erbguts verändern.

Mechanistisch können durch die altersabhängig geänderten epigenetischen Markierungsmuster Veränderungen der Genexpression ausgelöst werden. – Somit werden bestimmte Gene an- oder abgeschaltet, und Alterung sowie Tumorentstehung vorangetrieben. Insbesondere spielen epigenetischen Markierungen spielen z.B. beim UV-Schutz und bei der Hauttumorentstehung und als Folge der Ernährung eine Rolle.

- *Schutzmöglichkeiten*: Verschiedene Naturstoffe können das epigenetische Profil durch Interaktion mit Enzymen positiv beeinflussen, u.a. wie *Resveratrol* aus roten Trauben und andere *Polyphenole* (s. Kapitel 6 und 9 zu *sekundären Pflanzenstoffen*).

5. Verlust der Proteostase (veränderte Proteinhomöostase)

Durch das insgesamt mit zunehmender Lebensdauer der Zelle und der Umgebung veränderte Mikromilieu und zahlreiche Funktionsänderungen an verschiedenen Molekülen kommt es in den Zellen auch zu Ungenauigkeiten in der Herstellung der zelleigenen Eiweißmoleküle (Funktionsproteine, Enzyme), also zu *fehlerhafter Proteinproduktion*. Zudem treten Einschränkungen in Reparatur-, Entgiftungs- und Abbauvorgängen (*Protein-Qualitätskontrolle*) und zellulärer Müllabfuhr (*Proteinabbau* und *-recycling*) auf. Die Anhäufung fehlerhafter, funktionsgeminderter oder schädlicher Proteine und Proteinteile führt mit der Zeit wiederum zu Funktionseinbußen der Zellen und Gewebe – bildlich wie bei einer „zugemüllten" Küche oder einem „verstopften" Abfluss. Erwiesenermaßen spielt die altersabhängige Anhäufung fehlerhafter, schädlicher Proteinteile z.B. bei neurodegenerativen Krankheiten wie *Alzheimer* und *Parkinson* sowie beim *Katarakt* (grauer Star) eine große Rolle.

6. Veränderte Zellkontakte, Nährstoffwahrnehmung und -aufnahme

In ähnlicher Weise wie in Proteinen in Inneren der Zelle treten mit zunehmendem Alter auch vermehrt Fehler in zellulären *Botenstoffen* (Chemokinen, Faktoren, Hormonen) sowie in Rezeptoren, Sensoren, Kontakten und Kanalproteinen an der Zelloberfläche auf – was zur einer veränderten Signalübertragung aus der Umgebung in die Zelle führt. Dieser Alterungsprozess gleicht einer inneren „Schwerhörigkeit".

Die im Alter veränderte Balance zwischen Insulin, Insulinempfindlichkeit und Wachstumshormon mit Entwicklung von Diabetes mellitus Typ II (*Altersdiabetes*) gilt als ein Beispiel: Mit zunehmendem Alter kann es durch verschiedene Risikofaktoren zu verminderter Wahrnehmung von Insulin durch Körperzellen kommen (sog. *Insulinresistenz*) mit der Folge einer verminderten Glukoseaufnahme und -verwertung – und zunehmender Schädigung der Gewebe durch freie Glukose im Blut (s. Abschnitt 2.2.2 *advanced glycation endproducts, AGE*).

Weitere Veränderungen des sog. Milieus um unsere Zellen spielen beim Altern eine Rolle:

- Veränderungen der *„Nische"* (*Bystandereffekt*): Von alternden Versorgungszellen ausgehende negative Effekte auf Funktionszellen- und Stammzellen der Gewebe
- *Seneszenz-assoziierter sekretorischer Phenotyp* (*SASP*): Botenstoffe alternder seneszenter Bindegewebszellen lösen ein „Überspringen" der Alterung auf benachbarte Zellen aus
- *„Inflamm-Aging"* und *metabolisches Syndrom* (*metS*): Faktoren aus dem Fettgewebe können entzündungsfördernd wirken und so den Organismus schädigen

- *Schutzmöglichkeit*: Dementsprechend führt *Fasten* (Kalorienrestriktion) in den meisten Organismen zu einer Lebensverlängerung [2].

7. Verminderte Stammzellaktivität (engl. stem cell exhaustion)

Für die Regeneration und den Erhalt (*Homöostase*) der verschiedenen Gewebe unseres Körpers haben Stammzellen eine besondere Bedeutung: Zeitlebens liefern Stammzellen durch ihre Teilungskapazität in sich regenerierenden Geweben neue Gewebszellen und sorgen so in einem Kreislauf für Ersatz für absterbende Zellen. Auf diese Weise sorgen Stammzellen für Nachschub in der Blutbildung, in der Oberhaut und in anderen Oberflächenepithelien, wie der Darm- oder der Bronchialschleimhaut, und Geweben. Auch aufgrund ihrer langen Lebensdauer führen in Stammzellen alle bereits geschilderten Alterungsmechanismen (1.-6.) nach und nach zu verminderter Aktivität. Dadurch verändert sich die Regenerationsfähigkeit der Stammzellen und ebenso die Weiterdifferenzierung ihrer Abkömmlinge. Auf Gewebsebene führt die Stammzellalterung zu einer Gewebsabnahme (*Atrophie*) und damit zur Funktionseinschränkungen: Im Knochenmark wird die Bildung roter und bestimmter weißer Blutzellen vermindert, die Qualität der Oberflächengewebe lässt nach, und es kann zu Tumorentstehung kommen.

- *Schutzmöglichkeit*: Eine Verbesserung der Stammzellfunktionen lässt sich durch bestimmte äußere Reize erzielen – an der Haut dienen dazu in der Anti-Aging Behandlung u.a. *Fruchtsäurepeeling* und pH-Änderung (s. Abschnitt 11 *Prozeduren*).

8. Genetische Variationen in Stoffwechsel, Entgiftungs- und Schutzvorgängen

Wie stark schädliche körpereigene Prozesse ablaufen und wie gut Schutz- und Reparaturmechanismen funktionieren, ist in unserer DNA festgelegt. Genetische Variationen in *„Alterungs-Risikogenen"*, insbesondere für Proteine und Enzyme von Reparaturprozessen, Energiestoffwechsel, Resistenz gegenüber oxidativem Stress, Zellwachstum- und regeneration und Qualität des Immunsystems, bestimmen daher die Geschwindigkeit der Alterung mit.

Zu diesen genetischen Variationen zählt auch der vererbbare *Hautlichttyp* nach *Fitzpatrick*: Infolge genetisch festgelegter Melaninproduktionsmenge sind dunklere Lichttypenbesser vor UV-Licht geschützt als hellhäutige Menschen. Ebenso gibt es Genmutationen in *DNA-Reparaturenzymen*, die ein erhöhtes Risiko für Krebserkrankungen mit sich bringen können (s. Kapitel 5 *Prävention*). Den allgemeinen Alterungsprozess bestimmen auch genetische Variationen in Komponenten der sog. *„somatotropischen Achse"*, bestehend aus den Signalwegen von Wachstumshormon (engl. *growth hormone*, hGH), dessen Mediator *Insulin-like Growth Factor-I* (*IGF-I*) und Insulin (sog. „IIS-Signalweg") und den intrazellulären Effektorproteinen AKT, mTOR und FOXO und PTEN. So vermittelt FOXO u.a. den Tumorsuppressoreffekt von *Fasten* mit.

9. Hormonelle Alterung

Als „Sonderform" der intrinsischen Alterung gilt die *hormonelle Alterung*, bei der es infolge in Zellen der Hormondrüsen ablaufender intrinsischer Alterungsvorgänge zu verminderter Hormonproduktion, Zelluntergang und Hormondrüsenatrophie mit weitreichenden Folgen für den Gesamtorganismus kommt [3]. Insbesondere die Hypothalamus-Hypophysen-Achse im Gehirn, die Keimdrüsen (griech. *Gonaden*), also die Eierstöcke (*Ovarien*) bei der Frau und die Hoden (*Testes*) beim Mann, sowie die Schilddrüse (*Thyroidea*) unterliegen altersabhängigen Funktionseinbußen. Oxidativer Stress ist dabei ein wesentlicher Alterungsmechanismus im zentralen Nervensystem (ZNS) und in Hormondrüsen (sog. *endokrine Organe*) mit der Folge von vermehrtem Zelluntergang. Durch oxidativen Stress wird auch das Entstehen von Autoimmunerkrankungen gefördert, wie der *Hashimoto-Autoimmunthyreoiditis*, einer häufigen Ursache der Schilddrüsenunterfunktion im Alter. Da es im Alter neben verminderter Hormonproduktion auch zu verminderter Hormonwahrnehmung und Rezeptor-Desensitivierung kommen kann (s. Punkt 7), sind sekundäre Hormonmangelzustände häufig, wie z.B. die *Menopause* der Frau und die *Andropause* des Mannes. Während der Wechseljahre kommt es durch verminderte Hormonproduktion und fehlende Rückkopplung mit Hyperaktivität und veränderten Regelkreisen von Steuerhormonen der Hypophyse zu verstärkten Symptomen (s. Kapitel 8 *Hormonoptimierung*).

- *Schutzmöglichkeiten*: Da parallel zu verstärktem oxidativem Stress im Alter das anti-oxidativ als „ROS-Fänger" wirksame *Melatonin* in der Zirbeldrüse vermindert produziert wird, kann eine Substitution von Melatonin oder Einnahme von *Antioxidantien* Schädigungen mildern. Bei manifesten Mangelzuständen ist zudem u. U. eine *Hormonmodulationstherapie* indiziert.

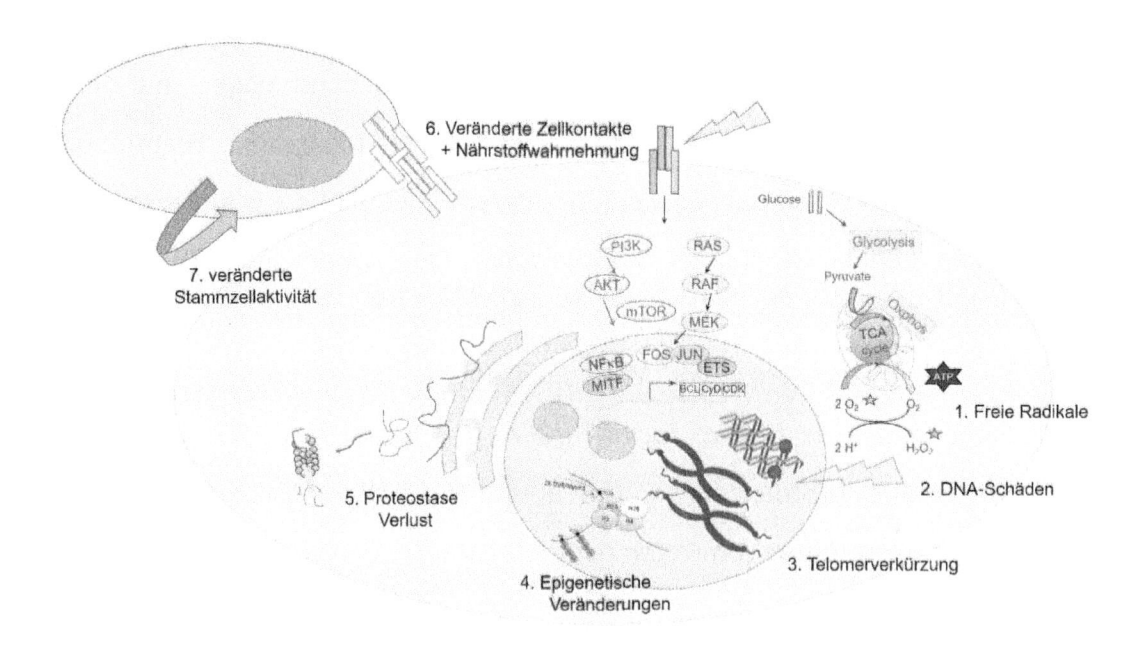

Abb. 2.1: Zelluläre und molekulare Alterungsmechanismen (nach [2])
Die abgebildeten *intrinsischen Alterungsmechanismen* (1.-7.) sowie *genetische Variationen* in Stoffwechsel- und Reparaturvorgängen (8.) in somatischen Zellen und Stammzellen des Körpers und die *hormonelle Alterung* (9.) tragen zusammen mit extrinsischen Faktoren und Stressantworten zur Alterung des Organismus bei. Einzelne Alterungsvorgänge laufen *individuell* unterschiedlich stark ab.

10. Sichtbare Kennzeichen der intrinsischen Alterung

– Wie macht sich die „innere Alterung" am Körper bemerkbar?

Wenn man sich die Auswirkungen und das Erscheinungsbild innerer Alterung anschauen möchte, eignen sich dazu am besten die vor äußeren Einwirkungen wie der Sonnenstrahlung geschützten Hautbereiche, also die *Haut* an den Innenseiten der Arme und Beine oder am Po. Da es sich bei der inneren Hautalterung um einen zeitabhängigen Prozess handelt, sind alle Zellen der Haut gleichmäßig betroffen [4]: Innere Alterung führt wie zuvor beschrieben zu einer allgemeinen Gewebsabnahme (der sog. „Atrophie") infolge verminderter Aktivität der Zellen, zum zellulären „Altersruhezustand", *Seneszenz*, und zum Zelltod, der *Apoptose*. Durch verminderte Schutz- und Barrierefunktion kommt es zu Wasserverlust und verringertem Widerstand der Haut gegen äußere Faktoren. Die *Wundheilung* ist oft verzögert. Auch die Funktion der Hautanhangsgebilde, wie Schweiß- und Talgdrüsen, nimmt ab, und die Haut produziert weniger Flüssigkeit und Fett. Folglich ist die vorwiegend durch innere Mechanismen gealterte Haut dünn, trocken und weist feine Falten auf. Zudem kommen häufig gutartige Neubildungen (*Tumore*) vor, wie die sog Alterswarzen (med. *seborrhoische Keratosen*), jedoch im Gegensatz zu äußerlich gealterter Haut nur selten bösartige Hautgeschwülste.

2.2.2 Äußere Auslöser und Mechanismen der Hautalterung (sog. extrinsische Alterung)

Wie der gesamte Körper sind in besonderem Maße unsere empfindliche Gesichtshaut sowie andere ungeschützte Hautbereich als Grenzflächen zur Umwelt verschiedenen schädigenden äußeren (*exogenen*) Einflüssen ausgesetzt. An erster Stelle steht bei den äußeren Hautalterungsfaktoren die lebenslang auf die Haut einwirkende Sonnenstrahlung, speziell die *ultraviolette (UV)-Strahlung*. Generelle „Altmacher" für die Zellen unseres Körpers sind neben physikalischer Strahlung (UV, Infrarot und radioaktive Strahlung), insbesondere auch Genussmittel, wie Rauchen und Alkohol, Fehlernährung, Umweltgifte, Medikamente, Drogen und andere physikalische Faktoren und Stressoren [5] (s. *Tabelle 2.3*). Durch schädigende Außeneinflüsse werden ähnliche Signal- und Stoffwechselkaskade getriggert wie bei der intrinsischen Alterung – was in der Summe zu einer Überforderung der Entgiftungs- und Reparaturkapazität des Körpers führen kann. Die ausgelösten Schädigungsmechanismen werden im folgenden Abschnitt erklärt. Durch gesundes Vermeidungsverhalten (engl. „*lifestyle choices*") und passende Schutzmaßnahmen lassen sich diese negativen äußeren pro-aging Faktoren oder „Altmacher" vermindern und auch die Hautalterung positiv beeinflussen.

Tabelle 2.3: Hitliste der schädigenden äußeren Einflüsse auf unsere Haut und den Körper

- *Strahlung*: UV-Strahlung (Sonnenlicht, UVA, UVB), ionisierende Strahlung, Infrarot
- *Genussmittel*: Rauchen, Alkohol, Drogen
- *Umweltgifte*: Abgase, Stäube, (berufliche) Exposition gegenüber Schadstoffen
- *Physikalisch*: Gezeiten (Wind- und Wetter), Druck, Schwerkraft, Hitze, Kälte
- *Nutritiv*: Fehl- & Mangelernährung, Vitaminmangel, hochglykämische Ernährung
- *Pharmakologisch*: Medikamente, Immunsuppression
- *Mechanisch*: Druck, Schlafposition, Verletzungen (Traumata)
- *Psychisch*: Stress, Schlafmangel, andere psychische Faktoren

Das Erscheinungsbild der „äußeren Hautalterung" zeigt sich besonders an stark UV-exponierten Bereichen, wie Gesichtshaut, Dekolleté, Händen und Unterarmen. Hier reagiert die Haut auf Alterungsfaktoren mit tiefer Faltenbildung, vermehrter Verhärtung und „ledriger" Haut (sog. *solarer Elastose*, auch „Landsmannhaut" oder „Seemannshaut"), Pigmentstörungen (sog. *Lentigines solares* oder „Altersflecken" und erworbene Pigmentmale), Gefäßveränderungen (*Teleangiektasien*), und im Verlauf über Vorstufen (sog. *Dysplasien*) unter Umständen auch mit Bildung gutartiger und bösartiger *Tumoren*, also Hautkrebs. Details zu Hautkrebsentwicklung und Schutzmaßnahmen gibt es in Kapitel 5 zur *Prävention*.

1. Schädigungsmechanismus freie Radikale und Folgeschäden an Proteinen und DNA

Schädliche Außeneinflüsse lösen zumeist ähnliche „Stressreaktionen" in den Zellen der Haut wie auch den Körperzellen aus: UV-Strahlung, Rauchen und andere Gifte führen dort zu vermehrter Produktion schädlicher Stoffwechselprodukte – wie der bereits erwähnten *freien Radikale*, zumeist reaktive Sauerstoffverbindungen (ROS) mit „oxidativer" Wirkung – sowie zu sekundärer Bildung bestimmter Bindegewebs-abbauender Enzyme, der sog. *Matrix-Metalloproteinasen (MMPs)*. Bei mangelnder Entgiftung von ROS und unzureichenden Reparaturkapazitäten können einerseits Schäden an der DNA entstehen – durch UV-Licht insbesondere sog. *Thymindimeren* sowie *Doppelstrangbrüche* und anderen Schäden. Andererseits bewirken die MMPs einen Abbau von Bindegewebe, also von extrazellulärer Matrix, Kollagen und elastischen Fasern. In der Folge kommt es an der Haut zu Alterung, Faltenbildung und besonders bei hellen Hauttypen auch zur Hauttumorbildung.

- *Schutzmöglichkeiten*: *Vermeiden schädlicher Einflüsse!* Achtung: Insbesondere die schädigende Wirkung von *UV-Licht* und *Rauchen* können sich potenzieren, da beide zu vermehrter Bildung freier Radikale und Aktivierung von Metalloproteinasen führen; und damit zu verstärkter Hautalterung. *Antioxidantien* in Nahrung und Cremes wie Vitamin C und E, CoQ_{10}, Polyphenole und andere Naturstoffe helfen bei der Detoxifikation von freien Radikalen (s. Kapitel 6 *Ernährung*). Auch ausreichender *Schlaf* ist für körpereigene Entgiftungsvorgänge sehr wichtig! (s. Kapitel 10 *Schlaf* und *Entspannung*).

2. „Photoaging"

Die energiereiche UV-Strahlung des Sonnenlichts kann von verschiedenen „Ring-Verbindungen" (*Chromophore*), zu denen auch die Basen der DNA zählen, aufgenommen (phys. *absorbiert*) werden. – Parallel zu Sonnenbrand und Bräune löst UV so molekulare Schäden aus! An der DNA führt UV-Einwirkung insbesondere zur Bildung sog. *Thymindimere*, die die Struktur der DNA verändern und damit Fehler bei der Ablesung (*Transkription*) und der Abschrift (*Replikation*) im Rahmen der Zellteilung auslösen. Wenn die körpereigenen DNA-Reparaturmechanismen, wie das sog. *Nucleotide Excision Repair* (*NER*), nicht ausreichend funktionieren, können bleibende DNA-Mutationen entstehen und im Verlauf Hautkrebs [5]. Gleichzeitig fördert UV-Licht die Bildung freier Radikale und aktiviert die MMPs (s.o.).

- *Schutzmöglichkeiten*: UV-Schutz durch *Vermeiden* der „Mittagssonne" und Aufhalten im Schatten, textilen Lichtschutz und *Lichtschutzfaktor-Cremes* sowie Vitamin-reiche *Ernährung* (s. Kapitel 5 *Prävention*).

3. Stoffwechselendprodukte und Verzuckerung (AGE)

Bei vermehrter Aufnahme von Zucker mit der Nahrung (sog. *„hoch-glykämische" Ernährung*) kommt es zu erhöhtem Blutzuckerspiegel und zu gesteigerter Insulinausschüttung (s. Kapitel 6). Freie Zucker, wie *Fruktose*, *Galaktose* und *Glukose*, können im Blutkreislauf unkontrolliert mit körpereigenen Proteinen durch *Glykation* reagieren (sog. *Maillard-Reaktion*). Glykation führt zu einem Funktionsverlust der Proteine und zur Bildung giftiger Abbauprodukte. Mit der Zeit kommt es in den Geweben zu einer Anhäufung dieser Abbauprodukte, der sog. *advanced glycation endproducts* (*AGE*). In der Folge kann ein übermäßiger Zuckerkonsum – neben einem erhöhten Risiko für *Altersdiabetes* – durch AGE-Bildung und Kollagen-Cross-linking zu Gewebsverhärtung und -schäden und an den Gefäßen zu *Atherosklerose* führen!

- *Schutzmechanismus*: *Niedrig-glykämische Ernährung* und *Nahrungsergänzung* (s. Kapitel 6), sowie *Sport* (s. Kapitel 7) können der Anhäufung von AGEs vorbeugen. *Vorsicht*: Von der Lebensmittelindustrie werden künstlich produzierte AGEs übrigens teilweise als Geschmacksverstärker eingesetzt, so dass *natürliche Lebensmittel* zu bevorzugen sind.

4. Schädigungsmechanismus chronische Entzündung und metabolisches Syndrom

Durch schädliche Nahrungsfette, besonders bei unausgewogener Überernährung und Vermehrung des sog. *„pro-inflammatorischen Bauchfetts"*, sowie durch andere chronische Stressfaktoren, können chronische Entzündungen im Gewebe ausgelöst werden, an denen unterschiedliche Immunzellen beteiligt sind. In der Folge ist zum einen das Risiko für Autoimmunerkrankungen, wie z.B. *Arthritis*, erhöht. Zum anderen kann es zum sog. *metabolischen Syndrom* (*metS*) kommen, das die Entstehung von Bluthochdruck (*arterieller Hypertonie*), weiteren Herz-Kreislauf-Erkrankungen und *Typ II-Diabetes* (*DMII*) begünstigt. Im schlimmsten Fall wird auch die Krebsentstehung durch chronische Entzündungen gefördert!

- *Schutzmechanismus*: Ausgewogene *frische Ernährung* mit ausreichend „guten Fetten", den *Omega-3s*, und unterstützende Nahrungsergänzung sowie *Sport*.

5. Spezifische Schädigungsmechanismen

Einige Giftstoffe (*Toxine*) können über spezifische (bio-)chemische Reaktionen schädigend auf unsere Zellen wirken, - was auch für *Umweltgifte* oder Gifte der Arbeitswelt gelten kann. Im Einzelfall muss ärztlich untersucht werden, welcher Schädigungsmechanismus vorliegt! An der Haut führen zudem verschiedene physikalische Einwirkungen durch Druck, Mimik, Wind und Wetter, sowie Verletzungen lokalisiert zu verstärkter Schädigung und Alterung [6].

- *Schutzmöglichkeit*: Soweit es geht *Vermeidung* von Giftstoffen und schädlichen physikalischen Einwirkungen.

Besonders empfindlich gegenüber den verschiedenen exogenen Schadstoffen sind übrigens die Zellen der Oberhaut (sog. *Epidermis*), genannt *Keratinozyten*, und die Immunzellen; während andere Zellarten erst später reagieren (s. Kapitel 3 *Anatomie*). Bereits einige Jahre Schädigung ohne Schutz können zu starker Hautalterung führen (s. Kapitel 5 *Prävention*).

2.2.3 Signalwege der Hautalterung

Durch intrinsische und extrinsische Alterungsprozesse kommt es wie geschildet zu vermehrtem oxidativem Stress, zu DNA-Schäden, zur Wachstumsfaktor-Rezeptor-Aktivierung und anderen Vorgängen – Reizungen, die in gemeinsame konservierte Signalwege der *zellulären Stressantwort* münden: Dazu gehören der sog. Mitogen-aktivierte Proteinkinase (MAPK)- und NF-κB Signalweg (s. *Abb. 2.1*), der p53-Tumorsuppressorsignalweg, der Seneszenz-assoziierte sekretorische Phenotyp (SASP) und Gewebeabbaureaktionen [4-6]. Gemeinsame *Endstrecken* der intrinsischen und extrinsischen Alterung an der Haut sind:

- *p53-Tumorsuppressorsignalweg*: Durch Anhäufung stochastischer und induzierter DNA-Schäden werden p53-vermittelte zelleigene *Schutzprogramme* aktiviert – zum Schutz der Zelle vor Instabilität und Entartung. Dazu gehören die *Seneszenz* mit Zellzyklusstopp (p53/p21- und p16Ink/pRb-Signalweg) sowie der programmierte Zelltod (*Apoptose*) mit folgendem Gewebsuntergang (*Atrophie*). Sowohl Telomerverkürzung wie Nicht-Telomer-DNA-Schäden, epigenetische Veränderungen und mitogene sowie onkogene Signale mit MAPK-Aktivierung können diese Schutzprogramme auslösen.

- *SASP*: Durch Erreichen der maximalen Anzahl möglicher Zellteilungen oder den Einfluss der o.g. Stressfaktoren wird ein dauerhafter *Zellzyklusstillstand* ausgelöst. Die Zelle fällt in den „Altersruhestand" SASP. Der SASP von Bindegewebszellen geht mit Produktion bestimmter Entzündungsstoffe und Abbauenzyme einher, die wiederum die Alterung der umgebenden Zellen und im schlimmsten Fall die Tumorbildung fördern.

- *Gewebsabbau*: An der Haut führt die vermehrte Bildung und Aktivierung abbauender Enzyme, der sog. Matrix-degradierenden *Metalloproteinasen* (insbesondere die interstitielle Kollagenase MMP-1), die für einen kontinuierlichen Bindegewebsabbau verantwortlich sind, sowie eine zusätzliche Hemmung der Kollagen(neu)synthese zum Gewebsschwund. In der Folge kommt es zu Faltenbildung und Gewebsschlaffheit.

2.3 Diagnostik und Biomarker des Alterungsprozesses

Wie kann man nun den allgemeinen Alterungszustand des Körpers, also das biologische Alter, und die für den Einzelnen besonders relevanten Alterungsprozesse einfach bestimmen, um sich dann selber entsprechend besonders gut zu schützen? Besonders effektiv lassen sich die verschiedenen Alterungsprozesse und das Risikoprofil für Alterserkrankungen beim ärztlichen *Check-up* durch die kombinierte Untersuchung von Hautzustand (1.) und Blut (2.) einschätzen [7] – fallabhängig in Kombination mit bestimmten Spezialuntersuchungen relevanter Organsysteme (3.) sowie einer Bestimmung des individuellen genetischen Risikoprofils (4.).

Als einfach von außen zugängliche *Indikatorsysteme* für die Gewebsalterung der verschiedenen Organsysteme sind *Haut* und *Blut* zur Messung von Gesundheitszustand und biologischem Alter besonders geeignet. Neben der ärztlichen Befragung zur Eigen-, Familien- und Sozialanamnese und einer orientierenden Ganzkörperuntersuchung werden im Rahmen der allgemeinen *Vorsorge* zur Bestimmung des gesundheitlichen Risikoprofils daher die Blutwerte sowie die visuelle Beurteilung von Haut- und Skelettzustand herangezogen. Bei der ab dem 35. Lebensjahr routinemäßig durchzuführenden Blutuntersuchung liefern speziell Hormonstatus, HbA1c und Nüchternplasmaglukose, Blutfette und Cholesterine sowie der Entzündungswert CRP wertvolle Hinweise auf gängige Alterserkrankungen. Zudem ist die Teilnahme an den verschiedenen empfohlenen *Krebsvorsorgeuntersuchungen* ein wichtiger Bestandteil in der Früherkennung des mit dem Alter zunehmenden Risikos für die Entwicklung einer Krebserkrankung (s. Kapitel 5 *Prävention*).

2.3.1 Die Haut als Indikatororgan für die Alterung

Auch im täglichen Leben ziehen wir anhand des leicht erfassbaren optischen Eindrucks des *Hautzustands* und der Haare Rückschlüsse auf das ungefähre Alter unserer Mitmenschen – in der Zusammenschau mit der Körperhaltung und -beweglichkeit. Als systematischer Maßstab für die visuelle Beurteilung der Alterung wurde daher von Medizinern der sog. SKINEXA-Score entwickelt, der das Hautalter unter Berücksichtigung genetischer und ethnischer Unterschiede misst. Da in verschiedenen inneren Organsystemen auf molekularer Ebene ähnliche Alterungsprozesse ablaufen wie in der Haut, lassen sich aus dem sichtbaren Hautalterungsstatus Rückschlüsse auf den Alterungszustand dieser inneren Organe, wie Gehirn, Nieren, Skelettmuskel und Gefäßsystem, ableiten und mit Laborwerten korrelieren [7].

1. SKINEXA-Score („*Score of INtrinsic and EXtrinsic Aging*"): Als systematischer visueller Maßstab für den altersabhängigen Hautzustand beurteilt der Score sichtbare Zeichen der intrinsischen und extrinsischen Hautalterung mit je 1-4 Punkten (*nicht* bis *stark* ausgeprägt) und ermöglicht so auch eine Unterscheidung zwischen beiden Alterungsformen [7]. Zu den bewerteten intrinsischen Alterungszeichen gehören der Grad der Hautschlaffheit und die Ausbildung von *seborrhoischen Keratosen*. Als extrinsische Alterungszeichen werden Pigmentflecke, grobe Falten sowie *solare Elastose* und Blutgefäßveränderungen (*Teleangiektasien*) an den lichtexponierten Arealen wie Stirn, Wangen, Handrücken und Unterarme beurteilt (s. auch Kapitel 3 *Hautanatomie*).

2. Autofluoreszenz der Haut: Messung mittels sog. AGE-Reader

   Ein direktes Korrelat des biologischen Alters ist die sog. *Autofluoreszenz* der Haut, eine nicht-invasiv messbare Veränderung der Lichtabstrahlung an der Haut. Infolge von Veränderungen des Bindegewebes der Haut durch Glukosederivate (sog. *advanced glycation endproducts*, AGE) steigt die Autofluoreszenz mit zunehmendem Alter an [7]. Interessanterweise korreliert die Autofluoreszenz der Haut direkt mit der Anreicherung von AGE im Gefäßbindegewebe und damit mit der Gefäßverhärtung (med. *Arteriosklerose*), eines Hauptalterungsfaktors für den Gesamtorganismus.

2.3.2 Laborparameter für die Blutuntersuchung

Im Rahmen der alle 2 Jahre empfohlenen *Gesundheits-Check-ups* werden eine Reihe von Blutwerten bestimmt, die zusammen ein Bild von allgemeinem Gesundheitszustand und biologischem Alter geben. Viele Erkrankungen des Alters können über diese Blutwerte effektiv aufgespürt und gemonitort werden, wie Hormonimbalancen, Diabetes, Blutarmut, Entzündungen sowie Nährstoffmangel. In einer Studie konnten bestimmte Blutwerte identifiziert werden, die besonderen Aufschluss über die Lebensspanne und das Mortalitätsrisiko geben können (sog. *prädiktive Biomarker*) – dazu zählten unter anderem das *N-terminale Brain natriuretische Peptid* (*proBNP*) als Marker für die Herzinsuffizienz, der Entzündungswert CRP, die Zahl der weißen Blutkörperchen, das Cholesterin und einige weitere Werte [8]. Zur besseren Einschätzung der Alterungsprozesse und Schutzfaktoren sollten zusätzlich auch bestimmte *Vitaminspiegel* und Spurenelemente bestimmt werden, um eine individuelle Beratung bezüglich der Optimierung von Hormonspiegeln, Vitaminen und Spurenelementen zu ermöglichen. Ebenso sollte eine *Urinuntersuchung* auf Erythrozyten, Leukozyten, Eiweiß, Glukose und Nitrit durchgeführt werden. Von den Krankenkassen werden ab dem 35. Lebensjahr zumeist alle 2 Jahre Check-ups angeboten (s. Kapitel 5 *Prävention*).

Tabelle 2.4: Laborparameter für die Blutuntersuchung (Aging-Panel)

System	Blutwerte
Blutbildung	Differential-Blutbild, Eisen, Ferritin
Leberwerte	GOT, GPT, γ-GT, LDH, Bilirubin, Albumin, Eiweißelektrophorese
Nierenwerte	Kreatinin, Harnstoff, (Harnsäure, Kalium)
Blutfette	Triglyzeride, Gesamt-Cholesterin, LDL- und HDL-Cholesterin
Blutzucker	Nüchtern-Plasmaglukose, HbA1c, MBG (mittlere Blutglukose)
Metabolismus	proBNP (Brain natriuretisches Peptid), Homocystein, pro-Kollagen-III-Peptid
Hormonsystem	TSH, Östrogen, Testosteron, DEHA, ß-HCG, Melatonin, (hGH)
Entzündungswerte	CRP, ANA (α-nukleäre Antikörper), RF (Rheumafaktor), (TNFRII)
Elektrolyte	Natrium, Kalium, Calcium
Vitaminspiegel	Vitamin B6, B12, Folsäure, Vitamin D
Spurenelemente	Zink, Selen, Kupfer, (Chrom)

Für forensische Zwecke können zudem *molekulare „Alterungsmarker"* im Blut bestimmt werden, anhand derer sich das Alter auch bei unbekanntem Geburtsdatum bestimmen lässt, da sie streng mit dem chronologischen Alter korrelieren. – Dazu gehören u.a. bestimmte Signaturen der DNA-Methylierung (*cytosine-5 methylation* in *„clock CpGs"*), Asparagin/Aspartat-Isomere von langlebigen Plasmaproteinen, Glykierungsmuster von Immunglobulinen sowie auch die *Telomerlänge* in weißen Blutkörperchen (s. Abschnitt 2.2.1).

2.3.3 Organspezifische Spezialuntersuchungen

Zur genaueren Untersuchung der Organalterung und des Skelettsystems können weitere Untersuchungen sinnvoll sein, insbesondere um altersabhängige Abbauerkrankungen sowie Krebserkrankungen frühzeitig aufzuspüren und deren Fortschreiten gezielter vorzubeugen.

1. DEXA-Scan (*dual energy X-ray absorptiometry*, Doppelröntgenabsorptiometrie): Dieses verbreitete röntgendiagnostische Verfahren dient in der Früherkennung der *Osteoporose* als Goldstandardmethode zur Bestimmung der Körperzusammensetzung sowie der Knochenmineraldichte und -masse. Zur Messung der Knochendichte werden standardmäßig Hüftgelenk und Lendenwirbelsäule in einem ca. 30-minütigen Scan untersucht. Alternativ kann eine Ganzkörpermessung mit Berechnung der Muskelmasse durchgeführt werden, wobei die höhere Strahlenbelastung von 5-7 µSv zu berücksichtigen ist.

2. Ultraschalluntersuchungen (Doppler-Sonographie): Neben der Blutdruckmessung als Indikator für die Kreislauffunktion lassen sich Gefäßverkalkung und Durchblutung als wichtige Alterungsparameter mittels verschiedener Ultraschalluntersuchungen, wie der Doppler-Sonographie, abbilden.

3. Krebsvorsorgeuntersuchungen (s. Kapitel 5 *Prävention*): Hierzu gehört insbesondere das *Hautkrebs-Screening* sowie Screening-Untersuchungen auf *Darmkrebs* sowie *Brust-* oder *Prostatakrebs*.

2.3.4 Genetische Risikotestungen

Genetische Untersuchungen werden zwar kontrovers diskutiert und gehören sicher nicht zu den allgemein empfohlenen Standard-Untersuchungen zur Bestimmung des körperlichen Alterungszustands. – In Form von DNA-Kits werden diese Gentests aber von verschiedenen kommerziellen Anbietern für private Verbraucher durchgeführt (DNAtest-Deutschland, 24Genetics, TellmeGen, SkinDNA, u.a.). Besonders bei Hinweisen auf Erkrankungen oder genetische Gesundheitsrisiken in der Familie können solche genetischen Informationen und Biomarker hilfreiche und interessante Aufschlüsse über das eigene Risiko für eine Erkrankung oder eine erhöhte Empfindlichkeit gegenüber alterungsbeschleunigenden Faktoren geben.

Anhand eines kleinen, aus der Wangenschleimhaut gewonnenen Abstrichs, aus dem das Erbmaterial DNA extrahiert wird, können mittels Gensequenzierung und Computer-gestützten Analysen für den (beschleunigten) Alterungsprozess verantwortliche genetische Variationen in der Erbsubstanz, sog. *Polymorphismen* (*single nulceotide polymorphisms, SNPs*) identifiziert werden. Aus *genome wide association* Studien (*GWAS*) ist bekannt, welche SNPs mit erhöhtem Erkrankungs- oder Alterungsrisiko verbunden sind [9]. Insbesondere DNA-Variationen und -Mutationen in bestimmten Genen mit Funktionen im Stoffwechsel, speziell mit Bedeutung in der Entwicklung von Diabetes und altmachender Glykation, in Entzündungen und Autoimmunität, in der Krebsentstehung (sog. *Onkogene*), Bindegewebs-beschaffenheit, Demenz, UV-Empfindlichkeit und anderen Stressantworten gehören zu den „*Alterungsrisikogenen*" [9] wie auch im Abschnitt 2.2.1 näher erklärt. Weiterhin lassen sich mit den Tests auch genetische Variation in der Verstoffwechselung von Medikamenten und Giften erkennen. Anhand des vollständigen ermittelten genetischen Profils lassen Erkrankungsrisiken für häufige altersassoziierte Erkrankungen einschätzen. Die Erkenntnisse können bei der Auswahl der richtigen Ernährung und Therapie sowie Schutzmaßnahmen im Rahmen der Prävention helfen – wobei Genetik nur ein Teilfaktor im Alterungs- und Erkrankungsprozess ist, neben Lebensstil, Ernährung, Schadstoffexposition u.a.

Tabelle 2.5: Auswahl häufiger Genpolymorphismen mit Relevanz für den Alterungsprozess

Erkrankung	Ausgewählte Risikogene
Stoffwechsel (Glykation)	BACH2 (T1D), IGF2BP2, PPARG, ADUOQ (T2D), TMEM79, FADS3, GCK-
Herz-Kreislauf/ Thrombophilie	LDLR, LPA, COL4A1, ABO, PPAP2B, CXCL12, PCSK9, AT3D, MTHFR
Entzündung	IL-23R, TMEM25, FADS1/2, PDXDC1
Autoimmunität	HLA-, CD40, CTLA4, IRAK1, BACH2, CD80, EOMES, IL12A/B, PTPN22, IL7R, TNIP1, TNFAIP3, TRAF3IP2, NOS2, IL23/R
Krebsleiden	CDKN2A, TP53, TERT, ATM, BRCA1/2, PTEN, RAD51, FGFR2, MYC
Demenz	HLA, CR1, BIN1, PTK2B, CD33
Arzneiinteraktionen	CYP2C19, CYP3A4, HMGCR, MTHFR, PTGS1

2.4 Ausgewählte und weiterführende Literatur

1. Graziottin A. Menopause and sexuality: Key issues in premature menopause and beyond. *Ann N Y Acad Sci.* 2010; 1205:254-261. doi: 10.11117j.1749-6632.2010.05680.x.

2. Lopez-Otin C, Blasco MA, Partridge L, Serrano M, Kroemer G. The hallmarks of aging. *Cell.* 2013; 153(6):1194-1217. Elsevier Inc.

3. Diamanti-Kandarakis E, Dattilo M, Macut D, Duntas L, Gonos ES, *et al.* Aging and Anti-Aging: A Combo-Endocrinology Review. *Eur J Endocrinol.* 2017; 176(6):R283-R308.

4. Makrantonaki E, Vogel M, Scharffetter-Kochanek K, Zouboulis CC. Hautalterung. *Der Hautarzt.* 2015; 66:730-737.

5. Krutmann J, Schikowski T, Hüls A, Vierkötter A, Grether-Beck S. 2016. Umweltinduzierte (extrinsische) Hautalterung. *Der Hautarzt.* 2016; 67:99-102.

6. Vierkötter A, Schikowski T, Ranft U, Surgiri D, Matsui M, *et al.* Airborne particle exposure and extrinsic skin aging. *J Invest Dermatol.* 2010; 130(12):2719-26. doi: 10.1038/jid.2010.204.

7. Boege F. Die Haut als Indikator des biologischen Alters. L&M. 2015. *Online.*

8. Barron E, Lara J, White M, Mathers JC. Blood Borne Biomarkers of Mortality Risk: Systematic Review of Cohort Studies. *PLoS One.* 2015 Jun 3; 10(6):e0127550.

9. Brooks-Wilson AR. Genetics of healthy aging and longevity. *Hum Genet.* 2013; 132(12):1323-38.

3. Kleiner anatomischer Grundkurs

Um das Verständnis für die Bedürfnisse Deines Körpers – und speziell Deiner Haut, Haare und Figur – zu erleichtern, werden in diesem Kapitel einige wichtige anatomische Grundlagen erklärt. Die hier vermittelten Kenntnisse der Hautanatomie helfen auch, die Mechanismen der Alterung besser zu verstehen und individuelle Problemzonen der Haut und der Figur besser identifizieren zu können.

3.1 Aufbau der Haut

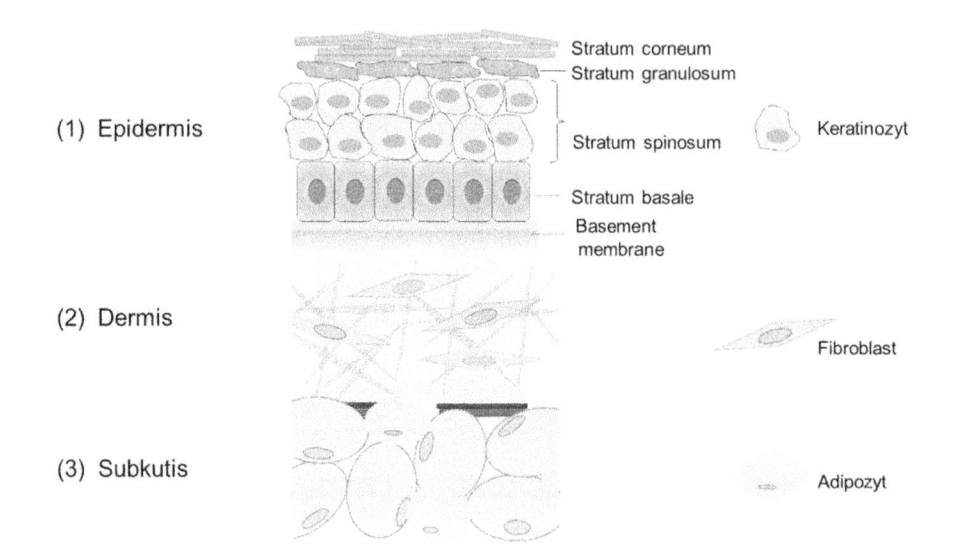

Abb. 3.1: Aufbau der Haut aus 3 Hautschichten mit ihren spezialisierten Zellen.

3.1.1 Hautschichten

Die Haut gilt als größtes Organ des menschlichen Körpers – mit einer Oberfläche von etwa ~ 1,5-2,0 m². Anatomisch besteht die Haut aus drei Hauptschichten, die jeweils aus unterschiedlich spezialisierten Zellen aufgebaut sind und verschiedene Funktionen erfüllen: (1) die Oberhaut (*Epidermis*), (2) die Lederhaut (*Dermis*) und (3) die Unterhaut (*Subkutis, Hypodermis*). Diese drei Hautschichten sind wiederum jeweils aus verschiedenen Lagen (lat. *Stratum*) aufgebaut (s. Abb. 3.1).

- Die Oberhaut, auch als *Epidermis* bezeichnet, ist die oberste Hautschicht und steht als „Grenzfläche" im direkten Kontakt mit der Umwelt. Strukturell stellt die Oberhaut ein sogenanntes *mehrschichtiges verhornendes Plattenepithel* dar, das hauptsächlich – also zu etwa 90% – von unterschiedlichen Entwicklungsstufen Horn-produzierender Zellen, den *Keratinozyten*, gebildet wird. In einem stufenweisen Umwandlungsprozess (*Differenzierung*) wandeln sich Keratinozyten aus unteren Lagen der Oberhaut in kernlose Hornzellen

(*Korneozyten*) um, was auch als Verhornung bezeichnet wird. In ihrer oberflächlichsten Lage (*Stratum corneum*) besteht die Oberhaut daher aus einer schützenden Hornschicht aus *Keratinen*. Lebenslang werden dabei fortwährend neue Keratinozyten aus den Stammzellen der untersten Lage (*Stratum basale*) durch asymmetrische Zellteilung gebildet und in einem etwa 28-tägigen Zyklus während ihrer Umwandlung und Verhornung von den nachfolgenden Zellen immer weiter an die Hautoberfläche gedrückt. Dort schildern sie dann als abgestorbene Hornschuppen ab. Im 4-Wochen-Takt findet somit ein kompletter Rundum-Erneuerungsprozess der Oberhaut statt („Turn-over") – bis auf die Stammzellen in der unteren Lage, die zeitlebens für Nachschub sorgen. Mit zunehmendem Alter verlangsamt sich der Hauterneuerungsprozess jedoch.

In der unteren Lage der Oberhaut befinden sich auch vereinzelt die Pigment-produzierenden Zellen, die *Melanozyten*, die ihre Aufgabe im UV-Schutz haben, sowie bestimmte Immun- und Nervenzellen.

- Die darunter liegende Lederhaut, *Dermis*, besteht in erster Linie aus dem von Bindegewebszellen gebildeten Bindegewebsgerüst mit hoher Reißfestigkeit und Elastizität sowie den die Haut versorgenden Gefäßen und Nerven. Das Bindegewebe ist aus einer extrazellulären Matrix (EZM) mit einer Grundsubstanz aus *Proteoglykanen* wie der Hyaluronsäure sowie aus Wasser aufgebaut, in der Bindegewebsfasern, zu denen die Proteinfasern Kollagen und Elastin gehören, und die Kollagen-bildenden Bindegewebs-zellen (genannt *Fibroblasten*) dreidimensional angeordnet sind. Die Bindegewebsfasern sind für die Reiß- und Zugfestigkeit und die Dehnbarkeit der Haut verantwortlich, während die Grundsubstanz durch Bindung von Wasser die Prallheit ausmacht. Man unterscheidet ein lockeres, zell- und gefäßreiches *Stratum papillare* vom strafferen, faserreichen *Stratum reticulare*. Ebenso finden sich in der *Dermis* Hautanhangsgebilde, wie Haarfollikel und verschiedene Drüsen, sowie Nerven, Blut- und Lymphgefäße und auch zahlreiche Immunzellen für die vielfältigen Abwehrfunktionen der Haut.

- Die Unterhaut, auch als *Subcutis* oder *Hypodermis* bezeichnet, besteht größtenteils aus Fettgewebe. Fettgewebe ist eine Form des Bindegewebes, das aus Gruppen von Fettzellen (lat. *Adipozyten*), aufgebaut ist und durch bindegewebige Septen in kleine Läppchen und Lappen unterteilt wird. Da Fettzellen Fette (*Lipide*) sowie auch Wasser einlagern, dient das *subkutane Fettgewebe* als Speicher für Energie und Wärme, als Isolationsschicht und mechanisches Schutzpolster. Das subkutane Fettgewebe trägt zu Modellierung und Erscheinung der Körperform, also unserer Figur, bei.

3.1.2 Die „Bausteine" der Haut: Spezialisierte Zellen und Strukturmoleküle

3.1.2.1 Zellen der Haut

Die Haut ist als verhornendes Plattenepithel mit Bindegewebs- und Fettgewebsschicht aus verschiedenen Zelltypen aufgebaut, die jeweils zu den wichtigen Funktionen der Haut beitragen und auch unterschiedlich vom Alterungsprozess betroffen sein können.

- Horn-bildende Zellen (*Keratinozyten*) stellen mit ~90% die häufigsten Zellen der Oberhaut (*Epidermis*) dar. Keratinozyten produzieren in ihrem Zellinneren die schützende Hornsubstanz aus dem Protein *Keratin*. Im Zuge ihrer zunehmenden Verhornung sterben Keratinozyten auf dem Weg an die Hautoberfläche ab, verlieren ihren Zellkern und verzahnen sich untereinander. Als abgestorbene Hornzellen (*Korneozyten*) liegen sie wie „Mauersteine" in einer schützenden fettreichen *Ceramidschicht*, wodurch sie zur Festigkeit und zum Schutz der Haut beitragen – bevor sie schließlich nach etwa 28 Tagen an der Oberfläche abschilfern. In der Basalzellschicht liegen die epidermalen bzw. keratinozytären *Stammzellen*, aus denen sich das verhornende Plattenepithel der Haut lebenslang immer wieder mit frischen Zellen regeneriert, interfollikulär sowie auch in den Haarfollikelbereichen (s. Abschnitt 3.4 *Haare*).

- Pigmentzellen (*Melanozyten*) liegen vereinzelt in der unteren Lage der Oberhaut zwischen den Keratinozyten und bilden unter Einfluss der UV-Strahlung des Sonnenlichts das dunkle Hautpigment *Melanin* aus der Aminosäure Tyrosin. Über ihre Zellausläufer geben die Melanozyten das Melanin an die Keratinozyten ab, wo es zum UV-Schutz über dem Kern gelagert wird. Die Arbeitsgemeinschaft eines Melanozyten mit etwa 30-35 von ihm so versorgten Keratinozyten wird als *epidermale Melanineinheit* bezeichnet. Während die Gesamtzahl der Melanozyten unabhängig von der Hautfarbe bei allen Menschen relativ ähnlich ist, unterscheiden sich die verschiedenen Hauttypen in der Menge des produzierten Melanins (s. Kapitel 5 *Prävention*). In Pigmentflecken, also in Muttermalen oder Leberflecken, ist die Dichte der Melanozyten jedoch höher.

- Bindegewebszellen (*Fibroblasten*) bilden das bindegewebige Stützgerüst der Haut und anderer Organe. Hierbei haben Fibroblasten die Fähigkeit, sowohl die bindegewebigen Fasern, wie die aus den Proteinen *Kollagen* und *Elastin* aufgebauten kollagenen, retikulären und elastischen Fasern, wie auch die Grundsubstanz aus *Proteoglykanen* zu produzieren und an ihre Umgebung, die extrazelluläre Matrix (EZM), abzugeben. Da Fibroblasten sehr sensibel auf hormonelle Einflüsse und auch auf Umwelteinflüsse sind, vermindern sie im Alter die die Kollagen-Produktion und können stattdessen vermehrt

Entzündungsstoffe produzieren (*SASP*, s. Kapitel 2). Bei der Wundheilung werden Fibroblasten verstärkt aktiviert und produzieren bindegewebiges Narbengewebe.

- Fettgewebszellen (*Adipozyten*) können Fette (*Lipide*) und Waser in ihrem Zellinneren einlagern, wodurch sie als Energie- und Wärmespeicher dienen und eine schützende Isolation bilden. Zudem sind Fettgewebszellen stoffwechselaktiv und können Entzündungsbotenstoffe (*Mediatoren*) produzieren und so auch zu Alterserkrankungen, wie dem *metabolischen Syndrom* (*metS*), beitragen (s. Kapitel 2.3.1 und Abschnitt 3.5.3).

- Verschiedene andere Zellarten bevölkern neben den genannten spezialisierten Strukturzellen die Haut – wie Gefäßzellen (*Endothelzellen*), Haarfollikelzellen, Drüsenzellen, Nervenzellen und Immunzellen.

3.1.2.2 Strukturmoleküle der Haut

Neben den Hautzellen sind verschiedene Strukturmoleküle für die Eigenschaften der Haut verantwortlich:

- Wasser (H_2O): Zu etwa 80% besteht die Haut in der Tat aus Wasser. Sowohl die Hornschicht, die Grundsubstanz, die Lipiddoppelmembranen und alle Zellen der Haut lagern Wasser ein, wodurch Zusammenhalt und Prallheit der Haut bestimmt werden. Zudem ist Wasser essentiell für die Durchblutung der Haut und dient dem Stofftransport.

- Phospholipid-Doppelmembranen: Bestimmte Fette, die *Phospholipide*, sind zusammen mit Glykolipiden und dem Cholesterin Hauptbestandteil der Lipiddoppelmembranen, die als äußere Zellmembranen alle Zellen umgeben und auch die inneren Membranen bilden. Aufgrund ihres Sandwich-artigen Aufbaus – mit wasserabweisenden (*hypdrophoben*) Wechselwirkungen zwischen den Fettsäureketten an der Membraninnenseite und polaren, wasserliebenden (*hydrophilen*) nach außen orientierten Köpfen – begrenzen Sie als aktive geschlossene *Biomembranen* die Integrität der Zelle nach außen und stehen im Kontakt zu Wasser. Über Poren, Kanäle und Rezeptoren ermöglichen sie einen gezielten Stoffaustausch der Zellen. *Antioxidantien* wie Vitamin C und E sind wichtig für den Schutz dieser Biomembranen, speziell der ungesättigten Kohlenwasserstoffketten der Phospholipide, vor Zerstörung durch freie Radikale (sog. *Lipidperoxidation*, s. Kapitel 2).

- *Keratine* (Hornproteine): α-Keratine sind von den Keratinozyten der Oberhaut und der Haarfollikel gebildete, wasserunlösliche Faserproteine. Im Zuge der Hauterneuerung und Verhornung tragen die zuvor in den noch lebenden Keratinozyten gebildeten Keratinfibrillen (*Cytokeratine*) in der Hornschicht (*Stratum corneum*) in Form von abgestorbenen Hornschuppen als Kittsubstanz zur Bildung der Außenbarriere und zum

Schutz gegen Verdunstung bei und schilfern dann kontinuierlich ab. An Handinnenflächen und Fußsohlen ist die Hornschicht am dicksten. Auch unsere *Haare* stellen fadenförmige zusammengelagerte und vernetzte Bündel aus Keratinproteinen dar.

- *Ceramide* sind lipoide Substanzen, in die die verhornenden Zellen eingebettet sind, während sie weiter in Richtung Hornschicht an die Oberfläche geschoben werden.

- *Kollagene* (kollagene Bindegewebsfasern) sind von Fibroblasten gebildete faserförmige Strukturproteine der extrazellulären Bindegewebsmatrix (EZM) der Haut und anderer Organe sowie der Gefäße, Sehnen, Bänder und Knorpel. Mit 30% der Gesamtproteinmasse stellen Kollagene die häufigsten Proteine des menschlichen Körpers dar. Strukturell bestehen Kollagenfasern aus zu sog. Super-Helices verwundenen und quervernetzten Proteinketten mit hohem Anteil der Aminosäuren *Glycin*, *Prolin* und *Hydroxyprolin* sowie auch *Hydroxylysin*. Die räumliche Struktur der Tropokollagen-Triplehelices und Festigkeit der Kollagenfasern wird durch Quervernetzung über Wasserstoffbrückenbindungen zwischen Glycinresten erreicht. Die Stabilisierung wird durch Prolinhydroxylierungen vermittelt. Bei der Hydroxylierung von Prolin ist *Vitamin C* ein wichtiger Cofaktor und bestimmt damit die Festigkeit des Bindegewebes mit.

- *Elastin* (elastische Bindegewebsfasern): Als zweites von Fibroblasten gebildete faserförmiges Strukturprotein ist Elastin für Dehnbarkeit, Spannkraft, Formgebung und Halt der Haut sowie der Gefäße und der Lunge verantwortlich. Im molekularen Aufbau ähnelt Elastin dem Kollagen, enthält jedoch anstelle von Hydroxylysin einen hohen Anteil der Aminosäure *Valin*. Durch Quervernetzung der Lysine durch das Kupfer-abhängige Enzym Lysyloxidase entstehen Proteinnetzwerke aus vernetzten Elastinfasern, die die Elastizität ausmachen. Mit zunehmendem Alter kommt es UV-induziert zur Degeneration von Elastinfasern (*solare Elastose*) und zu Faltenbildung.

- Die Grundsubstanz oder extrazelluläre Matrix (EMZ) des Bindegewebes besteht aus verschiedenen von Fibroblasten gebildeten, wasserbindenden Proteinverbindungen: *Proteoglykane* (PG) sind Makromoleküle aus Proteinen und Kohlenhydraten mit Glukosaminoglykanseitenketten, wobei bei Proteoglykanen 95% Masse aus Kohlenhydraten besteht, während Glykoproteine einen höheren Proteinanteil besitzen. Als Hauptbestandteil der EZM bilden PG außerhalb der Zellen größere Komplexe mit anderen Proteoglykanen, mit Hyaluronsäure sowie mit Faserproteinen wie den Kollagenen und tragen zur Stabilisierung zwischen den Zellen der Haut und des Organismus bei sowie zur Wasserbindung.

3.2 Funktionen der Haut

Als Grenzfläche zur Umwelt hat die Haut verschiedene lebenswichtige Schutz- und Abwehrfunktionen gegenüber äußeren Einwirkungen – wie mechanischen, physikalischen, chemischen und mikrobiellen Außenreizen. Neben der Bildung einer Außenbarriere reguliert die Haut den Wärme- und Stoffaustausch mit der Umgebung und ist Teil des Nervensystems, des Immunsystems und des Hormonsystems unseres Körpers.

An der Wärmeregulation und Wasserverdunstung ist die Haut aufgrund ihrer großen Oberfläche, guten Durchblutungsregulation und der Ausstattung mit Schweißdrüsen zur Schweißsekretion maßgeblich beteiligt. Zur Thermoregulation trägt auch das Fettgewebe der Unterhaut bei, das als mechanische und thermische Isolationsschicht wirkt. Durch verschiedene spezialisierte Zellen, Sensoren und Nervenfasern fungiert die Haut als Teil des Nervensystems und als Sinnesorgan in der Wahrnehmung von mit Schmerz-, Tast-, Berührungs-, Druck-, Vibrations-, und Temperaturreizen. Zudem beherbergen die verschiedenen Schichten der Haut auch zelluläre Komponenten des Immunsystems mit wichtigen Funktionen für die Körperabwehr, aber auch der Vermittlung bestimmter Allergien.

Tabelle 3.2.1: Die vielfältigen Funktionen der Haut

- Schutz vor Druck, Temperatur, UV-Licht, Austrocknung, schädigenden Stoffen (*Barrierefunktion*)
- Abwehrfunktion gegenüber mikrobiellen Keimen wie Bakterien, Viren und Pilzen (*Immunfunktion*)
- Wahrnehmung von Schmerz, Berührung, Druck, Vibration und Temperatur (*Sinnesfunktion*)
- Wärmeregulation und Wärmeisolation des Körpers (*Thermoregulationsfunktion*)
- Stoffwechselregulation (Wasserhaushalt) und Vitamin D-Bildung (*Stoffwechselfunktion*)
- Sichtbares Kontaktorgan mit großer sozialer Bedeutung (*soziale Funktion*)

Die Integrität und Beschaffenheit der Haut ist daher von großer Bedeutung für unsere Lebensqualität und die Interaktion mit unserem Umfeld.

⌕ Hinweis: Mit verschiedenen Messgeräten, wie dem Dermatoskop, dem UV-Meter, dem sog. Tewameter®, und dem AGE-Reader, können Hautspezialisten die individuell unterschiedliche Qualität der verschiedenen Hautfunktionen messen und so bei der *Hauttyp-* und *Lichttyp-*Beratung helfen.

3.3 Hautlandkarte: Hautzonen des Gesichts und des Körpers

Während der generelle Aufbau der Haut aus den drei beschrieben Hauptschichten prinzipiell am gesamten Gesicht und dem Körper sehr ähnlich ist, so gibt es doch teilweise erhebliche Unterschiede in der Dicke und Zusammensetzung der unterschiedlichen Schichten sowie der Dichte der Hautanhangsgebilde – wie Haare, Talg- und Schweißdrüsen. Basierend auf der Dichte und Beschaffenheit der Drüsen, der Hornschicht und der Haare lassen sich unterschiedliche Hautzonen unterscheiden, die bei der Hautpflege berücksichtigt werden sollten. Zudem gibt es interindividuelle Unterschiede in der Hautbeschaffenheit und Änderungen der Haut mit zunehmendem Alter.

3.3.1 Gesichtshautzonen

Im Gesichtsbereich unterscheidet man funktional eine Talgdrüsen-reiche, fettigere Hautzone (kosmetisch sog. „T-Zone") von den übrigen, trockeneren Bereichen sowie der empfindlicheren, dünneren und gefäßreicheren Haut um Augen und Lippen.

- Als „T-Zone" wird in der Kosmetik der T-förmige Hautbereich über der Stirn, Nase und des Kinns bezeichnet. Da sich hier besonders viele Talgdrüsen befinden, die für die hauteigene Fettproduktion verantwortlich sind, ist die Haut der T-Zone im Vergleich zur übrigen Gesichtshaut fettiger. In diesen Bereichen können sich speziell bei fettreicher Ernährung, Stress oder auch Hormon-abhängig verstärkt Pickel (Akne) bilden.

- Als Hormon-sensible und *haarreichere Areale* reagieren auch die Hautzonen im Bereich der Wangen und Kiefer, wo beim Mann der Bartwuchs stattfindet, sowie am Haaransatz und am behaarten Kopf verstärkt auf hormonelle Schwankungen, wie den prämenstruellen Testosteronanstieg, so dass hier häufiger Pickeln entstehen können.

- Der Hautbereich um *Augen* und *Lippen* weist eine geringere Hautdicke mit dünnerem Bindegewebe und fast fehlender Unterhaut sowie eine geringere Dichte von Schweiß- und Talgdrüse auf. Da die Haut somit hier empfindlicher und trockener ist und zudem mechanisch stärker beansprucht wird, neigen diese Bereiche zu Mimik- und Trockenheitsfältchen. Eine reichhaltigere Pflege und der Einsatz von Vitaminen und Coenzym Q ist im Bereich der Augen- und Lippenhaut daher sinnvoll (s. Kapitel 9).

3.3.2 Körperhautzonen

Am Körper unterscheidet man die mit den „T-Zonen" vergleichbaren, *seborrhoischen Areale* mit erhöhter Talgdrüsen-Dichte von den Talgdrüsen-ärmeren Arealen, von stärker verhornten

Arealen an Handinnenflächen, Fußsohlen und den mechanisch stärker beanspruchten Ellenbogen und Knien sowie von Übergangsschleimhautzonen.

- Die *seborrhoischen Areale* im Bereich der Achselhöhlen und der vorderen und hinteren Schweißrinne sowie auch die behaarte Kopfhaut sind Talgdrüsen-reich und neigen ähnlich wie die T-Zone verstärkt zu Pickeln.
- *Hornhautreiche Zonen* der Handteller und Fußsohlen zeichnen sich durch eine dickeres Hornschicht (*Stratum corneum*) und stärkere Verhornung aus sowie durch eine erhöhte Dichte von Schweißdrüsen bei Fehlen von Haarfollikeln. Eine verdickte Hornschicht findet sich auch an mechanisch beanspruchten Hautarealen, wie Ellenbogen und Knien.
- Die hautnahen Schleimhäute und *Übergangszonen* im Bereich der Mundschleimhaut, Genital- und Analschleimhaut sind unverhornt und haben eine mit Schleim bedeckte, feuchte Oberfläche.

3.4   Hautanhangsgebilde: Haare, Haarfollikel und Talgdrüsen

3.4.1 Aufbau und Struktur der Haare und Haarfollikel

Bei prinzipiell ähnlichem Aufbau wie die schützende Hornschicht der Oberhaut sind die Haare des Menschen komplexe fadenförmige Zusammenlagerungen aus Keratinfilamenten (s. Abschnitt 3.1.2), kompaktierten Hornzellen und Pigmenten, also „*pigmentierte Hornfäden*". Neben Kopfhaaren (lat. *capillus*) gibt es Körper-, Borsten- und Schamhaare.

Haare entstehen durch punktuell gesteigerte Verhornung mit Ursprung in den sog. *Haarfollikeln* (*HF*), auch als Haarbälge bezeichnet, die spezialisierte trichterförmige Einsenkungen in der Oberhaut darstellen. In den äußeren Wänden dieser Haarfollikel, den sog. *Haarwurzelscheiden*, liegen röhrenförmig angeordnet verschiedene, spezialisierte epidermale Stammzellen, die wie Keratinozyten verhornen und damit zur Haarproduktion und -formgebung beitragen. Anatomisch unterscheidet man den an der Hautoberfläche rauswachsenden *Haarschaft*, die knollenartige aufgetriebene *Haarzwiebel* (*Bulbus*) und die *Haarwurzel* in der Tiefe des Haarfollikels. Am unteren Ende des HF wird das Haar in der Haarwurzel gebildet, die aus einer epidermalen *Haarmatrix* aus phasenartig schnell wachsenden Keratinozyten und Melanozyten besteht sowie aus der von diesen umwölbten, tiefer liegenden dermalen *Haarpapille*. Die spezialisierten Bindegewebszellen der dermalen Papille steuern durch ihre Signale und Nährstoffe den sog. *Haarzyklus* (s. 3.4.3) und stehen mit dem Gefäßplexus des HF in Verbindung. Aus der Haarmatrix wird das Haarkeratin, also die Hornsubstanz der Haare, durch den röhrenförmigen Trichter aus Keratinozyten der

Haarwurzelscheide durchgezwängt, wodurch die fadenförmige Haarstruktur entsteht. Der HF bildet zusammen mit der ihm zugehörigen Talgdrüse die sog. *pilosebazinöse Einheit* (engl. *pilosebaceus unit*). Interessanter Weise sind die Stammzellen in der sog. „Wulstregion" (engl. *bulge*) der Haarwurzelscheide auch ein bedeutsames Reservoir für die Regeneration der Epidermis aus Keratinozyten und Melanozyten bei der Wundheilung (s. Kapitel 11 *Prozeduren*).

3.4.2 Haartypen

Anhand von Aufbau, Lokalisation am Körper und Funktion werden unterschiedliche Haartypen unterschieden: Die marklosen, wenig pigmentierten Flaumhaaren des Körpers beim Kind (*Vellushaare*) werden größtenteils mit Beginn der Pubertät unter Androgeneinfluß in *Terminalhaare* umgewandelt. Zu den Terminalhaaren gehören auch die *Langhaare* der Kopfbehaarung und des männlichen Bartbereichs sowie als Modifikation der Langhaare die *Kräuselhaare* der Scham- und Achselregionen sowie die *Borstenhaare* der Augenbrauen, Wimpern, Ohren und Nase. Die verschiedenen Haartypen unterscheiden sich in der Wachstumsrate und in Dauer und Phasenverteilung des sog. *Haarzyklus*, wodurch die unterschiedliche maximale Länge, Kaliber und Kräuselung bestimmt werden.

3.4.3 Haarwachstumszyklus

Haarwachstum und Haarerneuerung unterliegen einem wiederkehrenden, durch eine innere Uhr gesteuertem (also „intrinsischen") Zyklus aus Wachstums- und Ruhephasen: An die Haarwachstumsphase (*Anagen*, im Kopfbereich ~2-6 Jahre) schließen sich eine Übergangsphase (*Katagen*, im Schnitt 2-3 Wochen) und eine Ruhephase (*Telogen*, 2-4 Monate) an mit folgendem Ausfall des Haares. Im Anschluss wiederholt sich der Zyklus. Die maximale Haarlänge ist von der genetisch bestimmten Dauer der Anagenphase abhängig.

- Wachstumsphase (*Anagen*): In der Anagenphase kommt es durch Aktivierung der Stammzellen in der Wulstregion der Haarwurzelscheide durch Signale aus der Papillenregion zunächst zu einem Tiefenwachstum des Haarfollikels mit Ausbildung der Haarmatrix. Aus den schnell nachwachsenden Keratinozyten der Matrix bildet sich die Haarwurzelscheide ständig nach, und durch Verhornung und Erstarrung bildet sich so eine Röhre. Nachfolgende Matrixkeratinozyten werden durch diese Röhre – wie durch eine Spritzdüse getrieben – und verhornen daher in einer permanenten Fadenform als neues Haar. Gleichzeitig teilen sich auch die melanozytären Stammzellen im Haarbulbus und der inneren Wurzelscheide während der Anagenphase und geben ihr Pigment an die

Haarkeratinozyten ab, wodurch die Haarfarbe entsteht. Beim Gesunden sind 80-90% der Kopfhaare in der 2 bis max. 8 Jahre dauernden Anagenphase.

- **Übergangsphase** (*Katagen*): In der Katagenphase finden innerhalb von etwa 2 Wochen verschiedene Umbau- und Regressionsprozesse statt, durch die das Haarwachstum zum Stillstand kommt: In der Haarmatrix stellen Keratinozyten und Melanozyten ihre Zellteilungsaktivität ein. Durch nachfolgende Verhornung des unteren Teils der Haarwurzel wird das Haar von der Nährstoffversorgung abgetrennt und im Haarkanal nach oben verschoben. Es befindet sich jetzt locker in den obersten Hautschichten.

- **Ruhephase** (*Telogen*): In der 2-4 Monate dauernden Telogenphase kommt es zum physiologischen *Haarausfall* infolge Lösung der Verankerung des Haars im HF. – Das Haar wird durch mechanische Einflüsse, wie Kämmen und Waschen, entfernt oder durch das nachwachsende Haar des neuen Wachstumszyklus ausgestoßen.

Neben Nährstoffen wirken insbesondere hormonelle Faktoren auf Haarbildung und -wachstum: Im Bereich der Kopfhaare wirken Östrogene dabei als *Katageninhibitoren*, die Wachstumsphase der Kopfhaare verlängern. Während Androgene das Kopfhaarwachstum durch *Katengeninduktion* verkürzen können, wirken sie für die männlichen Barthaare und die Schambehaarung dagegen wachstumsfördernd. Besonders mit zunehmendem Alter können sich veränderte Hormonspiegel und erhöhte Nährstoffbedarf auf das Haarwachstum auswirken und durch verstärkten Haarverlust bemerkbar machen. Ebenso beruht das Ergrauen von Haaren auf der Aktivitätsminderung der für die Haarpigmentbildung verantwortlichen melanozytären Stammzellen der Haarmatrix.

Tabelle 3.4: Einflüsse auf das Haarwachstum und den Haarwachstumszyklus.

Haartyp	Wachstumsförderung (+)	Wachstumshemmung (-)
Kopfhaare	Hormone: Östrogene, IGF-I	Androgene (Dihydrotestosteron)
	Nährstoffe: Koffein, Biotin	Toxine
Borstenhaare	Hormone: Androgene	

Die unterschiedlichen Haarwachstumsstörungen und Formen des Haarausfalls im Alter sowie aktuelle Therapiemöglichkeiten sind im Kapitel 12 zur *Haargesundheit* beschrieben. Ebenso gibt es Erkrankungen der Talgdrüsen und verschiedene Entzündungsformen, wie die *Akne*, in den haarreichen Körperbezirken.

3.5 Fettgewebe und Figur

Neben Knochenbau und Muskulatur bestimmt insbesondere die Verteilung des Fettgewebes das äußere Erscheinungsbild unserer Figur. Am gesamten Körper bildet das *subkutane Fettgewebe* wie ein Polster zwischen darüber liegender Ober- und Lederhaut und darunter liegenden Muskelfaszien eine wichtige Verschiebe-, Versorgungs- und Isolationsschicht (s. Abschnitt 3.1.1). Das *Viszeralfett* umgibt die Organe in der freien Bauchhöhle.

3.5.1 Aufbau des Fettgewebes und Fettgewebsstoffwechsel

Strukturell besteht Fettgewebe aus Ansammlungen von zusammenliegenden Fettzellen (lat. *Adipozyten*), die von bindegewebigen Septen zu Läppchen und Lappen gruppiert werden. Die den bindegewebigen Septen liegenden Gefäßen, Nerven und Lymphen der *Subkutis* kommunizieren direkt mit den Gefäßstraßen der darüberliegenden *Dermis* und darunterliegenden Strukturen stellen so die Versorgung der Haut sicher.

In ihren Vakuolen können die Fettzellen (lat. *Adipozyten*) bis zu je 1 µg Fett speichern. Das Wachstum und die Volumenzunahme von Fettzellen ist nahrungs- und hormonabhängig. Daher kann die Fettverteilung sowohl zwischen den Geschlechtern als auch in Abhängigkeit von genetischen und Lebensstilfaktoren stark variieren. Bei Erwachsenen ist Zahl der Adipozyten zwar grundsätzlich konstant, jedoch ist eine Bildung neuer Adipozyten aus Vorstufen (sog. *Steatoblasten* oder *Präadipozyten*) bei unkontrollierter Fettzufuhr möglich.

In verschiedenen Regionen des Körpers ist das subkutane Fettgewebe mit seinen durch bindegewebige Septen eingefassten Fettzellgruppen und Gefäßversorgungsstraßen daher unterschiedlich stark ausgeprägt. Hormonabhängige Vermehrung des subkutanen Fettgewebes findet besonders an Hüften, Gesäß und Brüsten statt. Bei Überernährung erfolgt die Fetteinlagerung dagegen besonders *viszeral* als „Bauchfett". Mechanische Fettpolster bestehen u.a. im Bereich der Fußsohlen und Handinnenflächen sowie auch benachbart von Gelenken zur Einbettung der Gefäß- und Nervenstränge (z.B. im Bereich der Achseln, Leisten und Kniee).

3.5.2 Funktionen des Fettgewebes

Das Fettgewebe hat verschiedene systemische sowie auch Körperregions-abhängige Aufgaben: Neben seiner Funktion als mechanische Isolations- und Verschiebeschicht und „Schutzpolster" besonders im Bereich von Gelenken und Fußsohlen (*Baufett*) dient Fett der Wärmeisolation, als Energiespeicher (*Speicherfett*) sowie als Hormon-bildendes Gewebe.

Neueren wissenschaftlichen Erkenntnissen zufolge ist das Fettgewebe, und dabei besonders das *Viszeralfett*, als größtes eigenständiges *endokrines Organ* aktiv im Gesamtstoffwechsel beteiligt (also *quasi* wie eine „Hormondrüse"): Durch die im Fettgewebe gebildeten Botenstoffen („Fettgewebshormone"), die *Adipokine*, wie Leptin und Adiponektin, trägt das Fettgewebe einerseits zur Regulation des Hungergefühls, des Blutzuckerspiegels, der Insulinempfindlichkeit peripherer Gewebe sowie dem Fettauf- und -abbau bei. Anderseits können pro-entzündliche Faktoren aus dem Viszeralfett, wie *Interleukin 6* (IL-6), *Tumornekrosefaktor* (TNF-α) und *Plasminogen-Aktivator-Inhibitor* (PAI-1), Entzündungsvorgänge und Alterung vorantreiben [4]. Durch Hormon- und Entzündungsfaktorproduktion nimmt die Fettverteilung also direkten Einfluss auf Fitness und Alterung!

3.5.3 Fettgewebe und Alterung

Aufgrund seiner vielfältigen Funktionen im Stoffwechsel und bei der Produktion von Hormonen und Entzündungsmediatoren ist das Fettgewebe also ein wichtiger Faktor im Rahmen der Alterungsprozesse des Körpers. – Besonders das abdominelle Fett, also das „Bauchfett", gilt auch als Risikofaktor für die Entwicklung des sog. *metabolischen Syndroms* (*Syndrom X, metS*). Beim *metS* kommt es durch entzündliche Prozesse im Fettgewebe und Fettstoffwechselstörungen zu *Insulinresistenz* und Diabetes mellitus Typ II (DM2) sowie zu weiteren Alterserscheinungen, wie verstärkter *Arteriosklerose* und Gefäßschäden. Je mehr Fett gespeichert ist, desto größer die Gefahr für die Entwicklung eines metS und eines DM2 durch Dysfunktion der Adipokine und Insulinresistenz sowie pro-entzündliche Wirkung weiterer Fettgewebshormone wie IL-6, TNF-α und PAI-1. Daher ist neben dem *Body Mass Index* (*BMI*) der *Taillenumfang* ein besonders wichtiger Prognoseparameter der Alterung und wird bei der Bestimmung des biologischen Alters evaluiert (s. Kapitel 1 *Einleitung* und Abschnitt 3.5.4).

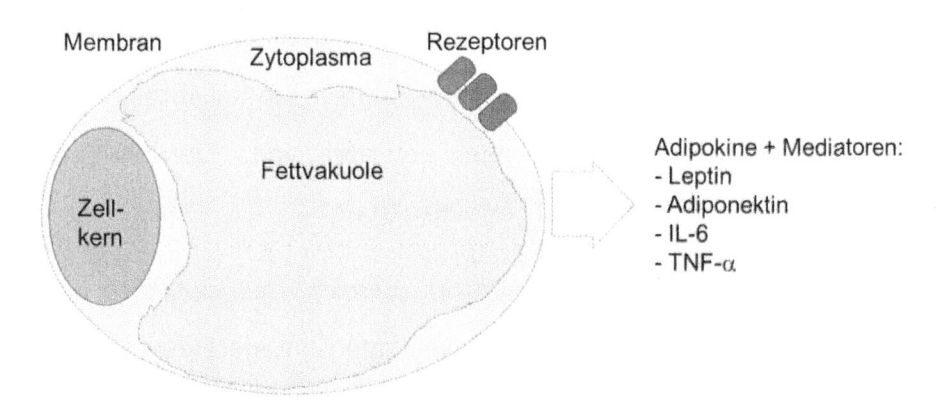

*Abb. **3.5**: Aufbau des Fettgewebes aus Fettzellen und produzierte Botenstoffe*

3.5.4 Exkurs: Wichtige Begriffe rund um Fettgewebe und Gesundheit

Abgesehen von ästhetischen Gesichtspunkten ist das in modernen Wohlstandsgesellschaften häufige Übergewicht und „Zuviel an Fettgewebe" mit verschiedenen Gesundheitsrisiken verbunden – und damit auch für Alterungsprozesse von hoher Bedeutung [5]. Einige häufige Begriffe der Ernährungsmedizin werden daher hier noch einmal überblicksmäßig erklärt:

- *Body Mass Index (BMI)*: Der Körpermasseindex – bezogen auf die Körperoberfläche (in kg/m² KOF) – ist eine Maßzahl zur Bewertung des Körpergewichts eines Menschen bezogen auf seine Körpergröße. Der BMI berechnet sich aus dem Körpergewicht (kg) geteilt durch die Körpergröße zum Quadrat (m²). In der Diagnose von Über- und Untergewicht dient der BMI jedoch nur als grober Richtwert, da er die Zusammensetzung der Körpermasse aus den Anteilen Fett- und Muskelgewebe sowie die Knochendichte nicht berücksichtigt.

    - BMI > 30: Adipositas (Fettleibigkeit)
    - BMI 25-30: Übergewicht
    - BMI 19-24: Normalgewicht
    - BMI < 19: Untergewicht

    Im Internet findest Du verschiedene *BMI-Rechner* (z.B. unter www.fitjung-formel.de). Als Alternative zum BMI gilt der *Broca-Index*, der das Normalgewicht nach der Formel „Körpergröße (in cm) – 100" berechnet sowie weitere 10% für die Bestimmung des Idealgewichts abzieht.

- *Adipositas*: Fettleibigkeit bei BMI > 30. Als „Overflow" kommt es bei „Zuviel-an-Fett" auch zur Einlagerung als viszerales Fett in die Organe, was z.B. zur „Fettleber" führen kann.

- *Taillenumfang* (in cm): Als Maß für die Fettverteilung und die Menge des Bauchfetts.

- *Cellulite* („Orangenhaut"): Anschwellen der Fettläppchen zwischen den bindegewebigen Septen mit leichter Lymphstauung unter Östrogeneinfluss. – Ein unliebsames Merkmal der Fettpölsterchen, von dem überwiegend Frauen betroffen sind. Der „Matratzen-artige" Effekt entsteht durch die Kammerung und Fetteinlagerung.

- *Lipödem* und *Lipolymphödem*: Fettzunahme im Bereich der seitlichen Hüften und Oberschenkel mit teilweise schmerzhaften Schwellungen infolge Flüssigkeitseinlagerung aus dem Gefäßsystem.

3.6　Ausgewählte und weiterführende Literatur

1. Plewig G, Ruzicka T, Kaufmann, R, Hertl M. Braun-Falco's Dermatologie, Venerologie and Allergologie. Springer. 7. Auflage. 2018. ISBN-10 3662495430.
2. Waschke J, Böckers TM, Paulsen F. Sobotta Lehrbuch Anatomie. Urban & Fischer. 2019. ISBN-10 3437440810.
3. Trüeb, RM. Haare: Praxis der Trichologie. Steinkopff. 2012. ISBN-10 9783642632693.
4. Fasshauer M, Klein J, Blüher M, Paschke R. Adipokine: Mögliches Bindeglied zwischen Insulinresistenz und Adipositas. *Dtsch Arztebl*. 2004; 101(51-52): A-3491 / B-2949 / C-2792.
5. Winter JE, MacInnis RJ, Wattanapenpaiboon N, Nowson CA. BMI and all-cause mortality in older adults: A meta-analysis. *Am J Clin Nutr*. 2014; 99(4):759-760.

4. „Fit+Jung"-Stufenplan für Gesundheit, Haut und Figur

Alterung ist ein ganzheitlicher Prozess mit zunehmendem Funktionsverlust verschiedener Gewebe des Körpers. Sobald ein Mensch „ausgewachsen" ist, setzt die Alterung ein und führt graduell und in einem individuellen Prozess zu Alterserscheinungen. An der Haut als Grenzfläche zur Außenwelt ist dieser Alterungsprozess besonders deutlich sichtbar. Die Haut fungiert damit als Indikator für im Körper ablaufende Alterungsvorgänge.

Die „Fit+Jung-Formel" ist für den gesamten Körper wie ein wertvolles und ganzheitliches Fitness- und Gesundheitsprogramm und lässt sich auch bei der Pflege Deiner Haut und zur Figurverbesserung ganz einfach anwenden. Neben der Vermeidung von schädigenden Einwirkungen – wie ultravioletter Strahlung (UV), Umweltschadstoffen und Genussmittel – sorgen eine gesunde Ernährung, regelmäßige moderate körperliche Bewegung, ein gesunder Lebensstil sowie Hormonoptimierung und die richtige Typ-gerechte äußerliche Pflege dafür, dass wir uns sprichwörtlich lange „wohl in unserer Haut fühlen".

Hier ist eine Übersicht über die wichtigsten Gesundheits-Strategien der „Fit+Jung-Formel":

1. **Prävention** (Vorbeugen und Vermeidung): Minimiere schädigende äußere Einwirkungen auf die Haut und den Körper!
   - Die Sonne solltest Du maßvoll genießen und Dich stets gut eincremen (UV-Schutz). Klimawandel und Treibhauseffekte wirken sich auf die Haut und die Gesundheit aus. Bei empfindlicher Haut ist ein hoher Lichtschutzfaktor (LSF 30-50) einzusetzen (s. Kapitel 5 *Vorsorge und UV-Schutz*).
   - Genussmittel sollten gelegentlicher Luxus bleiben. Starker und regelmäßiger Nikotin- oder Alkoholkonsum schädigen auch die Haut; und das spiegelt sich bereits nach kurzer Zeit durch einen faden Teint, Falten, Ablagerungen und Veränderungen der Hautgefäße wider. „Schnapsnase" und „Raucherbein" müssen zum Glück nicht sein! Die kumulative Dosis sollte niedrig gehalten werden (s. Kapitel 5 *Vorsorge* und Kapitel 6 *Ernährung*)
   - Nutze die altersgerechte Teilnahme an medizinischen *Vorsorgeuntersuchungen*!

2. **Ernährung**: Achte auf eine ausgewogene und frische Ernährung und gute Flüssigkeitszufuhr (s. Kapitel 6 *Ernährung*):
   - Trinke ausreichend kalorienarme und mineralreiche Flüssigkeit (mind. 1,5 Liter/Tag)

- Eine frische, Vitamin-reiche und „Zucker"-arme Ernährung, also ausgewogene niedrig-glykämische Kost, hilft der Gesundheit und auch Haut und Figur
- Nahrungsergänzungsmittel können bei erhöhtem Bedarf und bei Mangelerscheinungen sinnvoll sein

3. **Fitness**: Ein regelmäßiges Programm mit Intervall-, Ausdauer- und Krafttraining ist optimal.

4. **Hormonoptimierung** bei Hormonmangelzuständen hilft gegen Beschwerden, Müdigkeit, Pickel und Falten (s. Kapitel 8 *Hormone*):
   - Wechseljahresbeschwerden lassen sich bei Frauen (Menopausensyndrom) und auch bei Männern (Andropause) heute oft gut durch moderne nicht-medikamentöse Strategien oder durch personalisierte Hormonmodulation vermindern
   - Die Haut reagiert besonders empfindlich auf hormonelle Schwankungen

5. **Stressreduktion** und gesunder Lifestyle: Körper, Haut und Geist brauchen ausreichend „Entspannung": Stress setzt im Körper Botenstoffe, wie Adrenalin und Kortisol, frei und macht damit dem Immunsystem und auch der Haut zu schaffen (s. *Kapitel 5 Vorsorge*)
   - Ausreichend *Schlaf* hilft bei wichtigen Detox- und Regenerationsprozessen
   - Natürliches Gleichgewicht: Plane stress-reduzierende Aktivitäten, wie Spaziergänge in der Natur, Mediation oder Yoga, fest in Deinen Wochenplan ein (s. Kapitel 10 *Schlaf*)
   - Entspannungsmasken für die Haut mit natürlichen Inhaltsstoffen wie Mandelöl, Vitaminen, Goji-Beeren-, Granatapfel- und Pflanzen-Extrakten tun gut und wirken auch als Aromatherapie (s. Kapitel 9 *Pflege*).

6. **Pflege**: Creme Dich regelmäßig mit Hauttyp- und altersgerechten Pflegecremes ein. Die richtige Pflege schützt und hilft der Haut bei Regeneration (s. Kapitel 9 *Anti-aging Cremes* und *Wirkstoffe*):
   - Gute Hautreinigung und konsequentes „Abschminken" jeden Abend
   - Eine gute Basispflege, die Deinem Hauttyp entspricht und Hautzonen beachtet
   - Tagespflege mit Antioxidantien und Lichtschutzfaktor
   - Nachtpflege mit Hyaluronsäuren, Vitaminen und bei reiferer Haut mit Retinoiden

7. **Prozeduren**: Kleine kosmetische Tricks und Prozeduren sind erlaubt, wenn es Dir gefällt:
   - Sollten sich doch unerwünschte Falten und andere Hautalterungszeichen eingestellt haben, gibt es verschiedene sanftere und minimal-invasive kosmetische Prozeduren, die die Haut wieder glätten (s. Kapitel 11 *Prozeduren*)

8. **Medikation**: Mit den Strategien der *Fit+Jung-Formel* lassen sich auf natürliche Weise die

Gesundheit verbessern und vielen Wohlstandserkrankungen und Alterungserscheinungen vorbeugen – mit dem positiven Nebeneffekt eines meist geringeren Bedarfs an Arzneien.

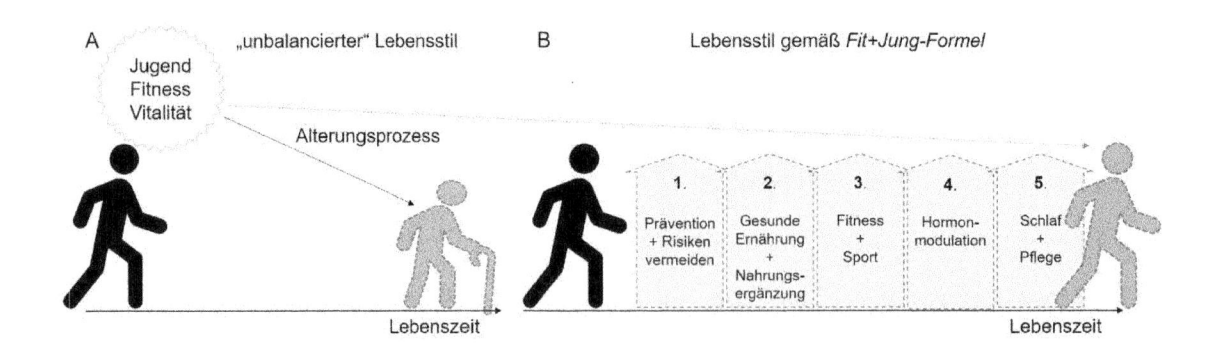

*Abb. **4.1**: Auswirkungen eines gesunden Lebensstils auf den Alterungsprozess und die Lebensqualität (QoL) im Alter. Die Strategien der Fit+Jung-Formel fördern gesundes Altern.*

Nach heutigem Kenntnisstand empfiehlt es sich, einen wertschätzenden Umgang mit dem Körper und der Haut ab dem jungen Erwachsenenalter zu pflegen. Achtsamkeit gilt für das eigene Selbst, für andere Menschen und die Natur. Die verschiedenen Strategien der *Fit+Jung-Formel* wirken *synergistisch* beim Erreichen von gesundheitlichen Verbesserungen und eines gesunden Alterns, – d.h. die positiven Effekte von Achtsamkeit, gesunder Ernährung, Fitness, Hormonoptimierung, Pflege und Entspannung summieren und ergänzen sich oft in idealer Weise. Die körpereigenen Jungbrunnen werden so optimal aktiviert. Da genetische Unterschiede und unterschiedliche Ausgangssituationen bestehen, ist eine personalisierte Gesundheitsvorsorge wichtig: Bei der genauen Typ-Beratung und Entwicklung Deines individuellen Anti-Aging „Fit+Jung-Programms" sollte Dir daher die *Hausarztpraxis* helfen. – Einige Tipps zur Bestimmung Deines Alterungstyps finden Du bereits in diesem Ratgeber.

Viele häufige kleinere Haut- und Figurprobleme lassen sich unter Beachtung der Strategien der „*Fit+Jung-Formel*" und Einhaltung eines gesunden Lebensstils oft ganz einfach und auf natürliche Weise in den Griff bekommen. – Und idealerweise treten Alterungserscheinungen und Erkrankungen des Alters bei einem entsprechend gesundem Lebensstil dann meist erst wesentlich später oder in abgemilderter Form auf.

5. Prävention – Vorsorge und Risikenvermeidung

Grundlegende Strategien zur Förderung guter Gesundheit und einer hohen Lebenserwartung sind zum einen die gezielte Vorsorge und Früherkennung von beginnenden Alterserkrankungen und chronischen Erkrankungen allgemein sowie zum anderen die weitgehende Ausschaltung vermeidbarer krankheitsfördernder Risiken und Verhaltensweisen durch einen möglichst gesunden Lebensstil. Im Kapitel 2 zu *Alterungsmechanismen* wurde der schädliche Einfluss äußerer Alterungsfaktoren auf den Körper erklärt. In den folgenden Abschnitten erfährst Du mehr darüber, wieso und wie diese Faktoren möglich minimiert werden sollten.

5.1 Vorsorgemaßnahmen

5.1.1 Gesetzliche Vorsorgeuntersuchungen (Vorsorgekalender)

Zur Früherkennung häufiger, mit zunehmendem Alter vermehrt auftretender Krankheiten, wie Herz-Kreislauf-Erkrankungen, Diabetes und Tumorerkrankungen, und deren Risikofaktoren werden bestimmte Vorsorgeuntersuchungen altersabhängig von den gesetzlichen Krankenkassen für alle Menschen empfohlen und angeboten [1] (s. auch Kapitel 2.3 *Biomarker*):

- Beim allgemeinen *gesundheitlichen Check-up* erhältst Du einen Überblick über Deinen Gesundheitszustand sowie eine individuelle Beratung, um nachhaltig gesund zu leben.

- Zudem werden gemäß des altersabhängig erhöhten Risikos für bestimmte Altersgruppen *Früherkennungsuntersuchungen* von Hautkrebs, Darmkrebs, Prostatakrebs, Genitalkrebs und Brustkrebs sowie seit einiger Zeit auch von Bauchaortenaneurysmen empfohlen.

Tabelle 5.1: Übersicht über altersabhängig angebotene gesetzliche Vorsorgeuntersuchungen

Alter	Altersabhängige Erkrankung und Vorsorgeuntersuchung
Ab 35 Jahren	*Check-up* alle 3 Jahre mit Blutdruckmessung, Blut- und Urinkontrolle
Ab *35 Jahren*	*Hautkrebsfrüherkennung* alle 2 Jahre
Ab *45 Jahren*	*Prostatakrebsfrüherkennung* und Krebs des *äußeren Genitals* jährlich
Ab *50 Jahren*	*Darmkrebsfrüherkennung* mittels Tests auf verborgenes Blut im Stuhl oder alternativ 2 *Darmspiegelungen* im Mindestabstand von 10 Jahren
Ab *50 bis 69 Jahren*	*Brustkrebsfrüherkennung* mittels *Mammographie-Screening* alle 2 Jahre
Ab *65 Jahren*	*Früherkennung* auf *Bauchaortenaneurysma* einmalig

5.1.2 Zusätzliche Vorsorgemaßnahmen

Die gesetzlichen Vorsorgeuntersuchungen stellen eine wichtige Grundlage zur Früherkennung altersabhängiger Erkrankungen dar und sollten in jedem Fall wahrgenommen werden! Bestimmte Verfahren bei den Vorsorgeuntersuchungen werden jedoch zumeist *nicht* von der Krankenkasse übernommen, sondern müssen vom Patienten selbst durch eine Zuzahlung getragen werden. Sinnvolle zusätzliche *Vorsorgemaßnahmen* sind unter anderen:

- Messung des *Augeninnendrucks* und Augenspiegelung ab *40 Jahren*
- Früherkennung eines *latenten Typ II-Diabetes* mittels Hämoglobin-A1C-Test ab *~45 Jahre*
- Zahnärztliche Untersuchungen des *Mund-* und *Zahnstatus* und Zahnreinigung jährlich
- Früherkennungsuntersuchung von *Lungenkrebs* für starke Raucher ab *55 Jahren*
- Auflichtmikroskopie und *Fotoaufnahmen* von verdächtigen Leberflecken an der Haut
- Messung der *Knochendichte* mittels DEXA-Scans bei erhöhtem *Osteoporoserisiko*
- *Impfungen* gegen *Grippe* und *Gürtelrose* jährlich bei Älteren sowie bei Immunschwäche
- *Impfungen* gegen *Pneumokokken* ab 65 Jahren sowie alle zehn Jahre *DTP-Impfung*

Bei Vorliegen von *Risikofaktoren* kann zudem ein früherer Zeitpunkt und eine häufigere Frequenz der gesetzlichen Früherkennungsuntersuchungen ratsam sein. Im Einzelfall berät Dich die Hausarztpraxis individuell anhand der Krankengeschichte zu Deinem Risikoprofil.

5.2 Vermeidung von Alterungsrisiken

Im Kapitel 2 wurden *schädliche Alterungsfaktoren* und ihre krankmachenden Wirkungen vorgestellt. Die Kenntnis und bewusste Vermeidung aller äußeren altmachenden Schadstoffe ist eine wesentliche Jungmach-Strategie der *Fit+Jung-Formel*. Als Haupt-Risikofaktoren für die Alterung und eine verringerte Lebenserwartung wurden in einer US-Studie aus dem Jahr 2006 wie zu erwarten *Rauchen*, *Alkoholkonsum*, *Übergewicht* und *Bewegungsmangel* identifiziert sowie zudem erhöhte berufliche *Stressbelastung*, *Einsamkeit* und ein *geringes Bildungsniveau* [2]. Da sich ein einmal angewöhnter Lebensstil meist nicht schlagartig ändern lässt, werden in diesem Abschnitt jeweils einige Strategien und Wirkstoffe genannt, die wie ein „*Gegengift*" den jeweiligen altmachenden Giften entgegenwirken und damit schädigende Einwirkungen zumindest mildern können.

5.2.1 Rauchen und Nikotinabusus („pack years")

Im Zigarettenrauch sind eine Vielzahl von Giftstoffen, zellzerstörenden und krebserregenden Substanzen (sog. *Karzinogene*) enthalten. Durch diese Schadstoffe werden beim Rauchen zunächst die direkten Kontaktorgane, wie Mund, Atemwege und Lunge, sowie die Blutgefäße geschädigt [3]. Über das Blut gelangen die Schadstoffe aber auch in alle anderen Körperzellen, wo Rauchen zur Bildung schädlicher *freier Radikale* und anderer schädlicher Metabolite führt und damit Alterung und Krebsentstehung fördert.

- *Folgen*: Rauchen ist für viele Krankheiten und Alterungserscheinungen mitverantwortlich:

- *Herz-Kreislauf-Erkrankungen*: Gefäßverengung, Arteriosklerose, Herzinfarkt, Schlaganfall
- *Atemwegserkrankungen*: Husten, chronisch-obstruktive Lungenerkrankung (COPD), erhöhtes Infektionsrisiko
- *Krebserkrankungen*: Unter den Risikofaktoren für Lungenkrebs ist Rauchen auf Platz 1, ebenso fördert Rauchen 20 weitere Krebsarten wie u.a. Krebs der Mundhöhle, Atemwege und Speiseröhre, Magengeschwüre und -krebs, Darmkrebs, und Blasenkrebs [3].
- *Hautalterung*, besonders im Zusammenhang mit erhöhter UV-Belastung
- *Zahnerkrankungen*: Paradontitis, Mundgeruch

- *Gegengifte*: Bei Rauchern ist der Bedarf an Vitalstoffen und *Antioxidantien* stark erhöht.

5.2.2 Erhöhter Alkoholkonsum (> 2-3 Gläser/d)

Bei erhöhtem Alkoholkonsum wird zuerst das zentrale Entgiftungsorgan, die Leber, durch den Alkohol und seine toxischen Abbaustoffe, wie Acetaldehyd und Acetat, geschädigt, wodurch es zu *Fettleber* und *Leberzirrhose* (alkoholbedingte Lebererkrankung) kommen kann. Bei mangelhafter Entgiftung sammeln sich Giftstoffe zudem in anderen Körpergeweben an und schädigen die Gefäße, das Gehirn, das Immunsystem sowie die Haut.

- *Folgen*: Neben Leberschäden begünstigt Alkohol Bauchspeicheldrüsenentzündungen, Immunschwäche, Infektionen, Neurodegeneration, Diabetes, Herz-Kreislauf-Erkrankungen und Krebserkrankungen sowie Alkoholabhängigkeit [4].

- *Gegengifte*: Vitalstoffe wie *NAD$^+$* fördern die Entgiftung, *Silymarin* schützt die Leber

5.2.3 Hoher Zuckerkonsum

Für den Körper ist der Energielieferant Zucker (*Glukose*) wie ein zweischneidiges Schwert: In der Nahrung enthaltener Zucker wirkt über das körpereigene, über Insulin, Dopamin und Endorphine vermittelte Belohnungssystem wie eine süße Droge, von der wir „immer mehr" brauchen und aufnehmen wollen – was von der Nahrungsmittelindustrie ausgenutzt wird. Durch erhöhte Blutzuckerspiegel steigt der Insulinspiegel, langfristig wird die Ausbildung einer *Insulinresistenz* und in der Folge eines *Typ II-Diabetes* gefördert. Überschüssiger Zucker wird vom Körper in Fett umgewandelt und führt zu *Übergewicht* und Organverfettung, wie der Bildung einer *Fettleber*. In den Geweben löst Zucker *Mikroentzündungen* aus und durch

Reaktion mit körpereigenen Proteinen die Bildung schädigender *advanced glycation endproducts* (*AGE*). Auch *Fruchtzucker* kann übrigens die Bildung einer Fettleber fördern.

- *Folgen*: Übergewicht, Typ II-Diabetes, Hautalterung, Immunschwäche, Organschäden
- *Gegengifte*: *Niedrig-glykämische Ernährung*, Eiweißstoffe wie *Carnosin* und *ß-Alanin*

5.2.4 Schädliche Nahrungsfette

Die falschen Nahrungsfette, insbesondere tierische Fette und industriell modifizierte Fette („schlechte Fette"), wirken im Körper entzündungsfördernd, lagern sich in Organen ein und schädigen die Blutgefäße. In den Blutgefäßen können sich diese Fette ablagern und zu Gefäßverengung (Arteriosklerose) und Mangeldurchblutung führen. Dadurch werden die Gewebe unzureichend mit Sauerstoff und Nährstoffen versorgt und somit geschädigt.

- *Folgen*: Organverfettung, Arteriosklerose, Durchblutungsstörungen, Herzinfarkt, Schlaganfall, Organschäden, Entzündungen, Immunschwäche
- *Gegengifte*: Durch ausreichende Zufuhr von „guten Fetten", wie den *Omega-3-Fettsäuren*, wird die Wirkung der schädlichen Nahrungsfette abgemildert (s. Kapitel 6 *Ernährung*). Günstig auf Fettstoffwechsel und Durchblutung wirken neben gesunder Ernährung mit 30-40% Fett aus Pflanzen und Fisch mit ausreichend Omega-3s zudem die Vitalstoffe *Coenzym Q10*, *NAD⁺*, verschiedene *sekundäre Pflanzenstoffe* und *Stickstoffmonoxid (NO)-Lieferanten*.

⚔ Nicht empfohlen werden sog. „Crash-Diäten", da diese zu Vitalstoffmangel führen können.

5.2.5 Schädliche Nahrungsmittelzusatzstoffe

In industriell aufbereiteten (prozessierten) Lebensmitteln befinden sich eine ganze Reihe künstlicher und teilweise schädlicher Zusatzstoffe, wie künstliche Aromen, Farbstoffe und Geschmacksverstärker wie *Mononatriumglutamat* („Hefeextrakt"). Insbesondere Glutamat, das sich besonders in Kartoffelchips, Tütensuppen, Fertiggerichten und -soßen findet, entfaltet im Körper eine „Suchtwirkung" und führt durch Ausschaltung von Sättigungs-Regelkreisen in unserem Gehirn zu unkontrollierter Nahrungsaufnahme eben dieser Speisen. Enthält ein Lebensmittel Geschmacksverstärker, essen wir mehr davon, als der Körper braucht. Ebenso können in Plastikverpackungen und Konserven enthaltende Weichmacher, wie das *Bisphenol A* (*BPA*), in die Nahrung übergehen und Gesundheitsschäden wie hormonelle Dysregulation und Gehirnschäden verursachen. Für Kleinkinder ist BPA besonders gefährlich.

- *Folgen*: Typische Wohlstandserkrankungen wie Fettleibigkeit, Diabetes und Bluthochdruck
- *Gegengift*: Frische, ausgewogene Ernährung ohne schädliche Zusatzstoffe und Weichmacher.

5.2.6 Umweltschadstoffe

Die Liste der Umweltschadstoffe ist lang [5]: Insbesondere Schwermetalle (Quecksilber, Cadmium, Chrom), Radionukleotide und Pestizide belasten unsere Nahrung.

- *Gegengifte*: Bezüglich des Schadstoffgehalts der Nahrung ist auf *Bio-Produkte* und gutes Waschen aller Nahrungsmittel zu achten. Unser *Vitalstoffbedarf* ist meist insgesamt erhöht.

5.2.7 UV-Licht

UV-Licht fördert über entstehende freie Radikale, DNA-Schäden und Kollagen-abbauende Enzyme die Hautalterung und begünstigt die Hautkrebsentstehung [6] (s. Abschnitt 5.3).

- *Gegengifte*: *Sonnenschutz, Antioxidantien* und *Vitamine*

5.2.8 Chronischer Stress

Die negativen Auswirkungen von Stress auf unser Wohlbefinden, das Herz-Kreislauf-System und das Immunsystem sind uns allen nur zu gut bekannt. Bei Dauerstress schaltet der Körper auf einen Alarmzustand mit vermehrter Ausschüttung von Stresshormonen wie *Adrenalin* und *Kortisol* um, deren Wirkungen den Körper auf Dauer krank machen können. Stresshormone führen zu Bluthochdruck und erhöhtem Blutzuckerspiegel. In der Folge werden Gefäße und Nervenzellen geschädigt. Oft gehen Stress und Überbelastung in Beruf und Privatleben auch mit einer wenig ausgewogenen Ernährung einher mit überwiegendem Konsum von prozessierten Lebensmitteln und *Fast Food*.

- *Folgen*: Arteriosklerose, Herzinfarkt, Schlaganfall, Hörsturz, Immunschwäche
- *Gegengifte*: Besonders in Stresssituation ist auf *frische Ernährung* mit Gemüse, Salat, Früchten, Nüssen, Vitaminen und Antioxidantien zu achten, auf regelmäßige *Bewegung*, *Entspannungspausen* und ausreichend *Nachtschlaf* zur Regeneration von Körper und Geist.

5.2.9 Bewegungsmangel

Neben Erkrankungen des Bewegungsapparats, wie Muskelabbau (*Sarkopenie*), Gelenk- und Rückenschmerzen und Knochenabbau (*Osteoporose*), werden Fettleibigkeit, Herz-Kreislauf-Erkrankungen und Depressionen durch mangelnde Bewegung gefördert. Mindestens 20 Minuten zügige Bewegung am Tag werden von der *WHO* empfohlen (s. Kapitel 7 *Fitness*).

5.2.10 Einsamkeit und *mangelnde geistige Aktivität*

„Wer rastet, der rostet!" Was für unseren Bewerbungsapparat gilt, trifft auch für unser Nervensystem zu: Fordern wir unseren Geist nicht genug oder sind wir zu einsam, kann das geistigen Abbau fördern.

- *Gegengifte*: Familie, Freundschaften, Haustiere, Reisen, Hobbies, Meditation, Sudoku

5.3 UV-Schutz – Verminderung von UV-Schädigung und Hautkrebsrisiko

5.3.1 Mechanismen der Sonneneinwirkung in der Haut

Dass Sonnenbaden neben der in unserem Kulturkreis als attraktiv empfundenen Bräunung der Haut eine Reihe unliebsamer Nebenwirkungen haben kann – wie *Sonnenbrand*, *Sonnenallergien*, fleckige *Pigmentierung*, *Altersflecken*, *Falten* und *Hautkrebs* – ist heute weitreichend bekannt. *Was genau passiert aber beim Kontakt mit der Sonne in der Haut und warum ist Sonnenschutz so wichtig?*

Die elektromagnetische Strahlung des natürlichen Sonnenlichts lässt sich anhand ihrer Energie und Wellenlänge in unterschiedliche Bereiche einteilen – mit unterschiedlicher Eindringtiefe und schädigender Wirkung für die Haut (s. *Tabelle 5.3.1*). Generell gilt, je höher die Strahlungsenergie des Lichts, desto geringer die Eindringtiefe in die Haut. Das energiereiche *UVC* wird daher größtenteils durch die Atmosphäre herausgefiltert und dringt nicht in die Haut ein. *UVB* ist mit seiner geringen Eindringtiefe für die Sofortreaktion des Sonnenbrands verantwortlich, während *UVA* tiefer in die Dermis eindringt und hier hemmend auf die Kollagen-bildenden Zellen wirkt sowie zu Kollagenabbau und damit zu Faltenbildung führt. An unserem Erbgut, der DNA, die sich im Kern der Körperzellen befindet, verursacht UV-Strahlung sowohl direkte Schäden (sog. *Thymidindimere*) als auch sekundäre Schäden durch erhöhte Produktion *freier Radikale* (*ROS*). Freie Radikale wirken schädigend auf die DNA und die Enzymproduktion, so dass mit der Zeit durch UV-induzierte Erbgutschäden (*Mutationen*) Hautkrebs ausgelöst werden kann. Zudem hemmt UV-Licht auch Immunzellen. Dadurch wird die Hautkrebsentstehung indirekt zusätzlich gefördert, da Vorstufen von Tumorzellen nicht ausreichend ausgeschaltet werden. Künstliche UV-Quellen, wie Solarien oder Lampen, senden heute bei höherem UVA-Anteil meist auch eine Mischung aus UVA und UVB aus und bergen damit ähnliche Risiken wie die natürliche Sonnenstrahlung.

Tabelle 5.3.1: Bereiche des natürlichen Sonnenlichts und ihre Wirkung auf die Haut

Bereich	Wellenlänge [λ]	Eindringtiefe und Wirkung
UVC	100-280 nm (>6,2 eV)	keine (bzw. Abtöten von Zellen)
UVB	280-315 nm	Sonnenbrand, ROS, DNA-Schäden, Hautkrebs
UVA	315-400 nm	Bräunung, Kollagenabbau, Falten, ROS, DNA-Schäden
sichtbares Licht	~400-780 nm	keine (bzw. bisher nicht ausreichend untersucht)
Infrarot (IR)	780 nm-1 mm	thermische Wirkung und Schädigung gesamter Haut

Im Alter wird die Haut zunehmend empfindlicher gegenüber UV, da die intrinische Alterung zu dünnerer, trockener, brüchiger Haut mit vermehrter Verletzlichkeit führt. Durch UV-bedingte extrinsische Alterungsprozesse, auch als aktinische Alterung oder „Photoaging" bezeichnet, kommt es zudem zu weiterer Verdünnung der Oberhaut (Epidermis), zur *aktinischen Elastose*, Pigment- und Gefäßveränderungen – und die Entwicklung von Hautkrebsvorstufen und Hautkrebs wird begünstigt [6]. Die Vorgänge beim *Photoaging*, die zu Falten und Hautkrebs führen, sind auch im Kapitel 2 zu *Alterungsmechanismen* erklärt.

5.3.2 Lichthauttypen (nach Fitzpatrick)

Die schädigende Wirkung der UV-Strahlung an der menschlichen Haut ist neben der Strahlungsenergie auch vom genetisch bedingten sog. „Lichttyp" abhängig, der nach *Fitzpatrick* anhand der Sonnenempfindlichkeit und Eigenschutzzeit definiert wird. Diese beiden Parameter beruhen auf der je nach Lichttyp unterschiedlichen Melaninproduktion durch die pigmentbildenen Zellen der Haut, die *Melanozyten*. Bei Rothaarigen und Blonden ist neben dem (braunen) *Eumelanin* auch verstärkt das (rötliche) *Phäomelanin* vorhanden, das bei der Hautkrebsentstehung gemäß einer aktuellen Studie einen gesonderten Risikofaktor darstellt [7].

Tabelle 5.3.2: Licht-Hauttypen und ihre Sonnenempfindlichkeit (nach Fitzpatrick)

Hauttyp	Eigenschaften (Haut/Haare)	Eigenschutzzeit	Sonnenbrand
Typ *I*: Keltisch	sehr helle Haut oft rothaarig, Sommersprossen	3-8 min	immer
Typ *II*: Nordisch	helle Haut, blond-braune Haare	10-20 min	oft
Typ *III*: Mischtyp	mittel, blond-schwarze Haare	20-30 min	manchmal
Typ *IV*: Mediterran	oliv, braun-schwarze Haare	> 30 min	selten
Typ *V*: Dunkel	dunkel-schwarz, schwarzhaarig	> 90 min	praktisch nie

5.3.3 Wirkprinzip von Lichtschutzfaktor (LSF)-Creme („Sonnencreme")

Wie wirkt nun eigentlich Sonnencreme, die wir – zumindest jeden Sommer im Urlaub – auftragen, gegen die UV-Schäden? Moderne Sonnenschutzcremes sollten in jedem Fall *Breitspektrumschutz* bieten, d.h. gegen UVA- und UVB-Strahlung sowie auch IR wirksam sein. Anhand von Struktur und Wirkprinzip lassen sich chemische und physikalische UV-Schutz-Faktoren (sog. *Filter* oder *LSF*) unterscheiden:

- *Chemische* UV-Filter: Dies sind organische Stoffe, zumeist mit sog. *Phenolring*, die bei Kontakt mit UV-Licht ihre Struktur ändern, – d.h. sie durchlaufen eine chemische Transformation, die als Resonanzdelokalisation bezeichnet wird. Dabei nehmen sie UV-Licht auf (*Absorption*) und wandeln die Energie zu Wärme um. Nach der Absorption von UV ist der Stoff dann inaktiv, also unwirksam.
- *Physikalischer* UV-Filter: Hier sind kleine anorganische Partikel am Werk, zumeist *Zinkoxid*, oder in Badesonnencremes auch *Titaniumoxid*. Diese streuen oder reflektieren das UV-Licht – ohne dabei viel UV zu absorbieren. Dadurch können die Partikel längeren UV-Schutz an der Haut bieten.

Sonnencremes gibt es mit verschieden hohen *Lichtschutzfaktoren* (*LSF*). Der LSF gibt an, wievielmal die Eigenschutzzeit durch den LSF verlängert. Bei empfindlicher Haut und hellem Lichttyp gilt, am besten eine hypoallergene Creme mit hohem LSF von 30-50 („*Sunblocker*") zu verwenden – wie sie z.B. in der Apotheke erhältlich ist (Sonnencremes von verschiedenen medizinischen Marken). Bei Eigenschutzzeit von 5 Minuten verlängert LSF 30 die Zeit bis zum Sonnenbrand um den Faktor 30 auf 150 Minuten.

5.3.4 Weitere natürliche Wirkstoffe gegen UV-Schäden

In Ergänzung zu Lichtschutzfaktoren wirken auch verschiedene Inhaltsstoffe von anti-aging Cremes dem Photoaging entgegen und schützen die Haut (s. Kapitel 9 *Cosmeceuticals*). *Antioxidantien*, die z.B. in Grünteeextrakten, Gojibeeren oder anderen Naturprodukten vorkommen, helfen dabei, freie Radikale abfangen und können so die Haut effektiv gegen Lichtalterung und Hautkrebs unterstützen. Besonders das Auftragen einer Tagescreme mit diesen Wirkstoffen *vor* dem Sonnenbaden bietet zusätzlichen Schutz. In manchen Sonnencremes sind diese „Geheimwaffen" schon mit enthalten. Ebenso wirkt eine *vitaminreiche Ernährung* mit frischem Obst und Gemüse als „innerer" UV-Schutz.

Besonders wichtig ist natürlich auch die richtige Pflege nach dem Sonnenbad. Hier gibt es neben *Après-Lotionen* heute auch eine Reihe von rehydrierenden, pflegenden Masken mit Antioxidantien, Aloe vera, Hyaluronsäure und anderen Wirkstoffen zur Unterstützung der Hautregeneration (s. Kapitel 9 *Cosmeceuticals*).

5.3.5 Zusammenfassung der wichtigsten UV-Schutz Empfehlungen

UV-Schutz dient sowohl als Vorsorgemaßnahme gegenüber vorschneller Hautalterung wie auch gegenüber Hautkrebsentwicklung [8,9].

- Als Grundprinzip gilt die *Vermeidung* von intensiver UV-Stahlung bzw. ein mäßiger UV-Genuss in Abhängigkeit vom Lichttyp. Setze Dich also der Sonne nicht unnötig lange aus! Bei ersten Anzeichen eines Sonnenbrands sollte sofort der Schatten aufgesucht oder vollständiger UV-Schutz mittels „Sunblocker", UV-Schutzkleidung oder Sonnenschirm betrieben werden.
- Zum äußeren UV-Schutz ist konsequent *täglich* ein *medizinischer Lichtschutzfaktor (LSF)* in der Tagespflege anzuwenden sowie zudem stets LSF vor dem Sonnenbaden aufzutragen.
  - Bei normaler Haut und mittelhellem Lichttyp ist ein LSF von mindestens 15 anzuwenden, bei heller oder geschädigter Haut sollte sogar konstant LSF 30-50 zum Einsatz kommen.
  - Lichtschutz ist in *jedem Lebensalter* zu betreiben, also von früher Kindheit an.
  - Die Anwendung von LSF sollte *täglich* betrieben werden, mehrfach und verstärkt bei erhöhter Exposition (wie z.B. im Urlaub) und bei hellerem Hauttyp.
  - Unterstützend auf die Regeneration wirken *Antioxidantien* wie z.B. Grünteeextrakte.
  - LSF-Cremes mit sog. *Nanopartikeln* (< 100 nm) sind nur bei intakter Haut zu verwenden.
- Bei empfindlichen Hauttypen oder vorgeschädigter Haut sind neben Lichtschutzfaktor-Cremes spezielle *UV-Schutzkleidung* und eine *Kopfbedeckung* gute Schutzmaßnahmen.
- UV-Schutz von innen kann durch gesunde, Vitamin-reiche Ernährung betrieben werden, da durch Vitamine und andere *Antioxidantien* in der Nahrung die durch UV-Licht gebildeten freien Radikale abgefangen und gemindert werden.
- Da auch künstliche UV-Quellen Schäden an der Haut verursachen, sind Solarienbesuche zu minimieren. „Tanning-Fans" sollten ggf. Selbstbräunungscremes als Alternative vorziehen.
- Zur Deckung des *Vitamin D-Bedarfs* können speziell auch bei älteren Menschen entsprechende Nahrungsergänzungsmittel eingesetzt werden (s. Kapitel 6).

5.3.6 UV-abhängige Hautkrebsentstehung und Therapiemöglichkeiten

Es gibt verschiedene Formen von „*Hautkrebs*", die unterschiedliche Ursachen haben können – wie bereits im *Kapitel* 2 beim Thema *Hautkrebsentstehung* angesprochen. Umwelteinflüsse – speziell UV-Licht – sind besonders bei der Entstehung des „*weißen*" Hautkrebs (sog. *Basalzellkarzinom* sowie *spinozelluläres Karzinom*), sowie auch bei bestimmten Formen des „*schwarzen*" Hautkrebs (*Melanom*) von großer Bedeutung [9]. Insgesamt hat die Diagnose

Hautkrebs weltweit eine steigende Tendenz. Besonders in der hellhäutigen Bevölkerung (sog. *Kaukasier*, besonders Lichttypen I-III) steigt die Hautkrebsrate – infolge des Klimawandels und vermehrter UV-Belastung durch Veränderungen von Atmosphäre und Ozonschicht, geänderten Freizeitverhaltens, erhöhter Mobilität und der insgesamt zunehmenden Lebenserwartung mit Erreichbarkeit höhrerer Lebensalter. Gleichermaßen haben aber zum Glück auch die Erkenntnisse zur Vorsorge und Therapie von Hautkrebs zugenommen. Daher können wir heute zumindest teilweise die Risiken beeinflussen und durch richtiges Verhalten gezielt vorsorgen. Da die Früherkennung von Hautkrebs immer wichtiger wird und oftmals Verunsicherung besteht, welche Hautläsionen verdächtig sein könnten, werden in den folgenden beiden Abschnitten die Kennzeichen von weißem und schwarzen kurz erklärt. Allgemein sollte ab 35. Lebensjahr mindestens alle 2 Jahre ein *Hautkrebsscreening* erfolgen.

1. Weißer Hautkrebs (Basalzellkarzinom, Plattenepithelkarzinom)
Weißer Hautkrebs geht von den Keratinozyten der Oberhaut aus. Dabei werden in erster Linie zwei Formen des weißen Hautkrebes unterschieden: Die häufigste Hautkrebsform überhaupt entsteht aus entarteten Zellen der Basalschicht und wird als *Basalzellkarzinom* (auch *Basaliom*) bezeichnet. Sind Zellen der darüber liegenden Entwicklungsschichten betroffen, spricht man vom *spinozellulären Karzinom* (Stachelzellkrebs, *Spinaliom*) bzw. allgemeiner vom *Plattenepithelkarzinom*.

- *Ursachen*: Als wesentlicher auslösender Faktor für diese Hautkrebsformen ist besonders bei hellerem Hauttyp die *UV-Belastung* durch Sonneneinwirkung anzusehen, die sich mit dem Alter summiert. Das liegt daran, dass bei helleren Hauttypen die Keratinozyten weniger gut durch Melanin geschützt werden. Durch Summation der UV-Belastung über die Jahre („*Sonnenkonto*") entsteht daher mit dem Alter über Vorstufen, die sog. *aktinischen Keratosen*, schließlich der weiße Hautkrebs. Dementsprechend findet sich weißer Hautkrebs und seine Vorstufen insbesondere in den sog. Licht-exponierten Arealen; also im Gesicht, auf der Kopfhaut, den Lippen, dem Dekolleté und Rücken sowie an Unterarmen und Händen. Sonderformen des weißen Hautkrebses können sich auch an den Schleimhäuten entwickeln, so z.B. an der Mundschleimhaut bei Tabakkonsumenten oder bei chronischen Entzündungen. Meist sind von weißem Hautkrebs ältere Menschen, etwa ab der 5. Lebensdekade, betroffen.
– Gerade bei hellen Hauttypen können derartige Veränderungen aber auch schon wesentlich früher auftreten. Insgesamt ist die Entwicklung von weißem Hautkrebs eine Erscheinungsform des *Photoagings* in Abhängigkeit vom Lichttyp. Neben der Sonneneinwirkung sind aber u.a. auch eine Strahlentherapie, Immunsuppression, bestimmte chemische Substanzen (wie

Arsen) sowie seltene Erbkrankheiten (wie *Xeroderma pigmentosum, Gorlin-Goltz-, Cockayne-* und *UV-Syndrom*) als Risikofakren und mögliche Auslöser für weißen Hautkrebs anzusehen.

- *Schutz*: Neben der Vorsorge durch ausreichenden *UV-Schutz* kommt bei Neigung zu weißem Hautkrebs auch der *Früherkennung* eine besondere Bedeutung zu. Da das Wachstum über Vorstufen meist langsam erfolgt, kommt es erst im weiter fortgeschrittenen Stadium zur Zerstörung der umgebenden Strukturen sowie im Falle des Spinalioms zu *Metastasen*. Es gilt daher: Je *früher* eine Behandlung bei weißem Hautkrebs erfolgt, desto schonender kann diese sein und desto *weniger* Gewebe muss behandelt oder entfernt werden.

- *Behandlung*: Gegen oberflächliche, frühe Stadien des weißen Hautkrebses, die sog. *aktinischen Keratosen* – die als weißlich schuppende Knötchen oder Plaques auf der Hautoberfläche erkennbar sind – können Creme-Therapien, Lösungen oder auch eine Vereisung (*Kyrotherapie*) oder Lichttherapie (*photodynamische Therapie, PDT*) eingesetzt werden. Im fortgeschritteneren Stadium ist zumeist eine vollständige *operative Entfernung* des weißen Hautkrebses notwendig. Alternativ kommen in einigen Fällen Bestrahlung oder medikamentöse Therapie in Frage. Für ältere Menschen ist also bei allen, sich über mehrere Wochen nicht wieder zurückentwickelnden, auffälligen Hautknötchen oder -wunden, die manchmal auch wie ein lästiger Pickel oder eine Flechte auffallen können, in jedem Fall Vorsicht geboten! Im Zweifel sollte immer eine Hautarztpraxis konsultiert werden. Dort wird man entscheiden, ob eine Probennahme (sog. *Hautbiopsie*) zur Abklärung des Befundes nötig ist und welches die richtige Therapie ist.

2. *Schwarzer Hautkrebs (Melanom)*

Der schwarze Hautkrebs (in der Fachsprache als *malignes Melanom* bezeichnet) nimmt seinen Ursprung von den pigmentbildenden Zellen, den *Melanozyten*, die in der Haut und auch an Schleimhauten, Aderhaut des Auges und Hirnhäuten vorkommen, – sowie von sog. *Nävuszellen*. Das Auftreten des schwarzen Hautkrebses ist zum Glück weitaus weniger häufig als für den weißen Hautkrebs. Jedoch ist auch hier die Tendenz heute steigend, und das Wachstumsverhalten ist gefährlicher geworden.

- *Ursachen*: Bei der Entwicklung des schwarzen Hautkrebses spielen verschiedene Mechanismen eine Rolle, neben dem *UV-Licht* insbesondere auch die erblichen Voraussetzungen (*Genetik*) und das Immunsystem. Ein Melanom kann auf normaler Haut aus einem Melanozyten oder aus einem Muttermal (sog. *Nävus*) entstehen. Daher gibt es bestimmte Melanom-Formen, die besonders im Gesicht und an UV-exponierten Hautbereichen auftreten, während sich andere Formen an UV-geschützten Stellen, wie den

Beinen oder dem Rumpf, entwickeln. Auch für das Melanom gilt, dass hellere Hauttypen besonders aufpassen müssen, ebenso wie Rothaarige, oder Menschen vielen oder größeren Muttermalen (Nävi) [7].

- *Schutz*: Bei der Selbst-Erkennung von verdächtigen („atypischen") Pigmentflecken kann die auch von Dermatologen angewandte *ABCDE*-Regel helfen, nach der *A*/symmetrie, *B*egrenzung, *C*olorit (dunkle Farbe, Mehrfarbigkeit), *D*urchmesser (> 0,5 cm) und *E*rhabenheit bzw. *E*ntwicklung als Kriterien bewertet werden. Beim Kriterium *Entwicklung* gilt als besonders auffällig, wenn sich ein Pigmentfleck schnell verändert, also an Größe zunimmt, Mehrfarbigkeit entwickelt, oder zu Blutung, Juckreiz oder Schmerzhaftigkeit neigt. Bei verdächtigen Pigmentmalen wird dann in der Hautarztpraxis die weiterführende Untersuchung vorgenommen. Hierzu werden die Auflichtmikroskopie mit einer Speziallupe, digitale Bildanalysen oder auch eine Hautbiopsie zur feingeweblichen Untersuchung hinzugezogen. Die Prognose des Melanoms ist ganz stark von der Eindringtiefe, also dem Tiefenwachstum in der Haut, abhängig und kann bei früh erkannten Tumoren noch relativ gut sein. Bei verdächtigen Pigmentmalen gilt es also, sofort die Haut-Spezialisten aufzusuchen – sowie generell natürlich an regelmäßigen Hautkrebsscreenings teilzunehmen.

- *Behandlung*: In jedem Fall ist eine *operative Entfernung* bei Tumorverdacht nötig, sowie bei Diagnosebestätigung dann ein Nachschneiden mit Sicherheitsabstand. Sollten bereits Metastasen aufgetreten sein, gibt es heute neben konventionellen Chemo- und Radiotherapien, sehr viele effektive zielgerichtete Therapien, wie auch die Immuntherapien durch sog. *Checkpoint-Blockade*, die zu einem vorübergehenden Stillstand des Tumorwachstums (*Remission*) führen können und in Einzelfällen sogar zu einer Heilung [10].

Tabelle 5.3: ABCDE-Regel als Schnelltest für die Früherkennung von schwarzem Hautkrebs

Kriterium	*Gutartige Pigmentmale*	*Atypische Pigmentmale*
A : Asymmetrie	symmetrische rund oder oval	asymmetrisch
B : Begrenzung	regelmäßige, scharfe Ränder	unregelmäßig, unscharfe Ränder
C : Colorit	gleichmäßig hell oder dunkel	sehr dunkel oder uneinheitlich
D : Durchmesser	< 0,5 cm	> 0,5 cm
E : Entwicklung	gleichbleibend	Größenzunahme, Blutung, Juckreiz
Erhabenheit	flach	erhabene Anteile

5.3.7 Digitale Apps in der Hautkrebsvorsorge

In der Hautkrebsvorsorge spielen die tägliche Anwendung von *Lichtschutzfaktoren*, die *Vermeidung* intensiver Sonneneinstrahlung, sowie die regelmäßige Teilnahme an den *Hautkrebsscreenings* eine entscheidende Rolle. Um bereits jüngere Menschen gegenüber den Risiken für Hautkrebs und Hautalterung zu sensibilisieren, sind zudem verschiedene *Apps* entwickelt worden wie die *Sunface-App* oder die *UV-lens App* [11]. Mittels eines Handyfotos können damit die Auswirkungen des Sonnenkonsums auf das Hautbild simuliert werden. Ähnliche Apps gibt es übrigens auch für die Raucherhaut als *„Smokerface"-App* [12].

5.4 Ausgewählte und weiterführende Literatur

1. Robert Koch-Institut (Hrsg.). Krebs in Deutschland für 2013/14. Kapitel 6: Vorsorge. 11. Ausgabe. 2017. doi : 10.17886/rkipubl-2017-007

2. Wilcox B, He Q, Chen R, Yano K, Masaki KH et al. Midlife risk factors and healthy survival in men. *JAMA*. 2006 Nov 15;296(19):2342-50.

3. Siegel RL, Jacobs EJ, Newton CC, Feskanich D, Freedman ND, Prentice RL, Jemal A. Deaths due to cigarette smoking for 12 smoking-related cancers in the United States. *JAMA Intern Med*. 2015. Sep;175(9):1574-6. doi: 10.1001/jamainternmed.2015.2398.

4. Rehm J. The risks associated with alcohol use and alcoholism. *Alcohol Res Health*. 2011; 34(2):135-42.

5. Dietsche S. Das Gift steckt im Detail!: Der Ratgeber für Alltagsschadstoffe. *Epubli*. 2017, 1. Auflage, ISBN-10: 9783745042498

6. Krutmann J. 2011. Wie die Sonne unsere Haut altern lässt. Der Hautarzt. 62:588-590.

7. Mitra D, Luo X, Morgan A, *et al*. 2012. An ultraviolet-radiation-independent pathway to melanoma carcinogenesis in the red hair/fair skin background. *Nature*. 491: 449-453.

8. Breitbart EW *et al*. Leitlinienprogramm Onkologie (Deutsche Krebsgesellschaft, Deutsche Krebshilfe, AWMF): S3-Leitlinie Prävention von Hautkrebs, Kurzversion 1.1, 2014, AWMF Registernummer: 032/052OL, http://leitlinienprogrammonkologie.de/Leitlinien.7.0.html

9. Zimmermann C, Schlagenhauff B. 2005. Hautkrebs und Hautalterung. *Ars Medici*. Dossier VIII: 21-24.

10. Gatzka MV. Targeted tumor therapy remixed. *Cancers*. 2018; 10(6). pii:E155.

11. Brinker TJ, Brieske CM, Schaefer CM, Buslaff F, Gatzka M *et al*. Photoaging Mobile Apps in School-Based Melanoma Prevention: Pilot Study. *J Med Internet Res*. 2017; 19(9):e319. doi:10.2196/jmir.866

12. Brinker TJ, Enk A, Gatzka M, Nakamura J, Sondermann W, *et al*. A Dermatologist's Ammunition in the War Against Smoking: A Photoaging App. *J Med Internet Res*. 2017;19(9):e326. doi:10.2196/jmir.8743

6. „Top-Fit" Ernährung und Nahrungsergänzung

„Wahre Schönheit kommt von innen", heißt es sprichwörtlich. Für die Haut trifft diese Weisheit in mehrfacher Hinsicht zu: Einerseits wirken innere Faktoren und Stress über körpereigene Botenstoffe auf Hautzellen, -gefäße und -anhangsgebilde. – Fader Teint und Pickel sowie Falten und andere Alterungserscheinungen können die Folge sein. Wie im Kapitel 2 beschrieben ist die Haut daher ein wichtiger und sichtbarer *Indikator* für den allgemeinen Gesundheitszustand unseres Körpers und für das biologische Alter. Glücklicherweise können wir aber besonders durch *gesunde Ernährung* und gute Nährstoffversorgung unseren Körper und die Haut „von innen" in wichtigen Schutzfunktionen unterstützen – und damit Alterung, Figur und Hautbild positiv beeinflussen [1]. Gleichzeitig werden durch die Auswahl gesunder und frischer Kost im Rahmen der *Fit+Jung-Formel* auf natürliche Weise auch Übergewicht und Fehlernährungs-bedingten Erkrankungen, wie Diabetes, Herz-Kreislauf-Erkrankungen, Schlaganfall und Gicht, vorgebeugt und Risiken für Entzündungen und Krebserkrankungen vermindert – sowie zudem Stoffwechsel, Hormonhaushalt, Immunabwehr und Energielevel verbessert.

6.1 Grundregeln gesunder Ernährung

In der *Fit+Jung-Formel* ist die gesunde Ernährung ein *Schlüsselfaktor* zur Förderung unserer Gesundheit und eines gesunden Alterns. Grundsätzlich dient die Nahrung für den Menschen der Energiezufuhr, der Flüssigkeitszufuhr, dem Erhaltungsstoffwechsel unseres Körpers und der fortwährend nötigen Bildung von Strukturverbindungen, Enzymen und Botenstoffen. Für die gesunde Zusammensetzung unseres fit+jung Speiseplans empfiehlt sich – orientiert an der Ernährungspyramide (www.bzfe.de) – als Basis allgemein ein hoher Anteil kalorienarmer Flüssigkeit und frisches Gemüse, geringere Anteile Vollkorn-Saaten und Obst, dazu in Maßen tierisches Eiweiß in Form von Fleisch und Fisch sowie selten Backwaren, Süßes und andere stark verarbeite (industriell „prozessierte") Lebensmittel (s. *Abb. 6.1*).

- Als einfache *Merkregel* gilt: Nahrungsmittel, die frisch, von Natur aus farbenfroh und flüssigkeitsreich sind, sind zumeist gesund und erfrischen die Sinne und auch die Haut!

Bei allen Stoffwechselprozessen des Körpers fallen toxische Produkte und andere Abbauprodukte an, die zur Alterung beitragen. Die Qualität der Stoffwechselvorgänge sowie der notwendigen Entgiftungsprozesse (s. Abschnitt 6.4 *„Detox"*), und damit die Alterung, kann durch die Wahl der Nahrungsmittel sowie auch durch Nahrungsergänzung unterstützt werden.

6.1.1 Ernährung als „Jungmach-Medizin"

Neben den allgemeinen Empfehlungen für eine frische, ausgewogene Ernährung (6.2), die weitgehend auf künstliche Zusatzstoffe verzichtet, gibt es zum einen verschiedene aktuelle Ernährungstrends (6.4) sowie „alt bewährte" regionale Speisepläne (6.5) und zum anderen Nahrungsergänzungsmöglichkeiten mit Wirkstoffen (6.6) zur Unterstützung von gesundem Altern und eines gesunden „Schlankmachprogramms" (s. *Tabelle 6.1*). Die hier vorgestellten Ernährungstrends und regionale Rezepte können Deinen gewohnten Speiseplan sinnvoll ergänzen und im Rahmen der fit+jung Ernährung nach Deinen Bedürfnissen kombiniert werden. Wenn eine Stoffwechselerkrankung bei Dir bestehen könnte, sollte vor einer Ernährungsumstellung und generell auch vor Einnahme von Nahrungsergänzungsmittelns eine gezielte Ernährungsberatung erfolgen mit individueller Anpassung an Deine Bedürfnisse.

Tabelle 6.1: Wichtigste Inhaltsstoffe und Wirkstoffe der gesunden Ernährung

- *Grundnährstoffe* (*Macronutrients*)	Kohlenhydrate, Proteine und Fette dienen dem Erhalt des Körpers und der Energiebereitstellung: *essentielle Aminosäuren*, *Fettsäuren* und *Flüssigkeit* müssen zugeführt werden.
- *Vitamine A-K*	Als essentielle Kofaktoren sind Vitamine an allen Stoffwechselprozessen von Zellatmung über Zellerneuerung bis zur Bildung des Bindegewebes und des Sehfarbstoffs beteiligt.
- *Antioxidantien*	Als Radikalfänger und Entgifter bieten Antioxidantien Schutz vor Schäden an Proteinen und Erbgut. Insbesondere rote Beeren und Trauben sowie rote und gelbe Gemüse sind Antioxidantien-reich.
- *Sekundäre Pflanzenstoffe*	*Catechine, Polyphenole, Isoflavone* & Co finden sich in grünem Tee, Trockenfrüchten und Schokolade mit hohem Kakaoanteil
- *Omega-3 Fettsäuren essentielle*	Balance der *Nahrungsfette* beugt Herz-Kreislauferkrankungen und sorgt für ein gesundes Immunsystem. Gute Omega 3-Lieferanten sind u.a. Seefisch und Walnüsse
- *Probiotika*	Als Helfer im Darm unterstützen *„gute Bakterien"* das Immunsystem und Verdauungsprozessen

⚘ *Hinweis*: Wichtig ist, dass die Ernährung bewusst erfolgt und insgesamt *Wohlbefinden* vermittelt! Zwar lässt sich gelegentliches Fast-Food oder ein „Schummel-Tag" nicht immer ganz vermeiden, aber auch hier gibt es sinnvolle Kombinationen: z.B. Burger auf Vollkornbrötchen oder Ersetzen der Pommes durch einen frischen Salat und der Limo durch Mineralwasser...

6.1.2 Die Basistipps der fit+jung Ernährung kurz zusammengefasst

Diese grundsätzlichen *Ernährungsempfehlungen* gelten für gesunde erwachsene Menschen:

1. Aufnahme ausreichender Mengen *kalorienarmer Flüssigkeit* (2-3 Liter/Tag)

2. Die Grundlage ist eine *frische* und ausgewogene *niedrig-glykämische Ernährung* mit komplexen Kohlenhydraten als Basisenergielieferanten sowie mageren Proteinen und gesunden Fetten. Allgemein profitieren *alle Alterungstypen*. Speziell zu achten ist auf:
   - hohen Anteil frischer und biologisch angebauter *Gemüse*, speziell grüner Blattgemüse
   - nach der „alten" Regel 5 Portionen Obst oder Gemüse, davon max. 1-2 Portionen Obst
   - frische Saaten und *Vollkorn* zur zusätzlichen Förderung guter Verdauung

3. Die *Proteinzufuhr* erfolgt nach Geschmack aus pflanzlichen sowie tierischen Proteinen;
   - bis 30-35 g Proteine in einer Mahlzeit sind verwertbar: Pilze, Biofleisch, Fangfisch, u.a.

4. Eine „balancierte" Fettzufuhr mit ausreichend *gesunden Fetten* ist gesundheitsfördernd:
   - frischer Seefisch, ungesalzene Nüsse, Saaten u.a. liefern Omega-3s, hochwertige Öle

5. Die tägliche *Energiezufuhr* mit der Nahrung liegt *bedarfsorientiert* zwischen ~2.000-2.400 kcal für Männer und ~1.600-2.000 kcal für Frauen mit abnehmendem Bedarf im Alter.
   - eine Gewichtsabnahme ist nur bei negativer Energiebilanz und Verbrauch möglich

6. Mindestens ein *„fleischfreier" Tag* pro Woche gilt als gesundheitsfördernd!

7. Die Ernährung sollte *natürlich* sein unter weitgehender *Vermeidung* industriell verarbeiteter (prozessierter) Lebensmittel mit Geschmacksverstärkern, Konservierungsstoffen, künstlichen Farbstoffen, Süßstoffen und Zuckern, Antibiotika, Pestizidrückständen, Plastikstoffen wie Bisphenol A (BPA), gesättigten und trans-Fetten, und hochverarbeiteten Mehlen.

⌔ *Merke*: Natürlich ist, was auf Baum oder Boden wächst, schwimmt, fliegt oder läuft...

Im Gegensatz zu klassischer Kalorienreduktion („FDH") ist das Ziel von *Biohacking* und „fit+jung" Ernährung nicht in erster Linie Abnehmen, sondern eine nachhaltige und individuelle *gesunde Lifestyle-Anpassung* und günstige Beeinflussung der Körpermassezusammensetzung!

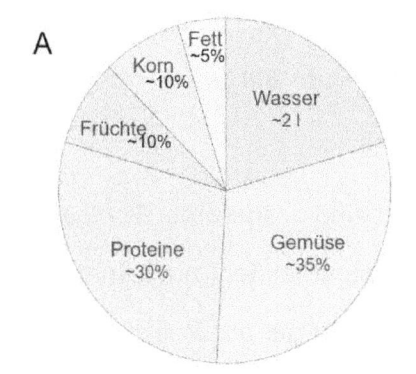

Abb. 6.1: Empfohlene Zusammensetzung einer gesunden optimierbaren fit+jung Ernährung

6.2 Grundnährstoffe (Macronutrients): Kohlenhydrate, Proteine und Fette

6.2.1 Kohlenhydrate: Niedrig-glykämische Ernährung und Insulinstoffwechsel

Kohlenhydrate (KH) sind die *Hauptenergielieferanten* für Gehirn und Muskulatur in unserer Nahrung. Im Verdauungstrakt werden höher molekulare Kohlenhydrate (chem. *Polysaccharide*), aus stärkehaltigen Getreideprodukten, Gemüse und Obst durch Enzyme (sog. *Amylasen*) in niedrig molekulare Zucker (*Monosaccharide* mit der Summenformel $C_6H_{12}O_6$), wie in erster Linie *Glukose* sowie Fruktose und Galaktose, gespalten und ins Blut resorbiert. Nach der Nahrungsaufnahme steigt daher der Blutzuckerspiegel. Das Peptid-Hormon *Insulin* regelt die Aufnahme von Glukose aus dem Blut in die Körperzellen der Gewebe zur Energiebereitstellung im Rahmen der sog. *Zellatmung* oder zur Einspeicherung als *Glykogen* oder *Fett* in Leber und Muskel. Nicht spalt- und verdaubare Kohlenhydrate aus Cellulose oder Fasern werden als „*Ballaststoffe*" ausgeschieden.

1. Nachteile und altmachende Wirkungen einer hoch-glykämischen Ernährung

Die moderne Ernährung in „westlichen" Industriestaaten ist oft „*hoch-glykämisch*": Durch hohen Gehalt an minderwertigen, also wenig komplexen, stark verarbeiteten Kohlenhydraten liefert sie zu schnell in hoher Konzentration niedrig molekulare Glukose. Bei konstant zu hohen Glukose- und Insulinspiegel kommt es zur sog. *Insulinresistenz*, bei der Insulin nicht mehr richtig bei der Zuckerverwertung wirkt, und in der Folge zu *Diabetes* [2]. Nach einer aktuellen Umfrage der Krankenkassen gibt es allein in Deutschland derzeit über 7,5 Millionen Typ II-Diabetiker, zumeist infolge Fehlernährung. – Die Tendenz ist steigend! Hohe Blutzuckerspiegel bei hoch-glykämischer Ernährung führen auch zur vermehrten *Glykation* von körpereigenen Eiweißbausteinen im Gewebe, bei der schädliche und alterungsfördernde *AGEs* (*advanced glycation endproducts*) entstehen (s. Kapitel 2). Bei Diabetes können zudem Haut, Nieren und Nervengewebe durch *Hyperglykämien* geschädigt werden. Damit ist eine hochkalorische, hoch-glykämische Ernährung oft ein wesentlicher Alterungsfaktor!

2. Gesundheitsvorteile der niedrig-glykämischen Ernährung (moderate „Low-Carb"-Kost)

Für die optimale Kohlenhydrataufnahme und eine gute Insulinkontrolle im Rahmen einer gesunden „fit+jung" Ernährung sollten vorwiegend *frische Lebensmittel* mit niedrigem glykämischen Index und geringer glykämischer Last aufgenommen werden [2,3]. Der *glykämische Index* (*GI* oder *Glyx*) bezieht sich dabei auf die Absorptionsrate, also die Geschwindigkeit der Umwandlung des Nahrungsmittels aus dem Verdauungstrakt in Blutglukose und die Dauer des Blutzuckerspiegelanstiegs. Als Bezugsgröße dient *Glukose*

(Traubenzucker), die selbst hat einen GI von 100. Demgegenüber gibt die *glykämische Last (GL)* die Gesamtmenge Glukose an, die in das Blut aufgenommen wird, und korreliert damit mit der von der Bauchspeicheldrüse abgegebenen Insulinmenge. Zu den *gesunden* Kohlenhydratlieferanten mit niedrigem GI gehören insbesondere die kaum stärkehaltigen, *grünen Gemüse* (s. *Tabelle 6.2*). Natürliche Kohlenhydrate in anderen Gemüsen, Obst, Getreide und Vollkornprodukten haben zwar teilweise einen mittleren bis hohen GI aber im Gegensatz zu den hochverarbeiteten KH eine geringere GL.

Tabelle 6.2.2: GI und GL typischer kohlenhydratreicher Lebensmittel

Natürliche Nahrungsmittel	GI	GL	Verarbeitete Nahrungsmittel	GI	GL
Salat, Spinat, Brokkoli, Kohl, Bohnen, Spargel, Zucchini, u.a.	~0	~0	Weißbrot, Weizennudeln Weizenmehl, Croissant	44-60	8-34
Kartoffeln, Erbsen	44-60	4-15	Pommes frites	75	22
Honig	35	6	Traubenzucker	100	
Bananen	52	13	Vollkornbrot	43	6
Äpfel, Birnen, Orange, Pfirsich	~40	5-6	Schokoriegel, Fruchtriegel	62-95	~25
Natur Müsli	40	8	Cornflakes, Popcorn	75-80	~20
Pilze, Kräuter, Knoblauch	~0	~0	Kuchen, Süßgebäck	40-75	17-25
Rote Beeren	~40	~1	Speisemilcheis	37	31
Tomaten, Karotten	38-41	1-2	Bonbons	60-70	25-35
Vollkornreis	55-64	18-24	Weißer Reis	~100	~45
Weintrauben, Kiwi, Papaya	~55	5-8	Pfannkuchen, Risotto	65-70	15-30
Zitronen	~0	~0			

3. Umstellung auf eine niedrig-glykämische Ernährung: So funktioniert's...

- *Ziel*: Eine Umstellung auf eine niedrig-glykämische Ernährung gewährleistet eine bessere Kontrolle des Blutzucker- und Insulinspiegels, verbessert Körpermassezusammensetzung und Energielevel und hilft nachhaltig dabei, Alterungsprozessen entgegenzuwirken [2-4].

Nach einer „hoch-glykämischen" Mahlzeit, bei der überwiegend Kohlenhydrate mit hohem GI und GL konsumiert werden, kommt es zu schnellem Blutzuckeranstieg und in der Folge zu stark erhöhen Insulinspiegeln. Da Glukose aber schnell in die Körperzellen aufgenommen wird – was mit nur kurzer Sättigung und geringem Energiegefühl verbunden ist – wird bei anhaltend erhöhtem Insulinspiegel und rasch erneutem Hungergefühl, vermehrt zuckerhaltige Nahrung aufgenommen (Insulin-vermitteltes „Nahrungs-Belohnungssystem"). Gleichzeitig kann der Körper keine Fette zur Energiegewinnung verbrennen. Bei dauerhaft erhöhten Insulinspiegel kommt es längerfristig zu *Insulinresistenz* sowie zu Protein-Glykation (*AGE*) mit gesundheitlichen Nachteilen, zu Gewichtszunahme und beschleunigter Alterung (s. *Abb. 6.2*).

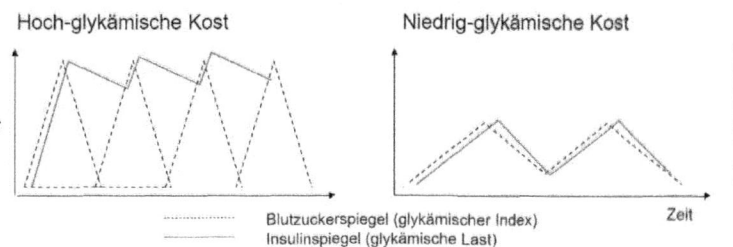

*Abb. **6.2**: Einfluss hoch- vs. niedrig-glykämischer Ernährung auf Blutzucker- und Insulinspiegel.*

- *Induktionsphase*: In einer ~2-wöchigen Umstellungsphase sollte auf alle Kohlenhydrate mit hohem GI und GL verzichtet werden und stattdessen nur Gemüse und Obst mit niedrigem GI (s. *Tabelle 6.2*) sowie magere Proteinlieferanten und gesunde Fette gegessen werden. Da durch „Zucker" das körpereigene „Nahrungs-Belohnungssystem" angeheizt wird, gilt: Je weniger Süßes gegessen wird, desto geringer ist auch das Verlangen nach Süßem (s. *Abb. 6.2*). Sobald durch niedrig-glykämische Kost die hohe Insulinabgabe der Bauchspeicheldrüse normalisiert ist, - also *quasi* die „Gewöhnung" des Körpers an Zucker rückgängig gemacht ist, - kann Insulin an den Insulinrezeptoren wieder besser wirken, und ein besser anhaltendes Sättigungsgefühl wird erreicht. Gleichzeitig kann auch das mit Insulin-verwandte *Wachstumshormon* (*hGH* oder *Somatotropin*), als „Schlankmachhormon" seinen generellen „anti-aging" Effekt auf den Körper besser ausüben. Alle Alterungstypen profitieren, besonders Alterungstyp B [4].

- *Erhaltungsphase*: Für die dauerhafte Ernährungsumstellung ist auf natürliche Kost mit KH mit ausgewogenem GI und GL zu achten, während „prozessierte" Nahrungsmittel möglichst gemieden werden sollten. Die Aufnahme von KH zusammen mit magerem Eiweiß oder gesunden Fetten verbessert den jeweiligen GI/Glyx (z.B. Früchte kombiniert mit Joghurt oder Nüssen). Während morgens oder tagsüber eine kohlenhydratreichere Mahlzeit gut Energie liefert, sollte abends eiweißreiche Kost verspeist werden – am bestens gefolgt von moderater Bewegung. Vor dem Schlafengehen sollte nichts „Süßes" mehr gegessen werden, da sonst die nächtliche hGH-Wirkung blockiert würde.

- *Anpassungen*: Basierend auf *Stoffwechseltyp*-abhängiger Zucker- und Fettverwertung und aktuellem *HbA1C*-Wert sollte im Verlauf Kohlenhydrat- und Fettgehalt der Ernährung angepasst werden: Im Vergleich zur „Normalkost" mit ~50% Kohlenhydratanteil an der Energieaufnahme liegt bei niedrig-glykämischer (moderater *„low-carb"*) Kost der KH-Anteil bei ~35% und bei strengerer low-carb Diät bei 10-20% (s. Abschnitt 6.7 *Ernährungs-Monitoring*).

⟁ *Hinweis*: Rezepte für Umstellungs- und Erhaltungsphase gibt es auf www.fitjung-formel.de

6.2.2 Eiweiße (Proteine und Aminosäuren) – zentrale Bausteine des Körpers

Als komplexe organische Makromoleküle sind *Proteine* (im Volksmund Eiweiße) aus über Peptidbindungen verknüpften Aminosäuren aufgebaut. Proteine sind essentiell für das Funktionieren des Organismus, da sie dem Bau- und Erhaltungs- und Reparaturstoffwechsel des Körpers dienen und an der Bildung von Enzymen, Hormonen und Antikörper beteiligt sind. Im Rahmen der „fit+jung" Ernährung ist adäquate Proteinaufnahme zudem für den Aufbau fettfreier Körpermasse, die Reduktion von Körperfett sowie die Hormonoptimierung wichtig. Mit der Nahrung müssen speziell die sog. *essentiellen Aminosäuren*, die vom Körper nicht selber synthetisiert werden können, aufgenommen werden: Isoleucin, Leucin, Lysin, Methionin, Phenylalanin, Threonin, Tryptophan und Valin gelten für den Menschen als essentiell. Im Alter ist speziell der Bedarf an *Leucin* erhöht (s. auch Abschnitt 6.6.5 *Peptide*). Bei zu niedriger Eiweißaufnahme entstehen Ödeme und andere Störungen in physiologischen Prozessen.

Als gesunde Quelle für Proteine dienen Gemüse, Saaten, Nüsse, Pilze und tierische Eiweiße – möglichst in natürlicher, weniger prozessierter Form ohne Zusätze von Antibiotika, Salz und künstlichen Zusatzstoffen. Pro Mahlzeit können vom Körper bis zu etwa 35 g Protein sinnvoll aufgenommen und in fettfreies Gewebe umgesetzt werden. – Bei Zufuhr größerer Mengen werden Proteinüberschüsse als Körperfett eingelagert. Besonders bei hoher körperlicher Aktivität und dem Ziel des Muskelaufbaus kann eine Substitution von Proteinen in Form von Pulvern oder Shakes in Maßen sinnvoll sein. Sojaproteine können übrigens in Abhängigkeit von der Verarbeitung potentiell den Östrogenspiegel beeinflussen (Phytoöstrogene, s. Kapitel 8 *Hormonoptimierung*).

Tabelle: Empfohlene Eiweiße und Eiweißgehalt von Nahrungsmitteln

Nahrungsmittel	Menge	Protein (g)	Andere Inhaltsstoffe
a) Molkereiprodukte			
- Eier, Eiweiße	1, 1-6	6-24	Fette, Cholesterin
- Naturjoghurt	225 g	16	
- Hüttenkäse	½ Becher	15	
b) Fisch und Meeresfrüchte			
- Wildlachsfilet, Seebarsch, Tunfisch, Schwertfisch	125-180 g	27-40 g	Omega-3s
- Shrimps, Krabbenfleisch, Hummer	125 g	22-25 g	
c) Fleisch und Geflügel			
- Hühnchen, Truthahn	120-150 g	30-35 g	Fette, Cholesterin
- Schweinekotelett	125 g	25 g	
- Rindersteak	125 g	35 g	
- Lamm	125 g	30 g	
d) Pflanzliche Proteine			
- Soja, Linsen, Erbsen, Mandeln	100 g	25 g	

6.2.3 Fette (Lipide) und Fettsäuren – Von guten Fetten und schlechten Fetten.....

Chemisch sind Fette und fette Öle organische Verbindungen (sog. *Ester*) des dreiwertigen Alkohols *Glyzerin* mit verschiedenen *Fettsäuren* und ihren assoziierten organischen Gruppen. Fette werden daher auch als *Triglyzeride* oder als *Lipide* bezeichnet. Trotz ihres zu Unrecht oft generell schlechten Rufs bei Diäten sind Fette *essentielle* Bestandteile der Ernährung. Da verschiedene Typen von Fetten und Fettsäuren mit sehr unterschiedlichen Gesundheitseigenschaften zu variablen Anteilen in verschiedenen Nahrungsmitteln enthalten sind, sollte im Rahmen einer gesunde Ernährung auf die richtige „Balance" der Fette geachtet werden: Neben *„gesunden"* Nahrungsfetten, die das Sättigungsgefühl vermitteln und für die Hormonbildung, Zellwandintegrität, beim Stofftransport und zum Schutz der Organe gebraucht werden, gibt es *„ungesunde"* Fette, die dick machen und Entzündungen im Körper fördern [5].

Tabelle 6.2.3: Kleine Fettkunde – Fettsäuren und ihre Eigenschaften

Gute (gesunde) Fette	Schlechte (ungesunde) Fette
<u>Einfach ungesättigte Fettsäuren (Omega-9)</u> - Ölsäure (Linolsäure) *enthalten in*: Ölivenöl (kaltgepresst), Rapsöl, Erdnussöl, Avocado, Traubenkernöl *Eigenschaften / Assoziation mit*: - geringe Inzidenz von koronarer Herzkrankheit - geringe Sterblichkeit	<u>Gesättigte Fettsäuren</u> - tierische Fette und Öle *enthalten in*: Butter, Käse, fettes Fleisch, Sahne *Eigenschaften / Assoziation mit*: - erhöhtes LDL („schlechtes Cholesterin") - Arteriosklerose, koronare Herzkrankheit - Insulin Resistenz, metabolisches Syndrom - schlechte Immunfunktion - Darmkrebs
<u>Omega-3-Fettsäuren</u> - Alpha-Linolensäure (ALA, essentiell) - Eicosapentaenoic säure (EPA) - Docasahexaenoic säure (DHA) EPA and DHA sind auch als *Fischöle* bekannt *Quellen*: Seefische und ihre Öle (Lachs, Sardinen, Thunfisch, Hering, Makrele, Blaubarsch, u.a.), Nüsse, Leinsamen, Hanf u.a. Saaten - Immun-fördernd - Entzündungs-hemmend (anti-inflammatorisch) - Stoffwechsel unterstützend - Schutz vor Herz-Kreislauf-Erkrankungen - Schutz vor degenerativen Erkrankungen - Schutz vor Depression, Förderung der Sehkraft	<u>Transfette, hydrogenierte Fette</u> - Hydrogenierte Fette, gehärtete Öle *Quellen*: Margarine, Pflanzenfett, Aufstrich - erhöhtes LDL, erniedrigtes HDL - Koronare Herzerkrankung
	<u>Omega-6-Fettsäuren</u>: - Linolensäuren (LA) - Dihomogammalinolensäure (DHGLA) - Arachidonsäure (AA) *Quellen*: Maisöl, Distelöl, Sonnenblumenöl - Entzündungs-fördernd (pro-inflammatorisch)
<u>Omega-6-Fettsäuren</u>: - Gammalinolensäure (GLA) *Quellen*: Nachtkerze, schwarze Johannisbeere, Borretsch - Entzündungs-hemmend (anti-inflammatorisch)	

1. Ungesunde Fette: Was sind „ungesunde Fette" und welche Nachteile haben sie?

Zu den ungesunden Fetten gehören die sog. *gesättigten Fette* und *Transfette* (*hydrogenierte Fette*) sowie die Mehrzahl *ungesättigter Omega-6-Fettsäuren*. Die meisten ungesunden Fette tragen über eine Erhöhung des „schlechten" Cholesterins (*low density lipoprotein, LDL*) zur Entstehung von Arteriosklerose und Herz-Kreislauf-Erkrankungen bei sowie zu verlangsamter Blutströmung und erhöhtem Thromboserisiko. Ebenso sind ungesunde Fette mit der Entwicklung von *Insulinresistenz* und *metabolischem Syndrom* verbunden sowie sogar mit einem erhöhten Risiko für *Darmkrebs*. Die ungesunden *Omega-6-Fettsäuren* sind zudem zumeist *entzündungsfördernd* (*pro-inflammatorisch*) und hemmen die Schutzfunktionen des Immunsystems (*Immunsuppression*). Also ist Vorsicht vor schlechten Fetten geboten!

- *Gesättigte Fette* und *Transfette*

    Gesättigte Fette finden sich in erster Linie in *tierischen Produkten*, wie Butter, Käse, Sahne und tierischem weißen Fett, fettem Fleisch und Fleischprodukten, sowie auch in *tropischen Ölen*, wie Kokos- oder Palmöl. *Transfette* entstehen bei der Aufsättigung von flüssigen Ölen mit Wasserstoff im Rahmen der industriellen Produktion fester, streichfähiger Fette mit längerer Haltbarkeit. Zu dieser Gruppe künstlicher Fette gehören auch Margarine und solche Pflanzenfette, die häufig bei der Herstellung hochverarbeiteter Lebensmittel und *fast food* Speisen verwendet werden, wie Erdnussbutter, Mayonnaise, viele Backwaren, Schokolade, sowie gebratene und frittierte Speisen. Im Rahmen einer „fit+jung" Ernährung sollten diese Produkte gemieden, tierische Fette nur in Maßen konsumiert und auf eine gute Balance mit den gesunden Fetten geachtet werden.

- *Mehrfach ungesättigte Fettsäuren* vom Typ *Omega-6-Fettsäuren*

    Zu dieser Gruppe von gesundheitlich besonders problematischen Fetten gehören:

    - *Linolensäure (LA)*

    - *Dihomogammalinolensäure (DHGLA)* und

    - *Arachidonsäure (AA)*

    Die meisten *mehrfach ungesättigten Omega-6-Fettsäuren* sind schädliche Altmacher, da sie sowohl hemmend auf die Immunabwehr (*immunsuppressiv*) und entzündungsfördernd (*pro-inflammatorisch*) wirken als auch Herz-Kreislauf-Erkrankungen begünstigen. Enthalten sind die Omega-6-Fettsäuren sind besonders in Sonnenblumenöl, Distelöl, Sesam- und Sojaöl. *LA*, eine mögliche Vorstufe für AA, ist die vorherrschende ungesättigte Fettsäure in der westlichen Küche. Zwar sind diese Fette und Öle Cholesterin-frei und arm an gesättigten Fettsäuren, aber sie sind unstabil und empfänglich für Oxidation innerhalb und außerhalb des Körpers. Durch die im Körper daraus entstehende freie Radikale können DNA-Schäden und Zellmembranschäden verursachen werden (sog. *Lipidperoxidation*), wodurch die Entstehung von Krebs begünstigt wird (s. Kapitel 2 *Alterungsmechanismen*).

2. Gesunde Fette: Wie helfen gesunde Fette der Gesundheit?

Zu den gesunden Fetten gehören sowohl *einfach ungesättigte Fettsäuren* (*Omega-9-Fettsäuren* wie die Ölsäure), die Gruppe *der Omega-3-Fettsäuren* mit pflanzlichen Vertretern und Fischölen sowie ein bestimmter Typ Omega-6-Fettsäuren, die *Gamma-Linolensäure*. Gute Fette finden sich besonders in natürlichen Nahrungsmitteln wie in Fisch, Nüssen, Saaten, Oliven und auch anderen tierischen Fetten – jedoch nicht in hoch-prozessierten Lebensmitteln.

- *Einfach ungesättigte Fettsäuren (Omega-9-Fettsäuren)*

  Einfach ungesättigte Fettsäuren haben einen hohen Anteil an Ölsäure (*Linolsäure*), die von Menschen und Säugetieren selbst gebildet werden kann. Bei Zimmertemperatur sind die entsprechenden Öle wie Olivenöl, Rapsöl, Erdnussöl und Avocadoöl, gewöhnlich flüssig und können bei kälterer Temperatur in Abhängigkeit des Gehalts an ungesättigten Fettsäuren erhärten. Diese Öle sind nicht gesundheitsschädlich, da sie keine Entzündungen fördern, das Immunsystem nicht hemmen und keinen negativen Effekt auf den Insulinspiegel haben. Besonders Olivenöl (mit ~72% ungesättigten Fettsäuren) ist Bestandteil der „Mediterranen Kost" (s. Abschnitt 6.4), die mit hoher Lebenserwartung, geringer Sterblichkeit und geringer Inzidenz von Herzkreislauferkrankungen verbunden ist. Daher empfiehlt sich im Rahmen der „fit+jung" Ernährung die Verwendung guter, kalt-gepresster, nicht raffinierter *Olivenöle* („*extra-virgin*", *nativ extra*). Butter und Margarine sollten soweit wie möglich durch solche gesunden Öle ersetzt werden sowie gelegentlich Avocado gegessen werden.

- *Mehrfach ungesättigte Fettsäuren* vom Typ *Omega-3* (α-Linolensäure und Fischöle)

  Omega-3-Fettsäuren sind *essentielle Fettsäuren*, die nicht vom menschlichen Körper selber gebildet werden und daher mit der Nahrung aufgenommen werden müssen.

  Zu den Omega-3-Fettsäuren zählen:

  - *Alpha-Linolensäure (ALA, essentielle Fettsäure!)*

  - *Eicospentenoicsäure (EPA, Fischöl)*

  - *Docosahexaenoicsäure (DHA)*

  Der menschliche Körper kann *ALA* in EPA und DPA umwandeln. ALA ist pflanzlicher Natur und in Leinsamen, Hanf, Kürbis und Walnüssen enthalten. Die *Fischöle* EPA und DHA sind näher am Endprodukt des menschlichen Fettsäurestoffwechsels und daher in weniger metabolischen Schritten umgewandelt.

Omega-3-Fettsäuren sind für eine normale Entwicklung und den Metabolismus des menschlichen Körpers lebenswichtig. Für die Gesundheit kommt diesem Fettsäuretyp eine besondere Bedeutung vor, da sie generell positiv auf das Immunsystem und anti-inflammatorisch wirken und zum Schutz gegen kardiovaskuläre Erkrankungen, Bluthochdruck, Diabetes, Autoimmunerkrankungen, Arthritis und Krebserkrankungen beitragen können.

3. Ausgewogene Fettsäure-Zusammensetzung

Omega-3-Fettsäuren können nicht in Omega-6-Fettsäuren umgewandelt werden und umgekehrt, so dass die Aufnahme jedes Fettsäure-Typs eine Rolle für die Gesundheit spielt. Das Verhältnis von *Omega-3s* zu *Omega-6* sollte 1:5 betragen [5]. – Damit gilt: Je höher der Omega-6 Konsum mit der Nahrung ist, desto mehr Omega-3s müssen eingenommen werden! Je nach Metabolismus und Ernährungsstil kann daher eine Nahrungsergänzung mit essentiellen Omega-3-Fettsäuren und Vitamin E sinnvoll sein (s. Abschnitt 6.6). Ein ausgewogener „fit+jung" Speiseplan mit regelmäßigem Konsum fettreicher Kaltwasserfische (Wildlachs, Hering, Makrele), Nüsse, Avocados und Ölivenöl enthält auf natürliche Weise gute, immunfördernde Fette. Bei ausreichender Zufuhr ersetzen Omega-3s die Omega-6-Fettsäuren in den Membranen der meisten Zellen, was im Biohacking unter dem Begriff „*Ölwechsel*" beschrieben ist und als positiv für Immunsystem und neurokognitive Funktionen gilt.

♂ *Hinweis*: Die Wirkung von Blutverdünnern kann durch Omega-3s beeinflusst werden.

6.2.4 Flüssigkeitshaushalt und Mineralien - Wasser und Co

Eine ausreichende Trinkmenge ist für die Hydratisierung des Körpers lebenswichtig, da jede Zelle und jede Membran des Körpers zu einem großen Teil aus Wasser besteht. Auch für die Getränkewahl gilt bei der *Fit+Jung-Formel* also „zurück zur Natur"!

- *Wasser* oder *kalorienfreie Tees* sollten Rahmen der „fit+jung" Ernährung als Hauptflüssigkeitsquelle Getränke der Wahl sein, und zwar mind. ~1-1,5 Liter am Tag. Gute Flüssigkeitsquellen sind zudem Kräutertees und Natrium-arme *Gemüsesäfte*. Ein erhöhter Flüssigkeitsbedarf besteht nach Alkohlkonsum, viel Koffein, nach dem Sport oder bei Hitze.

- Der Konsum von Fruchtsäften sollte wegen des höheren Kalorien- und Zuckergehalts in Maßen erfolgen. Frisches Obst wäre aber zu bevorzugen.

- Auch Kaffee und schwarzer Tee dürfen in Maßen genossen werden – bis zu 3-4 Tassen am Tag. Ebenso auch 1-2 Gläser trockener Rotwein am Tag in Kombination mit einer niedrig-glykämischen Mahlzeit.

6.3   Die „Superfoods" – diese Nahrungsmittel machen „gesund+schön"

Hier ist meine persönliche *Top 10 Liste* der leckeren *Superfoods* für körperliche Gesundheit und eine schöne, jugendlich frisch wirkende Haut mit strahlendem Teint:

1. *Kalorienarme Getränke*, wie Wasser oder Kokosnusswasser, sind ideale Jungbrunnen. Wasser ist ein echter Fitmacher, der auch Haut und Haare von innen erfrischt und erstrahlen lässt! Das Wasser der unreifen, grünen Kokosnuss (*Cocos nucifera*) ist kalorienarm und reich an wichtigen Mineralien und Spurenelemente sowie an Antioxidantien – und echt lecker!

2. *Dunkelgrüne (Blatt-)Gemüse wie Spinat, Salat & Ko(hl)*
   Dunkelgrüne Gemüse und Kräuter - wie Spinat, Salate, Grünkohl, Brokkoli sowie Petersilie, Basilikum und auch Kresse sind reich an *Vitamin C* und damit innere „Kollagen-Booster". Zudem helfen diese Gemüse auch dem Darm beim *Entgiften* und Neutralisieren durch ein „basisches" Milieu – und das hilft auch der Hautregeneration (s. 6.4 Detox). Spinat fördert über enthaltene *Phytoecdysteroide* zudem dem Muskelaufbau. Auch *Sauerkraut* ist übrigens super – und ein echter deutscher „Schlankmach"-Klassiker, der auch noch lustig macht!

3. *Nüsse wie Mandeln und Walnüsse als gesunde Snacks*
   Unbehandelte Nüsse sind tolle Lieferanten von *Vitamin A* und *E* für den Zellschutz und von Mineralien, wie Kalzium, Magnesium, Eisen, Zink und Kalium. Zudem sind Nüsse reich an gesunden *Omega-3-Fettsäuren*.
   - *Tipp*: Täglich fünf kleine Portionen an verschiedenen Omega-3-Lieferanten sind optimal für eine glatte und geschmeidige Haut und gesunden Kreislauf (s. 6.2 *Fettsäuren*).

4. *Orange-rote Gemüse, wie Karotten, Tomaten, Paprika & Co*
   Diese Gemüse haben Pepp und enthalten viel *Vitamin A* für den Zellschutz vor Umwelt-Einflüssen und zur Förderung der Zellerneuerung. *Carotinoide* geben einen gesunden Glow und schützen durch Verlängerung der Eigenschutzzeit vor Sonnenbrand und Hautalterung. Lycopin und andere enthaltene Antioxidantien wirken zudem als Radikalfänger.
   - *Tipp*: Olivenöl oder Dip dazu verbessern Geschmack, Vitaminaufnahme und *Glyx*!

5. Rote und blaue *Beeren* und Gojibeeren (Glücksbeeren)
   Die aus Asien stammenden Glücksbeeren (*Lycium barbarum, Lycium chinense*) gelten dort als wahres „Wundermittel". Sie sind reich an Vitamin A, C, E, und anderen *Antioxidantien* und wirken zudem dank ihres hohen Gehalts an Polyphenolen anti-entzündlich.
   - *Tipp*: Besonders wegen der exotischen Herkunft auf organischen Anbau achten.
   Auch andere, bei uns heimische rote und blaue Beeren sind natürlich tolle Vitamin-Lieferanten, stärken die Immunabwehr und machen die Haut glücklich ☺.

6. *Zitrusfrüchte*: Grapefruit, Orange, Zitrone – und auch Aprikosen

   Das *Vitamin C* sorgt für gutes Bindegewebe und wirkt gut gegen Pickel und Entzündungen. Auch im Weißen stecken bei Zitrusfrüchten Vitamine, Antioxidantien und Ballaststoffe.

7. *Avocado* – Guacamole ole....

   Die grünen „Beeren" enthalten neben Vitaminen B, C, E und Beta-Carotin auch hochwertige *Fettsäuren* sowie sog. Beta-*Sitosterine*, die die Cholesterinaufnahme hemmen. Damit sind Avocados super gesund für Haut, Herz und Gefäße.

8. *Saaten* wie Leinsamen, Chiasamen, Dinkel und andere

   Die Samen sind reich an *Omega-3 Fettsäuren* sowie Ballaststoffen und Proteinen, die die Haut zum Strahlen bringen und versorgen. Zudem sind sie gut für den Darm. Dinkel fördert durch seinen hohen *Kieselsäuregehalt* die Bindegewebsbildung und den Feuchtigkeitsgehalt der Haut für mehr Festigkeit und Elastizität.

   - *Tipp*: Bei Chiasamen empfohlene maximale tägliche Verzehrmenge von 15 g beachten!

9. *Gewürze* wie Ingwer, Kurkuma, Zimt, & Co. und (frische) Kräuter kurbeln den Stoffwechsel an schützen die Haut durch Antioxidantien (s. 6.4.2 *Metabolismus-Booster*).

10. *Hühnchen*, *Lachs* und *Seefische* sind gute Eiweißlieferanten, und Fisch ist zusätzlich für den Fettsäurehaushalt super. Zudem liefern sie Vitamin B und D und auch Astaxanthin.

... Und zu guter Letzt: *Kaffee* macht auch „schee", und (grüner) *Tee* und Rotwein eh! Neben seiner Wachmachenden Wirkung ist *Koffein* nämlich ein echtes Beauty-Talent, da es die Durchblutung fördert und somit die Haut mit Sauerstoff und Nährstoffen versorgt. Äußerlich aufgetragen in Cremes oder Shampoos wirkt Koffein auch gegen Falten, Schwellungen, Cellulite und Haarausfall und bringt Glanz auf Haut und Haare. Auch die in der Kaffeebohne enthaltenen Antioxidantien wirken als Jungmacher. In Maßen genossen macht da die Kaffee-Pause doppelt Spaß.... Ebenso sind grüner Tee und rote Trauben echte Superfoods und enthalten viele Schutzstoffe – bei diesen und generell auf organischen Anbau achten!

Für den gesunden Snack in der Kaffeepause und als „*Studentenfutter*" eigenen sich übrigens neben Nüssen und Trockenfrüchte auch ab und zu etwas dunkle Schokolade mit hohem Kakaoanteil (70% und mehr) und viel sekundären Pflanzenstoffen.

6.4 Aktuelle Ernährungstrends

Verschiedene aktuelle Ernährungstrends nutzen gezielt bestimmte Nahrungsbausteine und -zusammensetzungen, um Stoffwechselprozesse und körperliche Gesundheit positiv zu beeinflussen – was auch modern als *„Biohacking"* oder *„Selbst-Optimierung"* bezeichnet wird. Zu diesen personalisierbaren Jung- und Schlankmach-Ernährungsstrategien zählen neben der bereits vorgestellten *niedrig-glykämischen Ernährung* auch die strengere *„Low-Carb"* und *ketogene Diät*, Stoffwechsel-beschleunigende Zutaten (*„Metabolismus-Booster"*), verschiedene Formen des *Fastens* („Intervallfasten", „Heilfasten") und Entgiftungskuren („Detox").

Tabelle 6.4.1: Aktuelle Jung- und Schlankmach-Ernährungstrends und ihre Wirkprinzipien.

• *„Low-Carb"* (High-Protein) (LC/HP-Diät)	Vermeidung von einfachen Kohlenhydraten, wie Zucker oder weißes Brot, und Umstellung auf *komplexe Kohlenhydrate* und *Proteine* führt zu einem günstigeren Kalorienverhältnis und verbessertem Stoffwechsel mit geminderten schädigenden Blutzucker-Spitzen sowie geringeren Zucker-Ablagerungen im Gewebe (s. 6.2.1)
Ketogene Diät	mit erhöhtem *Fettanteil* und nur max. 5% Kohlenhydraten
• *Metabolismus Booster*	verschiedene Naturstoffe und Gewürze können den Metabolismus und die Fettverbrennung *„ankurbeln"* und so bei der Nahrungsverwertung helfen
• *Fasten* (*Intermittierendes Fasten + Heilfasten*)	Stoffwechselumstellung (*metabolic switching*) im Körper durch gezielte Fastenzeiten zur Freisetzung bestimmter „Schlankmachhormone"
• *„Detox"* und *Darmsanierung*	Entlastung der Verdauungsorgane Darm und Leber und gezielte Darmreinigung und anschließende Einnahme sog. *Probiotika* zur Sanierung der Darmflora und Umstellung zu „guten" Darmbakterien
• *Nahrungsergänzung* (*Supplements*)	Ausgleich ungenügender Zufuhr oder erhöhten Bedarfs von *Vitaminen*, *Mineralien* und *Vitalstoffen* durch Nahrungsergänzungsmittel („Supplementierung"): Im Alter, bei Stress und Belastungen oder einseitiger Ernährung ist der Bedarf für verschiedene Vitalstoffe erhöht, so dass eine Supplementierung sinnvoll sein kann.

6.4.1 „Low-Carb" (niedrig-glykämische vs. ketogene Ernährung)

Zur Vermeidung der gesundheitlichen Nachteile einer kohlenhydratreichen Ernährung nutzt das „low-carb" Prinzip die Vorteile der niedrig-glykämischen Ernährung (s. Abschnitt 6.2.1) in Kombination mit erhöhten Anteilen an Proteinen und/oder Fetten („low carb – high protein"). Bei der strengeren *ketogenen Ernährung* dagegen werden als Hauptenergielieferanten Fette anstelle von Kohlenhydraten verzehrt. Die „fit+jung" Ernährung ist eine gesunde balancierte *niedrig-glykämische* (moderate „low-carb") Ernährung mit komplexen Kohlenhydraten, mageren Proteinen und gesunden Fetten als allgemein „gesunder Mittelweg" (s. Abschnitt 6.2).

- *Vorteile*: Durch „Low-Cab" können so sowohl eine bessere Stoffwechselleistung und Fettverbrennung erzielt werden als auch längerfristig Alterungserscheinungen wie dem metabolischen Syndrom, Insulinresistenz und Glykation sowie Entzündungsprozessen im Körper vorgebeugt werden [4,6].

- *Prinzip*: Alle kohlenhydratreichen Nahrungsmittel werden weitgehend gemieden, – wie Zucker, Brot, Nudeln, Reis, Kartoffeln sowie süße Obstsorten. Stattdessen besteht der Speiseplan vermehrt aus pflanzlichen und tierischen Proteinen, besonders Fisch, Eier, Pilze und Hülsenfrüchte, sowie kohlenhydratarmen Gemüsen (s. *Tabelle 6.2*).

- *Hinweis*: Bei der klassischen „ketogenen Diät" sind nur minimale Mengen an Kohlenhydraten erlaubt (4%) zugunsten einer stark erhöhten Fettaufnahme (~90%), damit der Körper durch fettreiche Ernährung zur Energieproduktion auf die Verbrennung der aus Fett gewonnenen Ketonkörpern umsteigt (sog. *„Ketogenese"* oder *„Hungerstoffwechsel"*, s. auch Abschnitt 6.4.3 *Fasten*) [4]. *Achtung*! Da die Fettverstoffwechselung langsamer Energie liefert als die Zuckerverbrennung, können bei ketogener Diät *Müdigkeit*, *Konzentrationsstörungen* und *Verstopfung* sowie infolge Übersäuerung auch *Nierenschäden* als „Nebenwirkungen" auftreten. Die Ketonkörperkonzentration, die auch für Diabetiker bedeutsam ist, lässt sich übrigens durch in der Apotheke erhältliche *Ketonteststreifen* im Urin messen. Während das Low-Carb Prinzip gerade bei leichterem *Typ II-Diabetes* sinnvoll zur Verminderung der Insulinresistenz beitragen kann [2,4], kann die ketogene Diät problematisch für den Typ I- und insulin-bedürftigen Typ II Diabetes sein. Auch bei *Krebserkrankungen* kann eine ausgewogene, zuckerarme Stoffwechsellage unter Umständen unterstützend zur Therapie helfen, da Krebszellen besonders viel Energie aus Zucker für ihr schnelles Wachstum brauchen und bei ketogener Stoffwechsellage quasi „hungern" müssen. – Die Wirkung von Antidiabetika wie *Metformin* bei Krebserkrankungen wird daher derzeit in Studien untersucht (s. Kapitel 13 *Arzneimittel*).

⌦ *Exkurs*: Wie funktioniert *Abnehmen* mit „Low-Carb" oder ketogener Diät?

1. Allgemeiner Energiebedarf des Menschen

Dein persönlicher Energiebedarf pro Tag ergibt sich aus dem von der fettfreien Körpermasse (LBM) abhängenden *Grundumsatz* (*GU*) plus *Leistungsumsatz* (*LU*) plus nahrungsinduzierter *Thermogenese*. Dabei ist der GU die in Ruhe zur Aufrechterhaltung der lebensnotwendigen Körperfunktionen benötigte Energiemenge bei einer Umgebungstemperatur von 20 °C.

- Energiebedarf [kcal] = GU + LU + Thermogenese (meist insgesamt ~1800-2400 kcal/Tag)
- GU [kcal] ~ = aktuelles Gewicht [kg] x 24 (abhängig von LBM, Alter und Geschlecht u.a.)
- LU [kcal]= allgemeine Aktivität + körperliches Training

Da der Grundumsatz wesentlich von der *Muskelmasse* abhängt, lässt sich der Energiebedarf sowohl durch vermehrte Aktivität und Training sowie durch hohe Muskelmasse steigern [6,7].

2. Abnehmen

Effektives Abnehmen ist nur bei *negativer Energiebilanz* möglich: Dein Energieverbrauch aus GU und LU muss dafür also höher sein, als die Kalorienaufnahme mit der Nahrung. Während Diäten oft nur kurzfristig durch Kalorienreduktion zu Gewichtsverlust führen, nimmt meist auch der GU gleichzeitig ab. Bei Rückkehr zu „alten" Essgewohnheiten, kommt es bei geringerem GU zur Gewichtszunahme („Jojo-Effekt"). Nur durch eine dauerhafte Ernährungsumstellung und Erhalt oder Aufbau der Muskelmasse ist eine längerfristige Gewichtsreduktion möglich [7].

3. Kohlenhydrat-Gehalt und *LBM* bei *low-carb Ernährungsformen*

Ziel bei verschiedenen *low-carb* Ernährungsformen mit variabler Kohlenhydratreduktion ist neben der Normalisierung der Insulinausschüttung eine erhöhte *Fettverbrennung* sowie eine verbesserte Körperzusammensetzung mit erhöhter *Muskelmasse* auf Kosten der Fettmasse. Während die „Normalkost" ~55% des Energiebedarfs aus Kohlenhydraten liefert, sind es bei moderater Low-Carb ~35%, bei strenger Low-Carb ~10%, bei ketogener Diät nur ~5% KH [4]. Da „Traubenzucker" normalerweise der Hauptenergielieferant für Gehirn und Muskeln ist, dauert es in der Umstellungsphase etwas, bis sich der Körper auf die Verwendung anderer Energiequellen umstellt! Bei der ketogenen Ernährung werden wie beim *Fasten* zunächst die Glykogenspeicher in Muskel und Leber verbraucht, bevor der Körper die zur Verwendung von Ketonkörpern aus der Fettverbrennung notwendigen *Enzyme* bildet und sich umstellt.

⌦ *Hinweis*: Sowohl die hoch-glykämische wie auch die sehr kohlenhydratarme Ernährung sind längerfristig mit negativen Gesundheitsfolgen verbunden, während eine gewissen *Proteineinsparung* zumindest bei Modelorganismen lebensverlängernde Wirkung haben kann [8].

6.4.2 Metabolismus-Booster

Durch verschiedene natürliche Nahrungsmittel und Vitalstoffe lässt sich der Stoffwechsel „auf Trab" bringen, da sie die Fettverbrennung anregen und zudem Blutzuckerspiegel und Appetit regulieren. Zu den *Metabolismus-Boostern*, die Stoffwechselprozesse „ankurbeln" und unterstützen, gehören scharfe Gewürze und Kräuter sowie auch gute Fettsäuren und bestimmte Peptide. Scharfe Speisen regen nämlich die Wärmebildung (*Thermogenese*) im Körper an, so dass der Energieverbrauch über den Grundumsatz erhöht wird und die Fettpolster schmelzen...

- *Vorteil*: Die „Scharfmacher" sind durch ihren Stoffwechsel- und Thermogeneseeffekt mit vermehrter Kalorienverbrennung auch „Schlankmacher", fördern die Verdauung und wirken wie Appetitzügler gegen Heißhunger-Fressattacken [4,9]. Durch ihre entzündungshemmende Wirkung sind einige Gewürze zudem richtige Detox-Stars.

- *Prinzip*: Gewürze und Vitalstoffe zur Unterstützung von Stoffwechselprozessen einsetzen.

Im Rahmen von Diäten wie auch in der scharfen asiatischen Küche wird dieser Effekt gerne und schmackhaft genutzt, indem Speisen gut gewürzt werden. Trinken von grünem Tee, Ingwer-Wasser oder Kurkuma-Milch sowie auch Nahrungsergänzungsmitteln mit entsprechenden sekundären Pflanzenstoffen unterstützen diesen Schlankmach-Effekt zusätzlich.

Tabelle 6.4.2: Stoffwechseleigenschaften von ausgewählten Gewürzen und Wirkstoffen

a) *Verbesserter Zuckerstoffwechsel*

- *Zimt* verbesserte Insulinwirkung, verminderter „Heisshunger", Thermogenese
- *Ingwer* verminderte Insulinausschüttung, Thermogenese
- *Carnosin* verminderte „Verzuckerung" (s. Abschnitt 6.6.5)

b) *Verbesserung von Fettverbrennung („Fatburner") und Fettstoffwechsel*

- *Pfeffer* Thermogeneseeffekt durch *Piperin* und bei Cayenne-Pfeffer auch *Capsaicin*
- *Chili* Thermogenese durch Capsaicin
- *Ingwer* Thermogenese, antientzündlich
- *Güner Tee* Polyphenole wie *EGCG* mit antioxidativem Potential, verminderte Fettresorption, vermehrte Fettverbrennung, Thermogenese
- *Kurkuma* vermehrte Fettverbrennung, antientzündlich, am besten mit Pfeffer kombiniert
- *Kumin* Im Kreuzkümmel enthaltene *Phytosterine* sorgen für Thermogenese und verbesserte LDL/HDL Ratio
- *Omega-3s* antientzündliche Wirkung (s. Abschnitt 6.2.3)

Auch *Nelken, Kreuzkümmel, Orgeano* & Co verbessern Verdauung und Fettstoffwechsel.

6.4.3 Intervallfasten, Heilfasten und „Hungerstoffwechsel"

Die gesundheitsfördernde und reinigende Wirkung des *Fastens* ist seit Jahrhunderten bekannt und wird in vielen Kulturen zelebriert. Im Christentum wird vor Ostern eine Fastenzeit gehalten wie auch einzelne Fastentage, die insbesondere mit Verzicht auf Fleisch verbunden sind.

- Vorteile: Die lebensverlängerte Wirkung des Prinzips der *Kalorienreduktion* (engl. *calorie restriction*) wird durch viele moderne Forschungsarbeiten bestätigt. Da bei allen Stoffwechselprozessen schädliche Abbauprodukte entstehen und durch Nahrung auch das Wachstum entarteter Zellen gefördert werden kann, ist weniger manchmal mehr. Durch eine mehrtägige *Heilfastenkur* oder *intermittierendes Fasten* (IF), bei dem entweder ein regelmäßiger „Fastentag" oder auch nur eine regelmäßige 16-stündige Nahrungskarenzphase eingehalten werden, lassen sich Stoffwechselprozesse, Blutzucker-/Insulinhaushalt und Wachstumshormonausschüttung nachhaltig verbessern, „Schlacken" abbauen und Alterungsprozesse mindern [10].

- *Prinzip*: Nach dem Basisschema für ein *einwöchiges Heilfasten* sollte zunächst ein *Entgiftungstag* (s. 6.4.4 „*Detox*") erfolgen, gefolgt von einem *Einleitungstag* und dann 4-5 *Fastentage* mit abschließendem *Fastenbrechen*. Ausreichende Trinkmengen sind während des gesamten Heilfastens wichtig für den Flüssigkeitshaushalt. Als kalorienarme Getränke sind (kohlensäure- und salzarmes) Mineralwasser, Kräutertee, Gemüsebrühe sowie auch in Maßen Gemüse- und Obstsäfte zu empfehlen. Milch und Milchprodukte sollten gemieden werden. Beim *intermittierenden Fasten* (*Intervallfasten*) wird eine bis 16-stündige Nahrungskarenz eingelegt, meist zwischen 20 Uhr abends und 12 Uhr mittags, also das Frühstück ausgelassen.

Was passiert beim Fasten im Körper? Während des Fastens stellt sich unser Körper von einem Aufbaustoffwechsel („anabole Stoffwechsellage") auf einen „*Hungerstoffwechsel*" („katabole Stoffwechsellage") mit vermehrtem Fettabbau um [10,11]. Im Hungerstoffwechsel verwendet der Körper anstelle von Glukose zur Energiegewinnung vermehrt sog. Ketonkörper, die aus Fettsäureabbau (ß-Oxidation) und daran gekoppelter *Ketogenese* gewonnen werden. In den ersten 24 Stunden des Fastens werden zunächst die restliche Glukose und die Glykogenspeicher verbraucht und gebundenes Wasser ausgeschwemmt, gefolgt von einem vorübergehenden Eiweißabbau, während die für die Ketogenese notwendigen Enzyme von Gehirn- und Muskelzellen gebildet werden. Nach etwa 48 Stunden stellt der Körper auf Fettsäureabbau und Ketogenese um, bei der aus Fettsäuren über Acetyl-CoA Ketonkörper entstehen, die für die Energiegewinnung an die Körperzellen bereitgestellt und verwendet werden. Erst nach etwa 28-40 Tagen des Hungerns kommt es letztlich auch zum Abbau von Muskeleiweiß.

Die gesundheitsfördernden Effekte des *Intervallfastens* beruhen neben verbesserter Insulinempfindlichkeit und insbesondere auf erhöhter Ausschüttung von Wachstumshormon (*human growth hormone, GH*) als Jung- und Schlankmacher-Hormon [10]. Kurzfristig kommt es zudem durch Ausschwemmung des an Glykogen gebundenen Wassers zu moderatem Gewichtsverlust. Auch die Autorin selbst befürwortet ein- bis zweimal jährliches Heilfasten für den gesunden Menschen, bevorzugt in den wärmeren Monaten, und hat dies bereits mehrfach durchgeführt.

♂ *Achtung*: Als Richtlinie gilt, vor einer mehrtägigen Fastenkur in jedem Fall von ärztlicher Seite einen *gesundheitlichen Check-up* zu machen. Bei jedem Fasten für mehr als 7 Tage sollte zudem zwischendurch eine ärztliche Konsultation erfolgen, da es durch das Fasten zu *Mangelzuständen* kommen kann. Auf Multivitamin-Tabletten braucht während des Fastens übrigens nicht generell verzichtet zu werden. Auch das „normale" Fitness- und Sportprogramm kann in gewohnter Weise betrieben werden, jedoch kein Hochleistungssport. Zudem sollte auf ausreichende Ruhephasen geachtet werden. Auch unterstützende Meditation ist sinnvoll.

Tabelle 6.4.3: Beispiel für ein mehrtägiges Heilfastenschema

- *Tag 1-2* *Einleitungstag/e* kein Fleisch, kein Fisch, keine Eier, keine Milchprodukte
  bis zu 2 Liter trinken (Wasser, Kräutertee, Saftschorle)
- *Tag 3-7* *Fastentage 1-5* morgens Morgentee (Rosmarin, Weißdorn)
  mittags Gemüsebrühe und Wasser
  oder Haferbrühe mit Kräutern
  abends Kräutertee oder Gemüsesaft
  Snacks zwischendurch Kräutertees und Wasser
  Bei Frösteln Ingwertees/-wasser oder Zimt
- *Tag 8-9* *Aufbautag/e* morgens Knäckebrot, Kräuterquark, Obst, Getränke
  mittags Gemüse und Pellkartoffeln oder
  Reisplätzchen mit Tomatenquark
  abends Möhrenrohkost,
  Knäckebrot mit Kräuterquark
  Snacks zwischendurch Joghurt mit Sanddorn und
  Leinsamen und viel Trinken!

- *Tipp*: Das Heilfasten lässt sich hervorragend mit einer *Darmsanierung* (s. 6.4.4) kombinieren. Bei mangelnder Verdauung helfen abends eine Bauchmassage oder auch ein Einlauf mit Glaubersalz (Natriumsulfat, Schüsslersalz Nr.10). Rezepte gibt es bei www.fitjung-formel.de

6.4.4 Entgiftungskuren („Detox")

Die Entgiftungsorgane des Körpers, Leber, Darm und Nieren, sind täglich besonderen Belastungen ausgesetzt und arbeiten wie alle Organe mit dem Alter langsamer. Durch Weglassen von „Giftstoffen" und belastenden Lebensmittel (*Karenz*) sowie vermehrte Aufnahme entgiftend wirkender Nahrungsmittel und natürlicher Wirkstoffe kann die Funktion dieser Organe im Rahmen von Entgiftungskuren oder auf täglicher Basis unterstützt werden

- *Vorteile*: Verjüngung durch Karenz und Förderung von Entgiftung und Regeneration.
- *Prinzip*: Natürliche Entgiftungsprozesse, Entschlackung und Ausscheidung werden gezielt unterstützt. Alle Genussgifte wie Nikotin, Alkohol sowie Koffein und pro-inflammatorische Lebensmittel wie Zucker, weißes Mehl und Fleisch werden weggelassen.

1. Übersicht über heilsame Entgiftungsstrategien [12]

- *Basenfasten*: Vermeiden säurebildender tierischer Eiweiße aus Fleisch, Fisch, Ei und Milch sowie Getreideprodukte wie Brot und Nudeln, Zucker, Süßigkeiten und Limonade zugunsten basischer, antiinflammatorischer Gemüse, Kräuter, Obst, Pilzen, Saaten und Nüssen. Wahre „Detox"-Wundermittel sind Ingwer, Knoblauch, Brokkoli und grüne Gemüse, Kräuter und rote Beete sowie auch an Antioxidantien und Enzymen reiche Früchte wie die Papaya.
- *Flüssigkeitskur* mit 2-3 Liter/d Kräutertees, Gemüsesuppen, Säften und Smoothies
- *Darmsanierung*: Schlacken und schädliche Bakterien werden durch Einsatz abführend wirkender Stoffe wie Flohsamen, Acaibeeren oder Enzymtherapie mit Ananasenzymen besser ausgeschieden und dann mit *Probiotika* durch „gute Bakterien" ersetzt.
- *Entgiftungswirkstoffe* wie Silymarin, Antioxidantien, Metabolismus-Booster, Schüßler-Salze

Weitere Entgiftungskuren sind ayurvedisches Entgiften, Leberdetox, F.X.-Mayr-Kur und Fasten.

2. Leberkur („Leberdetox")

Als Entgiftungszentrale des Körpers muss die *Leber* Gifte aus Nahrung, Medikamenten, Genussmitteln und Umweltgifte wie Pestizide unschädlich machen. Zur Unterstützung der Entgiftungsleistung eignet sich eine „Leberkur" mit *Silymarin*, einem Wirkstoffkomplex aus verschiedenen Bioflavonoiden aus den in der Heilkunde als Leberheilmittel bekannten *Mariendistel-Früchten* (*Silybum marianum*). Das in Silymarin enthaltene Antioxidantien-Gemisch wirkt durch Abfangen freier Radikale und Stabilisierung der Zellmembranen leberschützend und kann eine Leberschädigung bei vermehrter Giftstoffbelastung mindern, wie z.B. bei Alkoholkonsum, Medikamenteneinnahme, und auch bei schwer Leberkranken. Zugleich gibt Silymarin Abhilfe bei Verdauungsbeschwerden und Völlegefühl und sorgt für ein reines und klares Hautbild.

6.5 Internationale Kochkunde – Regionale Küchen und ihre Gesundheitsvorteile

Dass in bestimmten geographischen Regionen besonders viele „*Centennials*" leben, also Menschen, die um die 100 Jahre alt werden, wird besonders auch der dortigen gesunden Ernährung zugeschrieben. Einige Ernährungsformen, die bestimmten geographischen Regionen entstammen oder bestimmten Mustern folgen, haben sich besonders als fit+jung Ernährung bewährt [13]. Als Beispiele für gesunde und leckere regionale Kochkünste werden daher hier die mediterrane, die japanische, die nordische sowie die „scharfe" (asiatische), die enzymreiche (karibische) Küche, die Steinzeitküche, und die anti-inflammatorische Kost kurz bezüglich ihrer Gesundheitsvorteile für Deinen Speiseplan vorgestellt. Wenn Du die verschiedenen regionalen Kochkünste nach Deinem Geschmack einsetzt, ist gesunde Abwechselung und Gourmet-Cuisine garantiert. Lass Dich inspirieren:

- Die *Mediterrane Küche* (Italien, Griechenland, Spanien):

Im Mittelmeerraum stehen neben frischem Fisch, Meeresfrüchten und Geflügel besonders auch Oliven, Tomaten und andere frische Gemüse sowie Gewürze wie Knoblauch und Basilikum auf dem Speiseplan – kombiniert mit Rotwein. Die positive Wirkung auf das Herz-Kreislauf-System und den Metabolismus entsteht besonders durch den Gesundheitseffekt auf den Fettstoffwechsel: In Fisch und Oliven sind viel Omega-3s und gute Fettsäuren enthalten sowie weitere Stoffe, die kardiovaskuläres Risiko und Diabetes vermindern können.

- Die *Japanische Küche* („*Okinawa Diät*"):

Im Inselreich Japan mit der bis zum zweiten Weltkrieg sehr armen Region *Okinawa* sind Fisch, Algen, mageres Fleisch, Früchte, Gemüse, Gewürze und grüner Tee integrale Bestandteile der Ernährung. Zudem kommen Soja(bohnen)-Derivaten wie Sojasoße und Tofu, Avocados, Reis und Gewürze zum Einsatz. Viele dieser Zutaten enthalten wertvolles Eiweiß, Omega-3-Fettsäuren und komplexe Kohlenhydrate. Ideal für gesundes Altwerden...

- Die *Nordische Küche* (Skandinavien, Island):

In Skandinavien und den nördlichen Ländern isst man traditionell gerne frischen und geräucherten Fisch wie Lachs oder Hering und bestimmte Milchspeisen (wie z.B. den isländischen fettarmen *Skyr*). Dazu gibt es gesundes Körnerbrot als Ballaststoff-Lieferanten und jede Menge frische rote und blaue Beeren wie Preiselbeeren, Cranberries und Blaubeeren, mit viel Antioxidantien als Radikalfänger.

Tipp: *Skyr* gibt es in verschiedenen Variationen auch bei uns, die Bio-Früchte mixt Du am besten frisch dazu!

- Die *Scharfe Asiatische Küche* (Singapore, Teile Asiens):

Gemeinsam mit frischem Fisch und Meeresfrüchten und frischem Gemüse werden jede Menge frischer Gewürze wie Curry, Ingwer, Chili und Co. zum Würzen verwendet. – Durch die „Schärfe" werden Stoffwechsel und Immunsystems auf natürliche Weise angekurbelt (s. Abschnitt 6.4.2).

- Die *Enzym-reiche Karibische Küche* (exotische Fusionsküche):

Als kulinarisches Highlight kombiniert die exotische Küche raffiniert frischen Fisch und Fleisch als Proteinlieferanten mit enzymreichen, frischen Früchten wie Ananas, Papaya, Mangos und Feigen. Dazu gibt es Soßen mit Kokosnussmilch und Koriander, Pfeffer, Curry, Ingwer, Knoblauch und anderen Gewürzen. Super lecker und eine Entlastung für die Verdauung!
Tipp: Anstatt einer Fertig-Soßenmischung lieber selbst gute, frische Zutaten mischen.

- Die *Paleo-Küche* („*Steinzeiternährung*"):

Da in dieser Küche nur Nahrungsmittel verwendet werden, die bereits in der „Steinzeit" vorhanden waren, ist die Ernährung frisch und enthält keine „künstlichen" oder prozessierten Zutaten, wie Geschmacksverstärker, oder industriell verarbeitete Lebensmittel und „Fertiggerichte". Erlaubt sind Gemüse, Früchte, Beeren, Nüsse, Pilze, Kräuter, Fisch, Fleisch vom Wild, Eier, und natürlich Wasser oder Kräutertees. Gemieden werden Zucker, Milch- und Milchprodukte, Getreide, Brot und Backwaren, alkoholische Getränke und alle technisch verarbeiteten Lebensmittel. Im Gegensatz zur *„low-carb"* Ernährung (s. 6.4.1) werden aber auch hoch-glykämische Früchte wie Datteln oder Feigen sowie Honig verzehrt.

Der Grundgedanke hinter dem Rückschritt in die Steinzeit ist, den Körper von unnatürlichen Inhaltsstoffen und damit verbundenen Giften zu befreien und durch ein „zurück zur Natur" in Einklang zu bringen. Zudem werden durch die Mischung von überwiegend komplexen Kohlenhydraten, Proteinen und „guten" Fetten Wohlstandserkrankungen vorgebeugt.

- Die *Anti-inflammatorische Küche* („*Entgiftungsdiät*"):

Alle Lebensmittel, die Entzündungen im Körper fördern, werden gemieden, - wie insbesondere Zucker, Weizen und Fleisch. Entzündungshemmend wirken Gemüse und Gewürze wie Brokkoli, Spinat, Knoblauch, Ingwer und Kurkuma sowie die Auswahl „guter" Fette und Omega-3s.

- Die *Vegane Küche* (England, Mitte 20. Jahrhundert):

Im Gegensatz zu Vegetariern verzichten Veganer nicht nur auf Fleisch, Fisch und Eier, sondern auf *alle* tierischen Produkte. Da in bestimmten Situationen bei Veganern Mangelernährung auftreten kann, wird die vegane Küche aber nicht generell empfohlen. Möglicher Mangel an Calcium, Vitamin B12 und Vitamin D sollte durch Nahrungsergänzung ausgeglichen werden.

6.6 Nahrungsergänzungsmittel (Mikronährstoffe, *Nutraceuticals*)

Wenn es mal nicht mit frischen Zutaten klappt und besonders auch in Situationen mit erhöhtem Vitalstoff-Bedarf, können gute Nahrungsergänzungsmittel (engl. *Micronutrients, Neutraceuticals* oder *Supplements*) als Alternative helfen, den Körper mit wichtigen Jungmacher-Vitalstoffe zu versorgen – wie bereits bei der allgemeinen Ernährungsoptimierung beschrieben. Erhöhter Vitalstoffbedarf besteht infolge vermehrten oxidativen Stresses bei Rauchern, bei ungesunder Ernährung, bei Stress sowie bei Infektionen, chronischen Krankheiten und auch bei UV-Belastung der Haut. Auch Allergien oder Unverträglichkeiten können ein Hinderungsgrund sein, das eine oder andere gesunde Nahrungsmittel zu sich zu nehmen.

In diesem Abschnitt werden einige, für Haut und Figur besonders wichtige Vitalstoffe beschrieben, die wie von innen fit, jung und schön halten – und damit wie wahre Jungmachwundermittel wirken können. Zu diesen Wirkstoffen zählen *Vitamine, Mineralien, Antioxidantien, sekundäre Pflanzenstoffe* (*Phytonutrients*) sowie auch bestimmte *Fettsäuren, Peptide* und *Probiotika*. Vor der Einnahme von Nahrungsergänzungsmitteln sollte eine Beratung in der Hausarztpraxis erfolgen mit Blutuntersuchung zur Identifizierung möglicher Mangelzustände und Interaktionen.

6.6.1 Vitamine

Als *Vitamine* werden für den menschlichen Körper essentielle organische Vitalstoffe bezeichnet, die bei körpereigenen Stoffwechselprozessen notwendig sind. Mit Ausnahme von Vitamin D (und K sowie Folsäure) können diese Vitalstoffe vom Körper selbst *nicht* ausreichend gebildet werden und müssen daher mit der Nahrung aufgenommen werden. Anhand des Lösungsverhaltens werden *wasserlösliche* (*hydrophile*) Vitamine (Vitamin B-Komplex, Vitamin C) und *fettlösliche* (*lipophile*) Vitamine (Vitamin A, D, E, K) unterschiedenen. *Tabelle 6.5.1* gibt Dir eine Übersicht über ausgewählte Vitamine, ihre Aufgaben im Körper und ausgewählte vitaminreiche Nahrungsmittel.

1. Multivitamin-Präparate mit Zink und anderen Spurenelementen

Durch eine abwechslungsreiche, frische Kost mit ausreichend Obst, Gemüse, Getreide, Fisch und Milchprodukten kann unser Vitaminbedarf im Normalfall gedeckt werden. Für die optimale Vitalstoffversorgung über den gesamten Tag ist die Einnahme Multivitamin-(Depot)-Tabletten und -Präparaten (A-Z) mit Mineralien und Spurenelementen, als Universaltalente, besonders in vielen Situation mit erhöhtem Bedarf aber unter Umständen sinnvoll.

Situationen mit *erhöhtem Vitalstoffbedarf* bestehen im höheren Alter, im Wachstum, in Schwangerschaft und Stillzeit, in der Erkältungszeit, bei vermehrter körperlicher Belastung oder Stress, bei Immunschwäche oder Immundysfunktion sowie bei Einnahme bestimmter Medikamente, Schadstoffbelastung sowie bei Rauchern, Alkohol- oder Substanzkonsum.

6.6.1 Tabelle: Essentielle Vitamine für Deine Fitness.

Vitamin	Funktionen, unterstützte Prozesse	Nahrungsmittel
A (Retinol)	Sehfunktion, Hauterneuerung, (Zellwachstum)	Fisch, Leber, Milch, Pflanzen
B-Komplex	Nervensystem, Gedächtnis, Energie, Blut, Haut	
B1 (Thiamin)	Nerven	Fleisch, Erbsen, Haferflocken
B2 (Riboflavin)	Nerven, Energiestoffwechsel,	Fleisch, Ei, grünes Blattgemüse
B3 (Niacin)	Nerven, Haut	Fleisch, Fisch, Hefe
B5 (Pantothen)	Nerven, Gedächtnis, Wundheilung, Immunität	Leber, Weizenkeime, Gemüse
B6 (Pyridoxin)	Nerven, Blutbildung	Leber, Kiwi, Kartoffel
B7 (Biotin)	Nerven, Haut, Haare, Nägel, Stoffwechsel*	Leber, Blumenkohl, Probiotika
B9 (Folsäure)	Blutbildung	Leber, Weizenkeime, Kürbis
B12 (Cobalamin)	Nerven, Blutbildung	Leber, Fisch, Milch
C (Ascorbinsäure)	Antioxidans, Co-Faktor des Immunsystems, in Knochenstoffwechsel und Kollagenbildung in der Haut*	Zitrusfrüchte, rote Früchte, Kiwi, Gemüse, Kohl, Kartoffel
D(3) (Calciferol)	Immunmodulation, Knochenstoffwechsel, Muskelfunktion, Zähne, (Hormonproduktion)	Fisch, Milch
E (Tocopherol)	Antioxidans, Zellschutz*	Getreide, Erdnüsse, Gemüse
K (Phyllochinon)	Co-Faktor bei der Blutgerinnung („Koagulationsvitamin") Knochenstoffwechsel (mit Vitamin D)	Ei, Leber, Luzerne, Grünkohl
Ergänzungen		

2. High-dose Vitamin C

Vitamin C ist ein Allroundtalent unter den Fitmachern und ein wichtiger Cofaktor für das Immunsystem, den Knochenstoffwechsel und bei der Kollagensynthese in der Haut. Ebenso fungiert Vitamin C als *Antioxidans* und ist damit wichtig für den Zellschutz. Auch für eine schöne und straffe Haut und ein gutes Bindegewebe sollte Vitamin C daher immer ausreichend aufgenommen werden. In verschiedenen Studien konnte speziell die verjüngende und hautstraffende und Wirkung von *high-dose Vitamin C-Infusionen* gezeigt werden [14]. in der Kombination mit Kollagen und Peptiden kann Vitamin C besonders gut und gezielt zur Faltenreduktion „von innen" beitragen [1].

3. Niacin (Vitamin B3) und NAD$^+$-Infusion als Energie-Booster und „Brain-Reboot"

Nicotinaminadenindinukleotid (NAD$^+$) ist zusammen mit seiner reduzierten, energiereichen Form *NADH* als wichtiges Coenzym am Energiestoffwechsel und der Atmungskette beteiligt. Zudem ist NAD$^+$ ein Coenzym von Dehydrogenasen, wie der Alkohol- und Aldehyd-dehydrogenase, die Alkohol oxidieren und entgiften. Im Körper wird NAD$^+$ sowohl aus den essentiellen Ausgangstoffen Nicotinsäure (Niacin, Vitamin B3) und Nicotinamid wie auch aus Stoffwechsel der Aminosäure Tryptophan gebildet, so dass Mangelerscheinungen, wie Haut- und Schleimhautveränderungen bei der sog. *Pellagra*, beim Gesunden eher selten sind. Bei Alkohol- und Drogensüchtigen helfen Vitamin B3 und NAD$^+$, Sucht- und Entzugserscheinungen zu verbessern. Als anti-aging Mittel verbessert die NAD$^+$-Infusion Energielevel und Wohlbefinden, bekämpft Müdigkeit, kurbelt den Stoffwechsel an, fördert die kardiovaskuläre Gesundheit und vermindert Neurodegeneration [15,16].

4. Vitamin D (Cholecalciferol)

Ein besonderes Jungmach-Supertalent, das *Vitamin D*, kann teilweise auch vom Körper selbst gebildet werden und wird daher im Kapitel 8 über *Hormonoptimierung* detailliert vorgestellt. Da neueren Erkenntnissen zufolge *optimale Vitamin D-Spiegel* für das Immunsystem und das Wohlbefinden besonders wichtig sind, ist eine Einnahme von Vitamin D im Rahmen der Nahrungsergänzung oft sinnvoll. Vorsicht ist jedoch bei eingeschränkter Nierenfunktion geboten, da es dann bei Vitamin D-Zufuhr zur Bildung von calciumhaltigen Steinen und Calciumablagerungen kommen kann. Nach neuen Erkenntnissen werden Nebenwirkungen der Vitamin D-Einnahme durch die Kombination mit *Vitamin K* gemindert.

6.6.2 Mineralien und Spurenelemente

Wie Vitamine und andere Vitalstoffe sind auch *Mineralien* und *Spurenelemente* essentielle Kofaktoren bei lebenswichtigen Stoffwechselprozessen des Körpers. Die Aufrechterhaltung des richtigen Gleichgewichts der Mineralstoffe im Körper ist für die Vermeidung von Krankheiten wichtig (s. Prinzipien der sog. „*Orthomolekularen Medizin*" [17]). Speziell für eine gesunde Hautfunktion im Alter sind u.a. die Elemente *Zink* und *Selen* wichtig. *Chrom* ist sowohl am Fettstoffwechsel des Körpers und Fettabbau wie auch am Glukose/Insulin-Haushalt beteiligt.

Tabelle 6.5.2. Wichtige Mineralien und ihre Funktionen im Körper:

Element	Funktionen, unterstützte Prozesse	Nahrungsmittel
Chrom (Cr)	Glukose- und Fettstoffwechsel, Haut	Fleisch, Vollkorn, Bier, Gemüse
Kupfer (Cu)	Zellschutz, Bestandteil Redox-Enzyme	Getreide, Nüsse, Gemüse, Fisch
Selen (Se)	Immunsystem, Nägel, Zellschutz, Schilddrüse	Ei, Fleisch
Zink (Zn)	Sehfunktion, Immunsystem, Knochen, Haut, Haare, Nägel, Hormonsystem, Alkoholabbau	Fleisch, Milchprodukte, Fisch
Jod (J)	Schilddrüse	Fisch, Algen, Krustentiere
Calcium, Magnesium	Knochenstoffwechsel, Muskel	
Eisen (Fe)	Blutbildung	Fleisch, Leber, Spinal, Kraut

6.6.3 Anti-Oxidantien

Entsprechend der *„Radikaltheorie"* der Alterung kommt den Antioxidantien als Schutzstoffe eine besondere Rolle zu (s. Kapitel 2). Da im Körper bei Stoffwechsel- und Entgiftungsprozessen ständig oxidativ wirksame, freie Radikale und reaktive Sauerstoffspezies (ROS) anfallen, die körpereigene Moleküle schädigen können, wird die Einnahme von Antioxidantien mit der Ernährung und auch eine lokale Anwendung auf der Haut in der Age Management Medizin empfohlen. Äußerliche Stressfaktoren, wie Umweltverschmutzung, Rauchen, Alkohol oder Medikamenteneinnahme, chronische Krankheiten aber auch innere Faktoren, wie seelischer Stress sowie körpereigene Stoffwechsel- und Alterungsprozesse, führen zu einer vermehrten Freisetzung freier Radikale und ROS.

Um Schädigungen von Membranen und Proteinen unserer Zellen sowie unserer DNA effektiv zu verhindern und damit Organschäden und Krebs vorzubeugen, kann dann die Einnahme antioxidativ wirksamer Vitalstoffen helfen. Insbesondere die *Vitamine C* und *E* sowie *Selen* und *Zink* haben als „Radikalfänger" *quasi* wie „Zellrostschutzmittel" schützende, antioxidative Wirkung. Gleiches gilt für *Coenzym Q_{10}* („*CoQ*"), das als Verwandter von Vitamin E und K in der Atmungskette mitwirkt. Zudem gibt es eine Reihe natürlicher Vitalstoffen, die den Körper im Kampf gegen freie Radikalen unterstützen können. Ausgewählte Antioxidantien zur Nahrungsergänzung sind hier aufgeführt, zudem werden Antioxidantien mit Wirkung bei lokaler Anwendung an der Haut im Kapitel 9 zu *Cosmeceuticals* vorgestellt.

1. Coenzym Q_{10} (Ubichinon, CoQ, Q_{10})

Als körpereigene Vitaminähnliche Substanz unterstützt Coenzym Q infolge seiner Funktion in der Atmungskette in den Mitochondrien, den „Energiekraftwerken" unserer Zellen, die Energieversorgung unseres Körpers. Es ist zudem ein potentes Antioxidans zum Schutz vor freien Radikalen. CoQ wird mit bestimmten Nahrungsmitteln, wie Fisch, Öle und grünem Gemüse, aufgenommen sowie auch vom Körper selbst gebildet. Besonders Herzmuskel und Leber haben wegen ihres hohen Energiebedarfs eine hohe Dichte an Mitochondrien – und einen erhöhten Bedarf an CoQ. Daher stellt CoQ als *„Herzschützer"* besonders für Menschen mit kardiovaskulären Erkrankungen eine wertvolle Nahrungsergänzung dar und unterstützt die Leistungsfähigkeit von Herz und Leber.

Zudem wirken Antioxidantien, wie insbesondere Coenzym Q, positiv auf den Fettstoffwechsel. Speziell auch unter der Therapie mit Cholesterin-senkenden *Statinen* (HMG-CoA-Reduktase-Hemmern) ist eine unterstützende Einnahme von CoQ angeraten [18].

Zu den dokumentierten jungmachenden Wirkungen von CoQ gehören insbesondere:

- die Senkung des Risikos für Herz-Kreislauf-Erkrankungen, Stärkung des Herzens
- Vorbeugend vor Arteriosklerose
- Vorbeugende Wirkung vor Faltenbildung der Haut, besonders vor Augenfalten (s. 9.2)
- Steigerung der körperlichen Leistungsfähigkeit und geistiger und seelischer Belastbarkeit

Im Handel ist CoQ wegen fehlender bekannter Nebenwirkungen rezeptfrei in (Mono)-Präparaten von 30-100 mg als (Softgel)-Kapseln sowie in Cremes erhältlich. Eine Beratung vor Einnahme von CoQ während einer Krebstherapie ist jedoch in jedem Fall notwendig.

2. Astaxanthin (AXT)

Der rötlich-violette, stark antioxidativ wirksame Farbstoff *Astaxanthin* ist ein *Carotinoid* der Xanthophyll-Klasse und wird besonders von bestimmten Grünalgen (*Haematococcus pluvialis*) sowie auch von roten Gemüsen produziert. Astaxanthin ist ein „Super-Antioxidans" mit 10fach stärkerer Wirkung als das verwandte ß-Carotin (Vitamin A) – und kann somit freie Radikale besonders effektiv abfangen, bevor diese unsere Körperzellen schädigen. Fischen wie dem Lachs und Krebstieren, die Astaxanthin-haltige Algen verzehren, verleiht es die rosa Färbung und sorgt als „Powerstoff" für die Energiebereitstellung in der Muskulatur für Durchhaltekraft beim Stromaufwärtsschwimmen. Kein Wunder, dass Astaxanthin auch von einigen Ironman-Sportlern eingenommen wird [19].

- *Wirkung*: Astaxanthin hat vielfältige Schutzfunktionen im Körper und wirkt anti-entzündlich. Insbesondere kann Astaxanthin aufgrund seiner Lichtabsorption und antioxidativen Eigenschaften die Haut vor durch UV-Strahlen ausgelöstem Stress schützen und wirkt in dieser Funktion stärker als Vitamin A. Somit ergänzt Astaxanthin sinnvoll die Schutzwirkung von Sonnenschutzmitteln (s. auch Kapitel 9 zu *Cosmeceuticals*).

- *Präparate*: Astaxanthin ist in Kapseln in besonders reiner Form (>95%) zur Nahrungsergänzung erhältlich sowie in Kombination mit Olivenöl und Vitamin E.

3. Traubenkern-OPC (Antioxidantien, sekundäre Pflanzenstoffe)

Eine der stärksten pflanzlichen Antioxidantien überhaupt, *Oligomeren-Proanthocyanidine* oder *OPC*, sind sekundäre Pflanzenstoffen aus der zur Klasse der *Polyphenolen* gehörigen Gruppe der Flavonoide. OPC sind meist Di- oder Trimere von *Catechinen* und kommen natürlich vor allem in Traubenkernen, Schalen und Blättern roter Trauben sowie auch in roten Erdnusshäutchen, Äpfeln und Ginkgoblättern vor. Als Verwandte der Catechine sind sie zudem in grünem Tee zu finden.

- *Wirkungen*: Die antioxidative Wirkung von OPC ist 20fach stärker als Vitamin C und 50fach stärker als Vitamin E. Neben ihrer eigenen Wirkung als „*Radikalfänger*" verstärken OPC die zellschützende Wirkung der Vitamine A, C, E im Sinne eines Synergismus für bis zu 72 Stunden. Durch Förderung der Kollagen- und Elastinproduktion wirken OPC zudem vorbeugend gegen Falten und stabilisierend auf das Bindegewebe von Sehnen, Knorpel, Knochen und Haut. Ursprünglich als Mittel gegen Venenerkrankungen entdeckt haben OPC durch verstärkte Elastizität der Gefäße vorbeugende Effekte gegen kardiovaskuläre Erkrankungen, gegen Venenschwäche und Arteriosklerose. Die entzündungshemmenden Eigenschaften der OPC können gegen Entzündungen und Allergien helfen. Sowohl Pflanzen wie auch unserer Haut, dienen OPC zum Schutz vor UV-Strahlung und klimatischen Bedingungen. Ebenso sind dosisabhängige wachstumshemmende Wirkung auf Dickdarmkrebszellen beschrieben. Da OPC die Blut-Hirn-Schranke passieren können, schützen sie auch Gehirnzellen vor oxidativer Schädigung und können gegen Alzheimer, Parkinson, MS, und Altersdemenz wirksam sein.

- *Präparate*: Da Traubenkernmehl bei der Verarbeitung von Traubenkernen zu hochwertigem Traubenkernöl als Abfallprodukt anfällt, gibt es neben dem „reinen" und recht teureren OPC zur Nahrungsergänzung alternativ verschiedene Traubenkernmehle als natürliche OPC-Lieferanten im Handel. Das preiswertere Traubenkernmehl eignet sich prima für den Speiseplan und kann in Müsli, Süßspeisen, Getränken oder zum Backen in einer Mischung mit anderem Mehl verwendet werden. In 5 Gramm Traubenkernmehl befinden sich etwa 100 mg OPC zusammen mit natürlichen Ballaststoffen für die Verdauung.

4. Antioxidativ wirkende sekundäre Pflanzenstoffe (Botanicals, Phytonutrients)

Aufgrund ihres Gehalts an antioxidativen *Polyphenolen* wie den Flavonoiden und Proanthocyanidinen, an *Carotinoiden*, *Phytoöstrogenen* und anderen organischen Verbindungen haben verschiedene weitere sekundäre Pflanzenstoffe potentiell jungmachende Wirkung sowie Einfluss auf verschiedene Stoffwechselprozesse im menschlichen Organismus. Insbesondere *Polyphenole* sind antioxidativ wirksam. Diese und weitere Wirkstoffe und ihre gesundheitsfördernden Wirkungen werden im Abschnitt 6.6.6 zu *sekundären Pflanzenstoffen* sowie im Kapitel 9 *Cosmeceuticals* bei den *Botanicals* im Detail vorgestellt. Sekundäre Pflanzenstoffe gibt es einzeln oder in Kombinationspräparaten zur gezielten Nahrungsergänzung im Angebot sowie als Inhaltsstoffe von Cremes und anderen Pflegemitteln.

6.6.4 Fischöl, Omega-3s und Vitamin E

Unter bestimmten Bedingungen, besonders wenn kein regelmäßiger Verzehr von Seefisch gewährleistet ist, können Menschen mit hohem Blutdruck, Diabetes oder chronischen Entzündungen wie Rheuma von der Einnahme von Fischöl oder anderen Omega-3-Präparaten profitieren. Ebenso waren positive Wirkungen der *„guten"* Fettsäuren bei Depressionen nachweisbar.

- *Wirkung*: Omega-3s und Niacin wirken direkt im Fettsäurestoffwechsel und reduzieren aufgrund ihrer anti-inflammatorischen Wirkung chronische Entzündungen im Körper. Die Alterungstypen *A*, *B* und *D* können von einer „Balancierung" der Nahrungsfette zugunsten von Omega-3s profitieren.

- *Präparate*: Bei der Nahrungsergänzung mit Fischöl- oder anderen Omega-3-Präparaten sollte auf eine ausreichende Dosierung, eine hohe Qualität (Markenprodukte), eine regelmäßige Einnahme und die gleichzeitige Einnahme von ausreichend antioxidativ wirksamen *Vitamin E* zum Abfangen von Oxidationsprodukten geachtet werden. Für die vegane Ernährung eigenen sich pflanzliche Präparate mit DHA und EPA aus Algen oder *ALA* aus Hanf, Nüssen, Chia- oder Leinsamen und anderen Saaten.

⌕ *Hinweise*: Um gegen chronische Entzündungen, wie z.B *Arthritis*, wirksam zu seien, müssen relativ hohe Dosen von bis zu 5 g EPA plus DHA sowie geringe Mengen Ölsäure, LA und andere Fettsäuren eingenommen werden [21]. Nach der aktuellen Empfehlung des Bundesinstituts für Risikobewertung (BfR) sollte wegen möglicher Nebenwirkungen insgesamt aus allen Quellen pro Tag jedoch nicht mehr als 1,5 g Omega-3-Fettsäuren aufgenommen werden. Um mögliche Oxidationsprodukte abzufangen, sollten zudem täglich gleichzeitig 400-800 IU *Vitamin E* (gemischte Tocopherole) eingenommen werden. – Diese Menge Vitamin E ist in vielen Produkten bereits enthalten. Ebenso helfen das oft beigemischte Lipoid *Cholin* sowie das Vitaminoid *Inositol* („Muskelzucker") dabei, den Fettaufbau in der Leber und in Gefäßen zur verhindern. Auch wenn nicht genau bekannt ist, ob *Cholin* direkt am Fettabbau in den Zellen mitwirkt, ist seine gesundheitsfördernde Wirkung insgesamt erwiesen. Bei Einnahme von *Lebertran* („Kabeljauöl") ist zur Vermeidung von Hypervitaminosen zu beachten, dass hierin auch *Vitamin A* und *D* enthalten sind.

Achtung: Die Wirkung von Blutverdünnern wie *Aspirin* oder *Clopidogrel* kann durch Omega-3s verstärkt werden, was in Studien jedoch teilweise positive Effekte für die Herz-Kreislauf-Gesundheit hatte [5, 20]. Alterungstyp *A* aufgepasst!

6.6.5 Peptide und Aminosäuren (niedrigmolekulare Eiweißstoffe)

Neben den zellaufbauenden Eigenschaften der Proteine wirken einige *niedrigmolekulare Eiweißstoffe* sehr positiv auf den Stoffwechsel – und haben daher besondere anti-aging Eigenschaften. Als spezielle „Fitmacher" werden *Carnosin*, *Carnitin* und *Taurin* hier vorgestellt.

1. Carnosin und ß-Alanin

Das natürlicherweise besonders in Muskel- und Nervenzellen des Körpers vorkommende Dipeptid *Carnosin* ist eine Verbindung der Aminosäuren *ß-Alanin* und *L-Histidin*.

- *Wirkungen*: Neben seiner Schutzfunktion als Antioxidans und „Radikalfänger" übt Carnosin eine zusätzliche anti-aging Wirkung durch Verminderung der Gewebsschädigung durch altmachende „Verzuckerung" (Glykation) von körpereigenen Proteinen aus (s. Kapitel 2 *Alterungsmechanismen*). Carnosin fängt nämlich nicht nur ROS ab, sondern bindet auch reaktive Aldehy- und Carbonyl-Gruppen [22]. Das Dipeptid kann sogar vorhandene durch Glykation hervorgerufene Schäden teilweise rückgängig machen und damit bei der Zellverjüngung helfen. Mit zunehmendem Alter sind körpereigene Carnosin-Level oft vermindert, so dass eine zusätzliche Einnahme sinnvoll seien kann. Neue Studien haben gezeigt, dass neben dem Dipeptid Carnosin auch das einfache *ß-Alanin* positiv auf den Alterungsprozess wirkt, das bei Sportlern zur Nahrungsergänzung beliebt ist [22].

Gesundheitsfördernde Wirkungen einer regelmäßigen Einnahme von Carnosin (1,5-2 g/d):

- verbesserte Muskelfunktion und -erholung durch „Abpuffern" von Laktat
- neuroprotektive Wirkung: Schutz vor geistigem Abbau (Demenz) und Gedächtnisstörungen
- globale Verlangsamung des Alterungsprozesses, besonders der Hautalterung
- verbesserte kognitive Funktion bei Kindern mit Autismus (0,8-1 g/d)
- therapeutische Wirkung in Kombination mit *Zink* bei Magengeschwüren (2x 75 mg/d)

Als Nebenwirkung kann Carnosin leichtes Muskelzittern und „Kribbeln" der Haut auslösen.

2. L-Carnitin

In kleineren Mengen wird das für den Energiestoffwechsel wichtige Dipeptid *L-Carnitin* im menschlichen Körper aus den Aminosäuren *Lysin* und *Methionin* mithilfe der Vitamine C, B6 sowie Folsäure selbst gebildet. Zudem wird L-Carnitin, wie auch Carnosin, besonders mit rotem Fleisch aus der Nahrung aufgenommen (lat. *carnis* bedeutet nämlich Fleisch).

- *Rationale*: Bei körperlicher Belastung, wie schwerer Arbeit oder Sport, bei Stress, unausgewogener Ernährung sowie bei Vegetariern kann infolge Minderversorgung des hauptsächlich in rotem Fleisch enthaltenen L-Carnitins eine Nahrungsergänzung sinnvoll sein.

- *Wirkung*: Zusammen mit *Coenzym A* sorgt Carnitin als *„Biocarrier"* in den Körperzellen für den Fettsäuretransport in die Mitochondrien und unterstützt somit die Fettverbrennung. Wegen seiner leistungssteigernden Eigenschaften wird L-Carnitin von Leistungssportlern gerne eingesetzt und fördert besonders in der Kombination mit Ausdauersport bei aerobem Training die Verbrennung von Körperfett zur Energiegewinnung (*„Fatburner"*). Zudem stärkt das Peptid das Herz und die Immunabwehr und kann im Rahmen der Verbesserung des Fettstoffwechsels auch vor erhöhten Cholesterinwerten schützen.

⌖ *Hinweis*. Bei längerfristiger Anwendung zur Sicherheit die Hausarztpraxis konsultieren!

3. L-Taurin (2-Aminoethansulfonsäure)

L-Taurin ist eine natürlich im Körper vorkommende zellschützende Aminosäure, die keine Peptide bilden kann. Im Stoffwechsel entsteht L-Taurin beim Abbau der Aminosäure *Cystein* sowie von *Coenzym A*. Daher ist eine Zufuhr der auch in Energiedrinks vorhandenen Substanz beim gesunden Erwachsenen zwar nicht notwendig, wird aber gerne von Sportlern genutzt und hat auch bei Diabetikern positive Wirkung [23]. Neben seiner antioxidativen entgiftenden Wirkung verringert L-Taurin durch Beeinflussung des Natriumhaushalts die sog. Wasserretention, also Flüssigkeitsansammlungen im Körper. Ebenso stärkt die nicht-proteinbildende AS Immunsystem und Herzmuskel und stabilisiert den Blutzuckerspiegel.

4. Andere im Alter oft verminderte Aminosäuren (AS)

Prinzipiell ist die Aufnahme von ausreichend Eiweiß und *essentiellen Aminosäuren* (AS) mit der Nahrung im Alter besonders wichtig für den Erhalt der Körperfunktionen und der Muskelmasse. Verschiedene AS besitzen zudem ausgeprägte antioxidative Kapazität – neben der essentiellen AS *Histidin* auch *Cystein* und *Arginin* sowie die bereits vorgestellten *bedingt* essentiellen Substanzen Carnosin, Carnitin und Taurin – sowie weitere wichtige anti-aging Qualitäten [24]:

- *Cystein* ist an der Bildung des Antioxidans *Glutathion* (GSH) beteiligt, einem universell wirksamen Entgiftungsmolekül in unseren Körperzellen. Besonders in der Kombination mit der essentiellen AS *Histidin* und mit *Zink* unterstützt Cystein das Immunsystem.

- *Arginin* ist für die Herz-Kreislauf-Gesundheit besonders wichtig und beugt Herzinfarkt und Schlaganfall vor. Aus dem besonders Stickstoff-reichen Arginin stellt der Körper nämlich den gefäßerweiternde Botenstoff *Stickstoffmonoxid* (NO) her. Zudem regeneriert Arginin Hautschäden und hilft bei der Wundheilung. Einige Supplements mit L-Arginin und L-Citrullin werden für Sportler sowie als anti-aging Präparate speziell als *„NO-Booster"* zum Muskelaufbau und für verbesserte Durchblutung vermarktet [25].

- *Leucin* ist als *essentielle* AS besonders wichtig, steigert den *Muskelaufbau* und die Proteinbiosynthese und wirkt so dem unerwünschten Muskelabbau (*Sarkopenie*) im Alter entgegen. Zusammen mit Prolin und Glycin mindert Leucin zudem die Faltenbildung und fördert eine schöne Haut. Der positive Effekt von Leucin auf Insulinwirkung und Blutzuckerspiegel sowie den Muskelerhalt machen die AS besonders in der Kombination mit Sport sowohl während einer Diät als auch bei Insulinresistenz zu einem wichtigen Cofaktor.
- *Tryptophan* ist als essentielle AS eine Vorstufe des im Energiestoffwechsel wichtigen NAD$^+$.

⚡ *Merke:* Auf bedarfsgerechte Aufnahme der *essentiellen AS* Histidin, Isoleucin, Leucin, Lysin, Methionin, Phenylalanin, Threonin, Tryptophan und Valin ist zu achten!

6.6.7 Strukturproteine und Hautbausteine: Hydrolysiertes Kollagen und Hyaluron

1. Kollagen

Unter Slogans wie „Trink dich schön" oder „Hautbausteine für die Schönheit" sind verschiedene *Kollagenhydrolysate* als Trinkampullen oder Tabletten zur Nahrungsergänzung auf dem Markt, die eine Hautverbesserung und Faltenminderung versprechen.

- *Präparate*: In den Kollagenhydrolysaten sind verschiedene *bioaktive Kollagenpeptide* als Dipeptide oder Tripeptide enthalten sowie teilweise weitere Substanzen zur Förderung des Bindegewebsaufbaus. Die empfohlene Dosierung variiert von 2,5-10 g/d über 8 bis 24 Wochen.
- *Wirkung*: Verschiedene klinische Studien haben positive Wirkung von oral eingenommenen Kollagenpräparaten auf das Bindegewebe der Haut und der Gelenke im Rahmen der anti-aging Ernährung bestätigt [26]. Nachweislich konnten Kollagenpeptide die Wundheilung verbessern sowie Hauttrockenheit, Cellulite und Hautalterung mildern. Relevante Risiken oder Nebenwirkungen sind bisher nicht beschrieben.

2. Kombinationspräparate mit Hyaluronsäure und Vitaminen

In den Kombinationspräparten sind zusätzlich weitere „Hautbausteine" wie *Hyaluronsäure*, *Chondroitinsulfat* und *Glukosamine* (s. Kapitel 3 Anatomie) sowie L-Carnitin, Vitamine und Mineralien enthalten, die den positiven Effekt auf Hautalterung und Gelenke verstärken sollen. Zusätzlich fördern Vitamin C-Gaben zusätzlich die Bindegewebsbildung (s. Abschnitt 6.6.1).

6.6.8 Sekundäre Pflanzenstoffe: Botanicals und Phytonutrients

Zu den sekundären Pflanzenstoffen, natürlich in pflanzlichen Nahrungsmitteln vorkommenden organischen Verbindungen mit gesundheitsfördernder Wirkung, gehören insbesondere die

Polyphenole, mit den zur Untergruppe der Flavonoide gehörenden Catechinen und Stilbenen, und der Phenolsäure, sowie die *Isoprenoide* mit den *Carotinoiden* [19]. Zur Nahrungsergänzung haben sich Präparate mit den Pflanzenbestandteilen von grünem Tee, Ginseng, Ginkgo, Rosenwurz, roten Trauben und Soja (Phytoöstrogene) besonders bewährt und werden hier kurz vorgestellt. Botanicals für die Hautpflege sind zudem im Kapitel 9 *Cosmeceuticals* beschrieben.

1. Grüner Tee (Grüntee-Catechine)

Für die gesundheitsfördernde und jungmachende Wirkung von grünem Tee sind insbesondere die enthaltenen *Catechine*, wie das *Epigallocatechin-3-gallat (EGCG)*, verantwortlich. Diese polyphenolischen Pflanzenmetabolite aus der Gruppe der Flavonoide besitzen ein besonders hohes antioxidatives Potential als „*Radikalfänger*".

Folgende gesundheitsfördernden Eigenschaften von Grüntee für den Menschen sind bekannt:

- Krebshemmende Wirkung von EGCG: Hemmung von Brust- und Prostatakrebszellen
- positive Wirkung auf den Fettstoffwechsel: Verbesserung der Blutfettwerte durch Senkung von Triglyzeriden und Gesamtcholesterin und Erhöhung des guten HDL-Cholesterins
- Anregung des Stoffwechsels und der Fettverbrennung für eine Schlankmacher-Wirkung auf die Figur durch die enthaltene Kombination von Catechinen und Koffein (Abnehmhilfe)
- Schutz vor Arteriosklerose (Gefäßablagerungen) und Herz-Kreislauf-Erkrankungen
- Förderung der Entgiftung in der Leber und der Giftausscheidung über die Nieren
- Klärende und reinigende Wirkung auf die Haut
- Stärkung des Immunsystem, Schutz vor Infekten, Hemmung des Viruswachstum
  - Grüntee-Extrakt ist als Wirkstoff in einer Creme gegen Feigwarzen (*Condylome*) enthalten
- Schutz vor Karies und Parodontose als positiver Nebeneffekt des Trinkens von Grüntee

  ⌗ *Tipp*: Wegen wiederholter Kritik ist auf hohe Qualität und *Bioanbau* des grünen Tees achten!

2. Ginseng (Panax ginseng)

Die Ginseng-Wurzel besitzt aufgrund der enthaltenen *Ginsenosiden*, *Saponinen* und *Triterpenen* vitalisierende und ausgleichende Heilkräfte bei nervösen Stresszuständen und bei im Alter nachlassender Konzentrationsfähigkeit [27]. Sowohl bei älteren wie bei jüngeren Menschen wirkt Ginseng ausgleichend und stärkend auf das zentrale Nervensystem, reduziert Stress-Symptome, vermindert Müdigkeit, steigert die geistige Leistungsfähigkeit und verkürzt die Erholungsphasen nach Belastung. Neben der Harmonisierung von Körper und Geist steigert Ginseng auch die Abwehrkräfte. Ginseng-Präparate sollten morgens eingenommen werden, da die muntermachende Wirkung sonst zu Schlafstörungen führen kann.

⚐ *Tipp*: Der leckere „*Ginsengkaffee*" ist übrigens eine „nervenschonende" Kaffee-Alternative.

3. Ginkgo biloba

Die wertvollen Pflanzenwirkstoffe *Ginkgolide* und *Flavonoide* wie *Kampferol* und *Quercetin* aus Ginkgoblättern fördern durch verbesserte Elastizität der roten Blutkörperchen (*Erythrozyten*) und verbesserte Mikrozirkulation die Blutversorgung aller Zellen der Organe – und damit auch der Nährstoff- und Sauerstoffversorgung. Insgesamt ist Ginkgo daher infolge Verbesserung von Durchblutungsstörungen, Minderung von Arteriosklerose und seiner starken antioxidativen Wirkung ein sehr gutes Anti-Aging Mittel. Eine unzureichende Vitalstoff- und Sauerstoffversorgung der Körperzellen ist auch aufgrund der unzureichend neutralisierten freien Radikalen nämlich ein wesentlicher Alterungsfaktor.

4. Rosenwurz (Rhodiola rosea)

Rosenwurz-Extrakte wirken aufgrund der enthaltenen *Rosavine, Flavonoide, Terpene* und *Phenolsäuren* sowohl antioxidativ als *Radikalfänger* als auch stimulierende auf die Signalübertragung der Nervenzellen. Daher kann die Einnahme von Präparaten aus der Heilpflanze *Rhodiola rosea* die Herz-Kreislauf-Funktion unterstützen und bei Stresszuständen, Müdigkeit und Antriebslosigkeit (*vegetative Dystonie*) als Stärkungsmittel wirken. Neben der allgemeinen Steigerung der körperlichen und geistigen Leistungsfähigkeit unterstützen die Heilpflanzenextrakte auch die Abwehrkräfte, wirken die leberschützend und regulieren wie ein natürliches „Fruchtbarkeitsmittel" sexuelle Störungen und Regelanomalien. Zudem wirken sie ausgleichende auf typische Wechseljahresbeschwerden (s. Kapitel 8 *Hormonoptimierung*).

5. Resveratrol (3,5,4-Trihydroxy-trans-Stilbene, Resorcinol-Veratrum-Alkohol)

Der Vitalstoff *Resveratrol* gehört zu den antioxidativ wirksamen *Polyphenolen* und ist insbesondere in der Schale roter Trauben, aber auch in Himbeeren, roten Beeren, Pflaumen und Erdnüssen enthalten. Aufgrund der erhöhten Resveratrol-Konzentration im Rotwein (2-12 mg/l) werden dessen gesundheitsfördernde Eigenschaften gerne gepriesen.

- *Wirkung*: Ähnlich wie durch Kalorienrestriktion und intermittierendes Fasten konnte bei Tieren nach Gabe von Resveratrol eine verlangsamte Alterung und Lebensverlängerung infolge Aktivierung des epigenetischen Regulators *Sirtuin 2* (*SIR2*), einer als transkriptionaler Repressor wirkenden NAD-abhängigen Histon-Deacetylase, nachgewiesen werden. Neben seiner antioxidativen Wirkung konnte in Studien eine hemmende Wirkung von Resveratrol auf das Wachstum von Krebszellen gezeigt werden. Gesundheitsfördernde Effekte von Resveratrol umfassen auch die Minderung von Arteriosklerose, Herz-Kreislauf-Erkrankungen, Alzheimer, sowie Arthritis und einigen anderen Autoimmunerkrankungen.

6. Soja-Isoflavone (Phytoöstrogene)

In Soja und anderen Hülsenfrüchten kommen Isoflavone wie *Genistein* und *Daidzein* mit östrogenähnlicher Wirkung vor, die daher auch als „Phytoöstrogene" bezeichnet werden. Aufgrund struktureller Ähnlichkeit mit Östrogen wirken sie als pflanzliche selektive Estrogen-Rezeptor-Modulatoren (sog. *Phyto-SERM*). Die Hormon-ausgleichende Wirkung kommt durch Interaktion mit dem beta-Estrogen-Rezeptor (ER) zustande - im Gegensatz zur klassischen Hormonersatztherapie, die am alpha-ER wirkt (s. Kapitel 8 *Hormonoptimierung*). Durch Wirkung am beta-ER können Soja-Isoflavone typische *Wechseljahresbeschwerden* wie Hitzewallungen oder Stimmungsschwankungen mildern und stellen damit eine „sanftere" Alternative zur klassischen Hormonersatztherapie (HET) dar - ohne die über den alpha-ER vermittelten Nebenwirkungen wie die Förderung von Brustkrebs.

Weitere positive Wirkungen von Soja, das mit der Nahrung oder in Form von Soja-Kapseln aufgenommen werden kann, sind eine Senkung des LDL-Cholesterins mit Schutz des Gefäßsystems vor Arteriosklerose, Stärkung der Knochen und verzögerte Osteoporose sowie eine nachweisliche Glättung und Straffung der Haut. Bei Männern wirken Soja-Isoflavone übrigens auch positiv, da sie die *5-Alpha-Reduktase* hemmen. So bewirken sie eine Hemmung der Umwandlung von Testosteron in das aggressivere *Dihydrotestosteron* (DHT), das zu Prostatakrebs führen kann und für den androgenetisch bedingten Haarausfall verantwortlich ist. Somit kann Soja also vor Glatzenbildung schützen.

⚔ *Achtung*: Ein zu hoher Konsum von Soja kann jedoch zu *Unfruchtbarkeit* als Nebenwirkung führen und auch die Gebärmutter schädigen. Vor Einnahme von Soja-Präparaten zur Nahrungsergänzung sollte daher sicherheitshalber die Hausarztpraxis konsultiert werden.

7. Mariendistel (Silybum marianum)

Silymarin ist ein Wirkstoffkomplex aus verschiedenen *Bioflavonoiden* aus den Früchten der Mariendistel und wirkt leberunterstützend bei Entgiftungsprozessen sowie allgemein als Leberheilmittel. Es wird bei den Detoxprogrammen näher beschrieben (s. Abschnitt 6.4)

⚔ *Tipp*: Bei Stresszuständen, wie z.B. vor Prüfungen oder Belastungen im Beruf, über 3 Monate Rhodiala-Extrakt (200 mg), Ginseng und Gingko als Einzel- oder Kombinationspräparate morgens einnehmen. Bei Testpersonen sind Prüfungsleistungen unter entsprechender Nahrungsergänzung deutlich besser ausgefallen [27]. Aufgrund der aktivierenden Wirkung der

Heilpflanzen kann eine abendliche Einnahme jedoch zu Unruhe und Schlafstörungen führen. Ebenso ist Vorsicht bei Patienten, die *Psychopharmaka* einnehmen, geboten, da es zu Interaktionen der Pflanzenstoffe mit den Medikamenten kommen kann!

6.6.9 Probiotika

Die Wichtigkeit der Darmgesundheit und speziell einer gesunden bakteriellen Darmflora (*„Mikrobiom"*) für unsere allgemeine Gesundheit und eine gute Immunabwehr ist in den letzten Jahren stärker in das öffentliche Bewusstsein gerückt. Als Helferlein unterstützen „gute" Darmbakterien Verdauung und Entgiftungsprozesse, halten den Bauch flach und beeinflussen Immun-, Nerven- und Hormonsystem positiv. Durch Fehlernährung, Infekte oder Antibiotika kann die nützliche Flora geschädigt und von schädlichen Bakterien verdrängt werden.

- *Produkte*: Wegen steigender Nachfrage nach *Probiotika* gibt es eine Vielzahl medizinischer Produkte sowie Lifestyle-Produkte wie spezielle Joghurts, die meist die Bakterienstämme *Lactobacillus*, *Bifidobakterium* oder apathogene *E. coli*s enthalten. Insbesondere *Lactobacillus casei* kommt in Joghurt, Kombucha und Sauerkraut vor. Die Einnahme kann täglich oder im Rahmen einer Trinkkur erfolgen.

- *Wirkung*: Medizinisch ist in erster Linie eine Wirkung der Probiotikaeinnahme zur symptomatischen Therapie von *Antibiotika-assoziierten Durchfällen* erwiesen - sowie in der Prävention einer Infektion mit *Clostridium difficile* (*CDI*), der sog. pseudomembranösen Colitis. bei Darm-empfindlichen Patienten. Gemäß verschiedener Studien besteht jedoch keine generelle Notwendigkeit, zu jedem Antibiotikum ein Probiotikum einzunehmen, wie es von einigen Firmen beworben wird. Gegenteilig kann bei immunschwachen Personen und bestimmten Erkrankungen, wie der *akuten Pankreatitis*, eine Probiotikaeinnahme sogar schädlich sein. Auch bei sonst gesunden Patienten kann bei Antibiotikaeinnahme die Regeneration der eigenen Darmflora durch Probiotika-Präparate behindert werden [28].

♂ *Hinweis*. Nach neusten Erkenntnissen werden übrigens auch sekundären Pflanzenstoffe in der Nahrung in Abhängigkeit vom Bakterienspektrum im Darm zu nützlichen oder weniger nützlichen Stoffen abgebaut. Ob Stuhltests bei der Analyse der Darmflora in der Ernährungsberatung hilfreich seien können, muss jedoch erst in Studien geklärt werden [28].

6.6.10 Dehydroepiandrosteron (DHEA)

DHEA wird in den USA zur Nahrungsergänzung angeboten und im Kapitel s. Kapitel 9 zur Hormonoptimierung diskutiert.

6.7 Ernährungs-Monitoring und -Profiling

6.7.1 Genetische und erworbene Risikofaktoren und Monitoring

– *Gibt es verschiedene Stoffwechseltypen und wie beeinflussen sie Diäten und anti-aging?*

Genvariationen und unser Lifestyle bestimmen über die Verwertung der *Macronutrients*, Kohlenhydrate, Eiweiße und Fette, in unserem Körper sowie auch über Energiebedarf, Sättigungsgefühl, Entgiftungsprozesse, Vitalstoffbedarf und Alterungstyp. Über das genetische und epigenetische Profil ist so zu einem gewissen Grad für jeden festgelegt, welche *Nahrungszusammensetzung* die Entwicklung von Übergewicht, Insulinresistenz, metS, Stoffwechselerkrankungen und die Alterung begünstigt.

– *Fazit*: Prinzipiell gilt eine frische und abwechslungsreiche *niedrig-glykämische Ernährung* mit *Fettbalancierung* kombiniert mit moderater körperlicher Bewegung als gesundheitsfördernd. Abhängig von *genetischen Variationen* in Stoffwechselgenen (wie FABP2, PPARγ, FTO, TMEM18, MC4R, APOs und anderen), den *aktuellen Blutwerten* (wie dem HbA1c, Blutfetten und Hormonspiegeln) und *individuellen Belastungen* und Bedürfnissen ist im Rahmen der anti-aging Ernährungsberatung eine personalisierte Anpassung des Kohlenhydrat- und Fettanteils an der Energiezufuhr mit der Nahrung und eine bedarfsabhängige Nahrungsmittelergänzung möglich [29].

Anhand von Stoffwechsel- und Alterungstyp sind *Ernährungsschwerpunkte* definierbar:

- *Mischtyp*: *Kohlenhydrat-* und *Fett-balancierte* Ernährung mit ~35-50% KH-Anteil sinnvoll
- *Fett*-Verwerter: Gewichtszunahme durch KH, *Low-carb* Kost mit ~10-35% KH-Anteil
- *KH*-Verwerter: Gewichtszunahme durch Fette, *Low-fat* Kost mit ~50% KH-Anteil
- Alterungstyp A: *Fettbalancierte Kost* und *Omega-3s* fördern die kardiovaskuläre Gesundheit
- Alterungstyp B: *Low-carb* und *ketogene Kost* verbessern die *Insulinempfindlichkeit*

⌕ *Hinweis*: In aktuellen randomisierten Studien werden die Langzeitauswirkungen verschiedener Diätformen auf Gewichtsreduktion, Alterungsprozesse sowie die allgemeine Lebenserwartung in Abhängigkeit von genetischen und Lifestyle-Faktoren weiter untersucht. Durch verbesserte Algorithmen und Messmethoden wird damit individuell eine gezieltere Nahrungsoptimierung möglich.

6.7.2 Biofeedback

Unter *Biofeedback* versteht man die Rückmeldung zu biologischen Vorgängen im Körper durch Übermittlung von diesbezüglichen Messwerten über elektronische Hilfsmittel.

- Für insulinabhängige *Diabetiker* steht derzeit bereits eine nicht-invasive Methode für das Blutzuckermonitoring zur Verfügung, das sog. *Flash Glukose Messsystem* (FGM): Über einen Sensor in der Haut des Oberarms wird kontinuierlich der Blutzuckerwert ermittelt und gespeichert – das lästige „Pieksen" zur Blutentnahme am Finger erübrigt sich so.

- Für Vielzahl weiterer Blutwerte sind derzeit nicht-invasive Verfahren, wie die sog. *transkutane Infrarot-Spektroskopie*, in der Entwicklung, um über die Haut direkt und ohne Blutentnahme aktuelle Messwerte zu bestimmen und elektronisch mittels Apps in Echtzeit auszuwerten.

- Über die Haut lässt sich auch nicht-invasiv die ausreichende Versorgung mit anti-aging Nährstoffen und Vitalstoffen, wie insbesondere der *Antioxidantien-Status*, messen. Hierbei werden mittels optischer Messverfahren mit LED-Licht Biomarker an der Haut des Handballens gemessen, die das Antioxidantien-Niveau anzeigen. Verschiedene Biofeedback-Apps und -Programme berechnen mit Hilfe eines medizinisch validierten Algorithmus aus Antioxidantien-Status, Ruheplus und Pulsfrequenz das „biologische Alter" und zeigen den Bedarf an Nahrungsergänzungsmitteln an (z.B. www.mybiozoom.com). In Reformhäusern werden diese Messungen teilweise auch kostenfrei beim Verkauf der entsprechenden Bio-Anti-Aging-Nahrungsmittel angeboten (z.B. www.triaet.de). Wer sich nicht immer mit ausreichend frischen Nahrungsmitteln versorgt und häufiger Fast Food isst oder die Haut durch Rauchen oder Partys stresst, kann mittels *Biofeedbacks* gezielt den nötigen Ausgleich suchen und sich zu gesunder Ernährung motivieren!

6.8 Ausgewählte und weiterführende Literatur

1. Marini A. 2011. Schönheit von innen. *Der Hautarzt*. 62:614-617.

2. Barazzoni R, Deutz NEP, Biolo G, Bischoff S, Boirie Y et al. Carbohydrates and insulin resistance in clinical nutrition: Recommendations from the ESPEN expert group. *Clin Nutr*. 2017 Apr; 36(2):355-363. doi: 10.1016/j.clnu.2016.09.010.

3. Livesey G, Taylor R, Livesey HF, Buyken AE, Jenkins DJA, et al. Dietary glycemic index and load and the risk of type 2 diabetes: A systematic review and updated meta-analyses of prospective cohort studies. *Nutrients*. 2019 Jun 5;11(6). pii: E1280. doi: 10.3390/nu11061280.

4. Lenzen-Schulte M. Gegen Diabetes und Adipositas: Dein Freund, der Ketonkörper. *Dtsch Arztebl*. 2018; 115(41): A-1810 / B-1524 / C-1510

5. Ruxton CH, Derbyshire E, Toribio-Mateas M. Role of fatty acids and micronutrients in healthy ageing: a systematic review of randomised controlled trials set in the context of European dietary surveys of older adults. *J Hum Nutr Diet*. 2016; 29(3):308–324. doi:10.1111/jhn.12335

6. Benton D, Young HA. Reducing calorie intake may not help you lose body weight. *Perspect Pyschol Sci.* 2017 Sep; 12(5): 703-714. doi: 10.1177/1745691617690878

7. Texler ET, Smith-Ryann AE, Layne E. Metabolic adaptation to wight loss: Implications for the athlete. *J Int Soc Sports Nutr.* 2014; 11: 7. doi: 10.1186/1550-2783-11-7

8. Fontana L, Partridge L. Promoting health and longevity through Diet: From model organisms to humans. *Cell.* 2015; 116:106-118. doi: 10.1016/j.cell.2015.02.020

9. Aggarwal B. Targeting inflammation-induced obesity and metabolic diseases by curcumin and other nutraceuticals. *Annu Rev Nutr.* 2010; 30:173-199. doi: 10.1146/annurev.nutr.012809.104755

10. Longo VD, Mattson MP. Fasting: Molecular mechanisms and clinical applications. *Cell metab.* 2014; 19(2):181-192. doi: 10.1016/j.cmet.2013.12.008

11. Wei M, Brandhorst S, Shelehchi M, Mirzaei H, Cheng CW, *et al.* Fasting-mimicking diet and markers/risk factors for aging, diabetes, cancer, and cardiovascular disease. *Sci Transl Med.* 2017; 9 (377): eaai8700. doi: 10.1126/scitranslmed

12. Ploss O. Moderne Praxis bewährter Regulationstherapien: Entgiftung und Ausleitung, Säure-Basen-Haushalt, Darmsanierung. *Karl F. Haug.* 2017. 4. Auflage. ISBN-13: 978-3132407916

13. Willcox DC, Scapagnini G, Willcox BJ. Healthy aging diets other than the Mediterranean: A focus on the Okinawan Diet. *Mech Ageing Dev.* 2014; 136-137:148-162. doi: 10.1016/j.mad.2014.01.002

14. Crisan D, Roman I, Crisan M, Scharffetter-Kochanek K, Badea R. The role of vitamin C in pushing back the boundaries of skin aging: an ultrasonographic approach. *Clin Cosmet Investig Dermatol.* 2015; 8:463-70. doi: 10.2147/CCID.S84903.

15. Wang X, Hu X, Yang Y, Sakurai T. Nicotinamide mononucleotide protects against ß-amyloid oligomer-induced cognitive impairment and neuronal death. *Brain Res.* 2016; 1643:1-9. doi: 10.1016/j.brainres.2016.04.060.

16. Mouchiroud L, Houtkooper R, Auwerx J. NAD+ metabolism: A therapeutic target for age-related metabolic disease. *Crit Rev Biochem Mol Biol.* 2013; 48(4):397-408. doi: 10.3109/10409238.2013.789479

17. Schmiedel V. Nährstofftherapie: Orthomolekulare Medizin in Prävention, Diagnostik und Therapie. *Thieme.* 2019. 4. Auflage. ISBN-13: 978-3132433014.

18. Saha SP, Whayne TF. Coenzyme Q10 in human health: Supporting Evidence? South Med J, 2016; 109(1):17-21. doi: 10.14423/SMJ.000000000000393

19. Vollmer DL, West VA, Lephart ED. Enhancing skin health by oral administration of natural compounds and minerals with implications to the derma microbiome. *Int J Mol Sci.* 2018 Oct; 19(10): 3059. doi: 10.3390/ijms19103059

20. Di'Nicolantonio JJ, O'Keefe J. Importance of maintaining low omega-6/omega-3 ratio for reducing platelet aggregation, coagulation and thrombosis. *Open Heart.* 2019; 6:e001011. doi: 10.1136/openhrt-2019-00101

21. Kremer JM, Lawrence DA, Petrillo GF, Litts LL, Mullaly PM *et al.* Effects of high-dose fish oil on rheumatoid arthritis after stopping nonsteroidal anti-inflammatory drugs. Clinical and immune correlates. *Arthritis Rheum.* 1995; 38(8):1107-1114.

22. Carao JH, Streck EL, Schuck PF, Ferreira Gda C. Carnosine and related peptides: therapeutic potential in age-related disorders. *Aging Dis.* 2015; 6(5):369-79. doi: 10.14336/AD.2015.0616.

23. El Idrisse A, Shen CH, L'amoreau WJ. Neuroprotective role of taurine during aging. *Amino acids.* 2013; 45(4):735-750. doi:10.1007/s00726-013-1544-7

24. Dillon EL. Nutritionally essential amino acids and metabolic signaling in aging. *Amino Acids.* 2013; 45(3):431–441. doi:10.1007/s00726-012-1438-0

25. Böger RH. The pharmacodynamics of L-arginine. In: *Alternative therapies in health and medicine.* 2014; 20(3): 48–54

26. Choi FD, Sung CT, Juhasz ML, Mesinkovsk NA. Oral Collagen Supplementation: A Systematic Review of Dermatological Applications. *J Drugs Dermatol.* 2019; 18(1):9-16

27. Sangiovanni E, Brivio P, Dell'Agli M, Calabrese F. Botanicals as modulators of neuroplasticity: Focus on BDNF. *Neural Plast.* 2017; 2017:5965371. doi: 10.1155/2017/5965371.

28. Gießelmann K. Probiotika – Nicht immer von Vorteil. *Dtsch Arztebl.* 2019; 116(33-34): A-1484 / B-1225 / C-1206

29. Drabsch T, Holzapfel C. A scientific perspective of personalised gene-based dietary recommendations for weight management. *Nutrients.* 2019; 11(3):ppi:E617. doi:10.3390/nu11030617

7. Fitness – das „Fit+Jung"-Trainingsprogramm

7.1 Fitness-Grundlagen

7.1.1 Allgemeiner Stellenwert von Sport für die Gesundheit

In der modernen Wohlstandsgesellschaft erhöht *Bewegungsmangel* ebenso das Sterblichkeitsrisiko wie Rauchen, Bluthochdruck oder Diabetes. Die gesundheitsfördernde Wirksamkeit eines ausgewogenen, moderaten körperlichen Bewegungsprogramms ist daher medizinisch klar erwiesen: In einer Vielzahl von Studien werden weitreichendende positive Effekte von Sport für Herz-Kreislauf-System, Bewegungsapparat, Figur, Immunsystem und Psyche gezeigt (s. Abschnitt 7.4). Bereits *15 Minuten zügige Bewegung* am Tag können dabei lebensverlängernd wirken, – also die Sterblichkeit vermindern wie eine effektive „Anti-Aging Medizin" [1,2].

7.1.2 Fitness-Grundregeln: Wie ist das optimale „fit+jung" Training aufgebaut?

Ein gutes Fitnessprogramm soll in erster Linie Spaß machen („fit4fun") und Dich beim Erreichen Deiner persönlichen Fitness-Ziele und dem Erhalt Deiner körperlichen Gesundheit unterstützen. Bei Beachten einiger einfacher Grundregeln bezüglich Trainingsaufbau, -intensität und -frequenz wird Dein Trainingsprogramm effektiver – d.h. Du kannst besser und schneller Ergebnisse *in puncto* Ausdauer, Muskelaufbau und Fettabbau, Figurverbesserung und lebensverlängernder Wirkung erreichen. Eine individuelle Anpassung des Trainings an den Gesundheitszustand und Fitness-Level ist dabei wichtig:

a) Trainingsaufbau: Für den optimalen gesundheitsfördernden „fit+jung" Effekt sollte die Trainingseinheit aus den folgenden verschiedenen Bewegungsarten bestehen („ABSS-Formel":

- *Ausdauertraining*: Aerobes Training (7.2.1) und „anaerobes Intervalltraining" (7.2.2)
- Gleichgewichtstraining (*Balance*): Statische und dynamische Balance des Körpers
- Krafttraining (*Strength*): Gewichts- und Gerätetraining von entgegengesetzten großen Muskelgruppen (7.2.3)
- Flexibilität (*Stretching*): Dehnung von Muskeln und Gelenken gemäß ihres vollen Bewegungsumfangs (*full range of motion*), also Flexion, Extension und Rotation (7.2.4)

b) Trainingsfrequenz: Regelmäßiges Training 3-mal pro Woche mit Erholungszeiten

c) Trainingsintensität: Maximaler Effekt bei moderatem Training und regelmäßiger Bewegung

7.1.3 Besonderheiten und Wirkungen des Fitnessprogramms im Alter

Im Rahmen der *Fit+Jung-Formel* zielt das Basis-Fitnessprogramm auf die gesundheitlichen Bedürfnisse mit zunehmendem Alter ab („Anti-Aging"), um altersabhängigen Erkrankungen des Bewegungsapparates und deren Folgeerkrankungen, wie Osteoporose, Knochenbrüchen und Verletzungen, sowie kardiovaskulären Erkrankungen und Stoffwechselstörungen vorzubeugen. Ohne gezielte körperliche Bewegung nehmen mit jeder Dekade des Erwachsenenlebens maximale Sauerstoffleistung, Ausdauer und muskuläre Kraft um rund 10% ab, – und das Sterberisiko steigt. Mit zunehmendem Alter sind gewohnte Bewerbungsabläufe zudem oft mit Schmerzen verbunden. Erkrankungen des Bewegungsapparates und Verletzungen infolge mangelnder körperlicher Aktivität gehören zu den häufigsten Ursachen für Arztbesuche, Operationen und Klinikaufenthalte bei älteren Patienten [2]. Angemessenes Ausdauer- und Krafttraining stellt daher eine wesentliche Säule der *Fit+Jung-Formel* dar, um Alterungs-vorgänge zu hemmen und Alterserkrankungen wie eine natürliche und sichere „Medizin" entgegenzuwirken!

Zu den Wirkungen des *Fitnessprogramms* als Jungbrunnen und Anti-Aging Medizin zählen:

- Krankheitsreduktion und körperliche Fitness
- Erhalt und Aufbau von Muskelmasse (*lean tissue mass, LBM*) und Muskelkraft
- Erhalt der Knochenmasse, Verringerung des Sturz- und Frakturrisikos
- Figurverbesserung, Begrenzung der Fettmasse (*fat tissue mass*)
- Stressreduktion und mentale Gesundheit, verbessertes Wohlbefinden und Aussehen

Verschiedene Funktionsprinzipien von Sport tragen zu seiner lebensverlängernden Wirkung bei, wie die Energiestoffwechselverbesserung, Ausschüttung von Wachstumshormon (*hGH*) und anderen Hormonen und die Reparatur von Mikrotraumen, und werden in den folgenden Abschnitten näher erklärt. Um die Funktionen besser zu verstehen und das Fitnessprogramm aktiv mitzugestalten, machen wir einen kleinen Exkurs in die Sportphysiologie und -medizin.

Tabelle 7.1: Empfehlungen für *körperliche Aktivität* der WHO (*World Health Organisation*) [2]

- Körperlich bewegen sollten sich Erwachsene im Alter von 18-64 pro Woche mindestens 150 Minuten moderat oder 75 Minuten intensiv oder beide Aktivitätsintensitäten gemischt
    - moderate Aktivität erreicht 50-70% der HFmax, wobei „unterhalten" ist noch möglich
    - intensive Aktivität erreicht 70-75% der HFmax, „unterhalten" ist nicht mehr möglich
    - Dauer der Sporteinheit sollte mindestens 10 Minuten betragen.
- Krafttraining sollte mindestens 2-mal pro Woche durchgeführt werden

7.2 Trainingsarten und -konzepte

Nach heutigen sportphysiologischen Erkenntnissen ist eine ausgewogene Kombination aus moderatem *Ausdauertraining* (sog. *„Kardio"*, also an-/aerobes Training) mit *Krafttraining* und *Flexibilitätsübungen* (*Stretching*) zusammen am effektivsten in der Prävention und Minderung von Herz-Kreislauf-Erkrankungen, metabolischem Syndrom (Diabetes, Fettstoffwechselstörungen, Bluthochdruck) und Erkrankungen des Bewegungsapparats – und zwar relativ unabhängig von Alter, Geschlecht und Gesundheitszustand.

Da nachweislich ein direkter positiver Zusammenhang zwischen täglicher Gehstrecke (Schrittzahl pro Tag) und Lebensdauer besteht [1-4], werden als Basis des „fit+jung"-Trainingsprogramm täglich im Schnitt mindestens *20-30 Minuten zügige Bewegung* angeraten gemäß der Empfehlung der *Weltgesundheitsorganisation* (*WHO*) (s. *Tabelle 7.1*). Verwende einen Schrittzähler zur Verbesserung der Motivation! Durch aerobes Ausdauertraining (7.2.1) lässt sich der systolische Blutdruck längerfristig senken – und in der Kombination mit Krafttraining auch der diastolische Blutdruck. Krafttraining (7.2.3) wird nach der heutigen Auffassung zum Muskelaufbau in allen Altersstufen, auch bei Vorliegen kardiovaskulärer Risikofaktoren, empfohlen. Für das Dehnungstraining (Stretching, 7.2.4) eignen sich besonders auch Elemente aus Entspannungssportarten wie Yoga oder Pilates.

7.2.1 Aerobes Ausdauertraining (engl. *Long Slow Distance, LSD*)

Als „Ausdauertraining" wird im Sport eine körperliche Aktivität bezeichnet, die die Herzfrequenz für eine anhaltende Zeit erhöht (*„Kardio"*). Bei entsprechend ausdauernder Bewegung wird die Blutzirkulation und die Sauerstoffsättigung des Blutes gesteigert und ein vermehrter Kalorienverbrauch erzielt. Dadurch kommt es zu vermindertem Blutzuckerspiegel sowie vermindertem Insulin/hGH-Quotient und vermindertem Cholesterol. Der zentrale sportphysiologische Maßstab, an dem sich die anzustrebende Belastung orientieren sollte, ist dabei die maximale Sauerstoffaufnahme und -transportfähigkeit des Körpers, das sog. *VO2max* (*Oxygen* per cc/kg/min). Das VO2max entspricht dem Zeitpunkt, bei dem wir „aus der Puste kommen" und Erschöpfung eintritt, was auch als Erreichen der *anaeroben Schwelle* bezeichnet wird (griech. *aero* = Luft). Als gebräuchlicher Vergleichswert für das VO2max dient die *maximale Herzfrequenz* (*HFmax*), da diese in einer fast linearen Beziehung zum VO2max steht.

- HFmax = 220 – Alter

Die sog. *Herzfrequenzreserve* (*HFR*) ergibt sich daraus durch Subtraktion der Ruheherzfrequenz (RHF) gemäß

- HFR = HFmax – RHF

- *Prinzip*: Dementsprechend gilt das aerobe Ausdauertraining als etwa 20-30-minütiges Bewegungstraining mittels einer Ausdauersportart mit einer Intensität von etwa 70% des VO2max oder 80% der maximalen Herzfrequenz. Geeignete Sportarten sind alle Ausdauersportarten wie Laufen, Gehen, Radfahren, Tanzen, Schwimmen oder Rudern. Die Zielherzfrequenz für den Ausdauersport ergibt sich aus der HRF x Trainingsintensität (%) + RHF.

- *Vorteile*: Aerobes Ausdauertraining bewirkt eine Verbesserung der kardiovaskulären und respiratorischen Performance, also der Herz-Kreislauf-Funktion, und eine verbesserte mitochondriale Energieproduktion mit gesteigerter oxidativer (aerober) Kapazität des Skelettmuskels sowie verbesserter Laktat-Clearance. Besonders eignet sich das aerobe Training daher zum Vorbeugen und der Rehabilitation von Herz-Kreislauf-Erkrankungen (Alterungstyp A). Beim aeroben Training wird vermehrt Fett als Energiequelle verbraucht unter Erhalt des Glykogens im Muskel. Die maximale VO2max Erhöhung wird nach etwa 6-12 Monaten erreicht.

7.2.2 Intervalltraining („Fatburner")

Als besonders effektive Trainingsmethode für den „Anti-Aging" Sport – sowohl zum Erzielen von Gewichtsabnahme und Figurverbesserung wie auch jungmachender Wirkung – gilt das sog. *anaerobe Intervalltraining*, bei dem abwechselnd Belastungs- und Erholungsphasen („Intervalle") bei fortgesetzter Bewegung eingelegt werden [1,5].

- *Prinzip*: Beim anaeroben Intervalltraining wird durch kurzzeitige verstärkte Bewegung mit hoher Intensität (wie z.B. kurze Sprints) die sog. *anaerobe Schwelle* überschritten, so dass eine kurzzeitige Erschöpfung mit erhöhtem Sauerstoffdefizit erreicht wird (*anaerob* = „ohne Luft"). Durch die höhere Trainingsintensität und unvollständige zwischenzeitliche „Erholungsphasen" entsteht im Körper ein stark erhöhter Energiebedarf und Kalorienverbrauch mit deutlich längerem „*Nachbrenneffekt*" in der Regenerationsphase; – und in der Folge deutlich stärkerem Fettabbau als bei aerobem Training. Langfristig kommt es zudem durch verstärkten Muskelaufbau zu erhöhtem Energiebedarf des Körpers. Die Intervallmethode lässt sich bei verschiedenen Ausdauersportarten erfolgreich einsetzen wie dem Laufsport, Radsport, Schwimmen, Rudern, Skilanglauf und dem Sportklettern.

Als typisches Trainingsbeispiel für ein etwa *20-minütiges Intervalltrainingsprogramm* werden nach 5 Minuten Aufwärmphase (geringe Intensität) und 5 Minuten Plateauphase (moderate Intensität) jeweils im 1-minütigen Abstand 3-5 *Sprintintervalle* (hohe Intensität) gefolgt von einer jeweils 1-minütigen Erholungsphase (geringer bis moderater Intensität) eingelegt mit abschließenden 3-minütigem *Cool Down* (geringe Intensität) (z.B. *„Tabata-Protokoll"*, [5]).

- Typisches Belastungsintervall: 15-60 Sekunden („Sprints", hohe Intensität)
- Typische Herzfrequenz-Steigerung/VO2max: 85%-90% bis knapp unter 100% der HFmax

- *Vorteile*: Das anaerobe Intervalltraining hat sich als wahrer *„fat burner"* bewährt: Bei Intervalltrainings-Methoden wie Sprint-Intervall-Methode (SIT) und *high intensity Intervalltraining (HIIT)* kommt es aufgrund des höheren Energiebedarfs zu vermehrtem Kalorienverbrauch und verstärkter hormoneller Antwort. Insbesondere das sog. „Schlankmacher-Hormon", das Wachstumshormon (*human growth hormone, hGH*), wird beim HIIT verstärkt ausgeschüttet. Dadurch wird vermehrt Fett zur Energiegewinnung verbraucht und Muskelgewebe aus Fett aufgebaut– mit besonders positiven Effekten für die Figur! Durch Intervalltraining können Kraftausdauer, Schnelligkeitsausdauer, Laktattoleranz, Laktatabbau, maximale Sauerstoffaufnahme (VO2max) und Tempo verbessert sowie eine Ökonomisierung der Bewegungsabläufe erzielt werden. Sowohl in der kardiologischen Rehabilitation wie auch in der Wettkampfvorbereitung ist Intervalltraining zudem von Bedeutung. In der sog. *„Tabata-Studie"* war bereits nach 6 Wochen eine 15% Steigerung des VO2max sowie 28% Steigerung der anaeroben Kapazität nachweisbar [5]. Im Muskel werden infolge Ansammlung von Milchsäure (*Laktat*) und erhöhter „Sauerstoffschuld" nach der Belastung lang-anhaltend der Sauerstoffkonsum gesteigert sowie oxidatives Potential, Pufferkapazität, Glykogengehalt und „Zeitleistung" verbessert.

7.2.3 Krafttraining – „Volle(r) Kraft voraus..."

Krafttraining ist wichtig für den Erhalt und die Steigerung der sog. „fettfreien" Körpermasse (engl. *lean body mass, LBM*), zu der neben der Muskulatur auch Bindegewebe, Knochen, und Organe gehören, sowie der Knochendichte und der metabolischen Rate. Konzentriere Dich besonders auf das Trainieren der *Hauptmuskelgruppen* – wie Schultergürtel und obere Extremitäten, Beckengürtel und untere Extremitäten – sowie der Rumpfmuskulatur mit Rücken und Bauch! Beim Krafttraining sollte jeweils auch die „entgegengesetzte" Muskelgruppe trainiert werden – mittels Bodenturnen, Gerätetraining, Hantel (*weight lifting*) und anderen Hilfsmitteln. Als einfache Grundregel sollten beim Krafttraining pro Muskelgruppe 1-3 Sets mit jeweils 5-20 Wiederholungen und 60-90 Sekunden Pause zwischen den Sets absolviert werden, so dass eine Ermüdung der jeweiligen trainierten Muskeln erreicht wird (sog. *„fatigue"*). Am besten arbeitest Du anfangs gemeinsam mit einem Personaltrainer ein Trainingskonzept aus, das dann im Verlauf an Dein Leistungsniveau angepasst werden kann.

7.2.4 Flexibilität (Stretching)

Im Anschluss an jedes körperliche Training sollte ein leichtes bis moderates statisches Dehnungstraining (Stretching) der beanspruchten Muskeln durchgeführt werden (sog. *„post-workout stretching"*). Durch Stretching wird die Blutzufuhr für die beanspruchten Muskeln gesteigert und der Bewegungsumfang nach konzentrischer oder exzentrischer Belastung erhalten. Zusätzlich sollten 1-2-mal pro Woche intensivere Dehnungsübungen durchgeführt werden, wozu sich besonders Elemente aus Entspannungssportarten – wie Yoga, Pilates, Tai-Chi, Qi-Gong und Nia (neuromuskuläre Integration) – oder auch Physiotherapie eignen.

7.2.5 Trainingsintensität und -frequenz

Im Rahmen des „fit+jung"-Trainingsprogramms lassen sich besonders gute Effekte für die Gesundheit durch regelmäßiges moderates Training erzielen (s. *Tabelle 7.1* zu den WHO-Empfehlungen). Neben der angeratenen täglichen 20-30-minütigen zügigen Bewegung sollte pro Woche mindestens insgesamt 90 Minuten Ausdauertraining (*„Kardio"*) betrieben werden – aufgeteilt in drei 30-minütige oder fünf 20-minütige Trainingssessions. Beim Intervalltraining sollten mehrere Sets von Intervallen in Abhängigkeit vom Fitnesslevel absolviert werden. Mindestens 2-mal pro Woche sollte Krafttraining zum Muskelaufbau durchgeführt werden.

7.2.6 Biohacking – die neuen „Designer"-Fitness-Trends

Neue *„high-tech" Wellness-Trends* sind derzeit besonders in den USA im Kommen und können die Effekte herkömmlichen Ausdauer- und Krafttrainings auf zellulärer Ebene verstärken [6]:

- *Cold HIT*: High intensity Intervalltraining mit Kältekompressionsmanschetten (NASA)
- *Cryosculpting* (Kältetherapie): Fettabbau und Verbesserung von Körperkontur, Durchblutung und Zellreparatur bei Temperaturen von -120 bis -140 °C
- Infrarot-Therapie: Förderung sportlicher Belastbarkeit durch Tiefenwärme
- *Osteogenic Loading*: Knochendichteverbesserung durch *high impact* Fitness-Maschinen
- Electromyostimulation (EMS): Künstliche Muskelaktivierung durch niedrigen Reizstrom

7.3 Dein persönlicher „fit+jung"-Trainingsfahrplan

Bei der Zusammenstellung Deines persönlichen „fit+jung"-Trainingsprogramms – und im Verlauf auch bei der Optimierung – sollten Du Unterstützung von einer Hausarztpraxis und Personaltrainer/in nutzen. Folgende Punkte sind beim Trainingsdesign zu beachten:

1. Vor Beginn des Trainings sollte zunächst ein persönlicher *gesundheitlicher Check-up* mit sportmedizinischer Untersuchung und Laboruntersuchungen – sowie unter Berücksichtigung von gesundheitlichen Risikofaktoren auch Belastungs-EKG und Pulsoxymetrie – erfolgen. Die Ergebnisse dieses Check-ups sollten wegweisend für das Trainingsdesign sein. Lege schon anfangs persönliche Trainingsziele zusammen mit Deinem Trainer fest (wie z.B. Muskelaufbau, Gewichtsabnahme, Ausdauersteigerung, verbesserte Beweglichkeit).

2. Für das Ausdauertraining sollte eine Bestimmung des *VO2max* oder ersatzweise der maximalen Herzfrequenz (HFmax) sowie der Herzfrequenzreserve (HFR) erfolgen und eine gemeinsame Planung der möglichen Belastung mit Deinem Trainer. Als Hilfsformel gilt:

- HFmax = 220 – Alter

3. Als Grundlage eines „fit+jung"-Trainingsprogramms sind täglich mindestens *20-30 Minuten zügige Bewegung* zu absolvieren (also Gehen, Laufen, Radfahren, Schwimmen oder eine andere Bewegungsart). Fitness-Tracker oder Schrittzähler-Armband können Dich dabei unterstützen.

4. In der *Anfangsphase* sollte über 6-12 Wochen zudem zunächst ein *moderates Kombinationstraining* 3-mal pro Woche durchgeführt werden – mit dazwischenliegenden jeweils 1-3 Tagen Erholungsphase für die einzelnen Muskelgruppen im Krafttraining.

- Kombinationstraining jeden 2. bis 3. Tag bestehend aus Ausdauer- oder Intervalltraining sowie Krafttraining mehrerer größerer Muskelgruppen von mehr als einem Gelenk mit nachfolgender Muskeldehnung
- An den Folgetagen jeweils 20-30-minütige zügige Bewegung oder 10-30-minütiges aerobes Ausdauertraining (*long slow distance, LSD*)
- Zur Ergänzung tageweise einmal pro Woche nach Deinem Geschmack Dehnungsübungen, z.B. Yoga oder Pilates, mit Gleichgewichtstraining

Nach 6-12-wöchigen Anfängertraining solltest Du zur Optimierungsphase übergehen.

5. In der *Optimierungsphase* werden Trainingsintensität und -frequenz gesteigert:

- Kombinationstraining aus anaeroben, hoch-intensivem Intervalltraining sowie Krafttraining mehrerer großer Muskelgruppen 2-3-mal in der Woche

- Kraft- und Flexibilitätstraining (großer Muskelgruppen der unteren und oberen Extremität) 2-mal in der Woche und ergänzend Yoga, Pilates und Gleichgewichtstraining
- aerobes Ausdauertraining ergänzend 1-2-mal pro Woche

6. In der *Fortgeschrittenenphase* oder für Sportler ist eine weitere Trainingssteigerung möglich:
   - Intensivierung des an-/aeroben Ausdauertrainings und zusätzliche Sprints
   - Intensivierung des Kraft- und Flexibilitätstrainings mit ergänzenden Muskelgruppen
   - wahlweise zusätzlich Kampfsportarten (z.B. Pylometrics, Kickboxen, Kravmaga)

7. Zur Unterstützung des Trainingsprogramms solltest Du sowohl vor wie auch nach dem Training auf ausreichende *Eiweiß-* und *Kohlenhydratzufuhr* achten. Nahrungsergänzungsmittel und Mineralstoffe können unterstützend eingesetzt werden.

8. Bedarfsabhängig können zudem Physiotherapie, *Biohacking*, Elektromyostimulation, Wellness, Meditation oder bei altersbedingten Mangelzuständen auch im Einzelfall medizinische Hormonmodulation angewendet werden.

Viel Spaß!

*Abb. **7.1**: Ausdauertraining im Fitness-Studio oder im Freien*

7.4 Gesundheitsfördernde Wirkungen des Fitness-Trainings:

– Wie Sport die Gesundheit verbessert und lebensverlängernd wirkt...

Wie in den vorherigen Abschnitten erklärt, hilft regelmäßige körperliche Bewegung und Sport in der richtigen Form, vielen Erkrankungen vorzubeugen. Wie ein körpereigener „Jungbrunnen" kann Sport – der aktuellen *Rebirth-Active-Studie* der Medizinischen Hochschule Hannover zufolge – den Menschen biologisch hinsichtlich seiner funktionalen Kapazität sogar um bis zu 15 Jahre verjüngen [7]: Bei einer Gruppe 45-65jähriger Mitarbeiter förderte ein tägliches 30-minütiges moderates Ausdauertraining signifikant die Regenerationsfähigkeit der Körperzellen durch erhöhte Aktivität des Enzyms *Telomerase* mit nachweisbarer Verlängerung der Telomere in den Immunzellen im Blut der Teilnehmer, also den als Alterungsmarker dienenden Schutzkappen an den Chromosomenenden (s. Kapitel 2). Ebenso wurde eine Vielzahl weiterer Vitalparameter durch Sport verbessert. *Wie können wir also am besten von der verjüngenden Wirkung von Sport profitieren* und *was passiert im Körper, wenn wir Sport treiben?*

Das Trainingsprogramm der *Fit+Jung-Formel*, das die Grundsätze zu Trainingsaufbau, -frequenz und -intensität der WHO-Empfehlung berücksichtigt, hat weitreichende positive Effekte für Körper und Gesundheit: Neben der primären Wirkung auf Bewegungsapparat und Herz-Kreislauf-System profitieren verschiedene weitere Organsysteme wie insbesondere Stoffwechselsystem, Hormonsystem, Immunsystem und das Nervensystem durch Fitness. Besonders positive gesundheitliche Wirkung hat regelmäßige körperliche Bewegung folglich auch auf Übergewichtigkeit (*Adipositas*), das metabolische Syndrom (Typ 2-Diabetes, Fettstoffwechselstörungen, Bluthochdruck), Gelenkentzündungen (*Arthritis*) und Osteoporose, bei Depressionen, Stress und *Burnout* sowie bei vielen Krebserkrankungen [2,8]. Grundsätzlich wird durch den Trainingsreiz im Körper ein erwünschtes *„generelles Adaptationssyndrom"* (GAS) getriggert, also physiologische Anpassungsvorgänge der Körperzellen auf Stress mit Bedarf einer Erholungsphase zur Regeneration.

1. Bewegungsapparat (Muskelsystem, Knochen und Bindegewebe)

Durch sportliche Aktivität werden im Muskel neben strukturellen Veränderungen – wie dem Wachstum der Muskelfaserdurchmesser (sog. *Muskelhypertrophie*), Zunahme der Muskelkraft, und Veränderung des Muskelfasertyps (besonders von sog. Typ IIx in Typ IIa) – auch metabolische Eigenschaft und *Bioenergetik* beeinflusst. Durch unterschiedliche Trainingsarten werden dabei verschiedene Muskelfasertypen stimuliert (Typ I, IIa, IIc, IIx). Krafttraining führt zudem zu einer Erhöhung der Knochenmineraldichte wie im DEXA-Scan nachweisbar (s. 2.3.2).

2. Stoffwechsel („Metabolismus") und Bioenergetik

Bei Aktivität benötigt jede Körperzelle vermehrt Energie (in Form von *Adenosintriphosphat, ATP*). Bei anhaltender Bewegungsaktivität der Muskelzellen wird diese Energie zunächst über das sog. *Phosphokreatinin-System* bereitgestellt und im Verlauf bei erhöhtem ATP-Bedarf aus der aeroben und der anaeroben *Glykolyse* gewonnen, also vollständiger Zuckerverbrennung oder Milchsäuregärung. Bei weiterer Belastung kommt es zur Ermüdung und *Laktatazidose* (Milchsäureansammlung) mit Sauerstoffschuld, letztere wird wiederum durch die Atmung getilgt. Je nach Muskelfasertyp läuft vermehrt die schnellere anaerobe Glykolyse ab (mit Gewinn von nur 3 ATP pro Glukosemolekül) oder die effizientere, aber langsamere aerobe Glykolyse über die Mitochondrien (mit 30-32 ATP-Ausbeute). Hierfür werden in den Muskeln in erster Linie die Glykogen-Speicher verbraucht, die nach dem Sport unter Einfluss von Insulin wieder aufgebaut werden. Erst bei höherer Trainingsintensität und anaerobem Training wird durch höhere negative Kalorienbilanz und stärkere Stoffwechselsteigerung in der „*Nachbrennphase*" auch verstärkt Fett aus dem Fettgewebe abgebaut.

3. Kardiopulmonales System (Herz-Lungen-Kreislauf-System) und Stoffwechsel

Ähnliche positive Anpassungsvorgänge bewirkt sportliche Aktivität mit einhergehendem Sauerstoffbedarf auch am Herzmuskel und am Gefäßsystem – speziell bei längerfristigem aerobem Training in der Kombination mit Krafttraining. Als wichtigster Maßstab für den Fitnesslevel gilt dabei die maximale Sauerstoffaufnahme (VO2max), also die Sauerstofftransportkapazität oder aerobe (oxidative) Kapazität (s. 7.2.1). Das VO2max nimmt mit dem Alter bei fehlendem Training physiologischer Weise ab. Längerfristiges aerobes Ausdauertraining wirkt besonders positiv auf das Herz, das VO2max, sowie den *Laktatschwellenwert* (das sog. *OBLA*):

- Anstieg des Schlagvolumens und der maximalen kardialen Auswurfleistung („Output")
- Abfall der Ruheherzfrequenz (RHF)
- Anstieg der sog. kardialen Ejektionsfraktion auf bis zu 95% bei trainiertem Herzen, verglichen mit 75% bei untrainierten Herzen
- Verbesserung der oxidativen Kapazität VO2max und Verzögerung des OBLA
- Geringer VO2max Anstieg durch hoch-intensives Krafttraining (~35-40 ml/kg/min)
- Zunahme der Kapillarisierung des Muskelbetts durch Ausdauer- und Krafttraining sowie bei gleichbleibender Kapillardichte durch Zunahme der Muskelfasern bei Krafttraining
- Verminderte Bildung von Blutgerinnseln und Blutkoagulation („*blood clotting*")

Das VO2max wird beeinflusst durch den sog. *Laktat-Schwellenwert* (Ansammlung von Milchsäure im Blut), der den Übergang von aerobe in anaerobe Glykolyse kennzeichnet infolge zunehmender *Laktatazidose* (Milchsäureübersäuerung). Bei anhaltender Belastung und zunehmender Trainingsintensität sammelt sich Laktat im Blut an bis zum Erreichen des *anaeroben Thresholds* (AT) oder *OBLA* (onset of blood lactat accumulation/acidosis) – mit folgender Muskelermüdung. *Hochintensives Intervalltraining* (HIIT) profitiert von dem vorübergehenden Einsetzen einer Laktatazidose mit Überschreiten des anaeroben Thresholds und der folgenden teilweisen Erholung bei fortgesetzter Bewegung. Somit kommt nicht zur Muskelschädigung, sondern zu fortgesetztem Fettabbau zur Energiegewinnung in der Erholungsphase. Bei stärkerer Erschöpfung muss zum Tilgen der Sauerstoffschuld vermehrt Sauerstoff eingeatmet werden – und die *Fettverbrennung* wird gefördert. Im Stoffwechsel sinkt bei Bewegung zudem der Blutzuckerspiegel durch die vermehrte Glukoseaufnahme aus dem Blut bei gleichzeitiger Steigerung der Insulinempfindlichkeit. Dadurch wird bereits durch einfache körperliche Aktivität, wie Spazierengehen, das Diabetesrisiko gesenkt, und Diabetiker können bei besserem HbA1c ihre Medikation verringern. Ebenso verbessert Sport die Blutfettwerte (Lipidprofil) und steigert das „gute" HDL-Cholesterin. Im Zusammenhang mit der Anregung der Bildung neuer Blutgefäße wird so auch das Atheroskleroserisiko gesenkt.

4. Hormonsystem (hormonelle Antworten auf körperliche Aktivität)

Durch körperliche Bewegung werden verschiedene komplexe Änderungen der *hormonellen Aktivität* im Körper ausgelöst – wie Hormonfreisetzung, geänderte Zahl und Empfindlichkeit von Hormonrezeptoren sowie veränderter Hormonabbau und auch eine sog. *autokrine* und *parakrine Sekretion* von Körperzellen. Die durch Sport veränderte Ausschüttung und Aktivität der folgenden Hormone wirkt sich besonders positiv auf den Gesundheitszustand aus:

- *Testosteron* (männliches Geschlechtshormon) mit *anaboler* (eiweißaufbauender) Wirkung führt zu verstärkter Proteinsynthese im Muskelgewebe. Testosteron fördert die Freisetzung von *Wachstumshormon*. Bei Frauen ist der Testosteronanstieg gering oder fehlend.
- *Wachstumshormon* (hGH) mit *anaboler* Wirkung im Muskel und fettverbrennender Wirkung („Schlankmacherhormon")
- *Insulin-like Growth Factor* (IGF-I) als hGH Effektor mit entsprechender *anaboler* Wirkung
- *Kortisol* mit *katabolem* (abbauendem) Effekt wirkt Testosteron und hGH entgegen und kann insbesondere bei längerem Ausdauertraining ausgeschüttet werden

Aufgrund der genannten Hormonausschüttungen ist die Zufuhr sowohl von Kohlenhydraten wie auch Proteinen vor und nach dem Training wichtig!

5. Immunsystem

Körperliche Bewegung ist zudem ein wahrer „Kick" für das Immunsystem und aktiviert die Abwehrkräfte! – Insbesondere Bewegung an der frischen Luft härtet buchstäblich ab und kann vor Erkältungen und anderen Infekten schützen. Erwiesenermaßen sind bei regelmäßigem Ausdauersport im Alter aktivere B- und T-Immunzellen im Blut vorhanden [2], wodurch die Anfälligkeit gegenüber Infektionen, chronischen Entzündungen und Autoimmunerkrankungen gesenkt wird und der Impfschutz verbessert wird. Zudem werden natürliche Killerzellen aktiviert, so dass durch Sport insgesamt auch das Risiko für viele Krebserkrankungen vermindert wird. Bei Krebspatienten wurde sogar eine verminderte Sterblichkeit nachgewiesen. Unterstützen können die Abwehrkräfte zusätzlich durch Vitamine (s. Kapitel 6 *Ernährung*) und mit Hilfe der Homöopathie gefördert werden.

6. Nervensystem und Psyche – Sport zur Demenzprävention und als Antidepressivum

Bei jeder sportlichen Aktivität sind einerseits Nervenimpulse notwendig, um die Muskeln willkürlich über ihre zugehörigen Motorneurone zu aktivieren und die Muskelbewegung zu steuern (sog. *neuro-muskuläre Übertragung* an der neuromotorischen Einheit). Der Prozess des Einschaltens einer Motoreinheit wird als Rekrutierung bezeichnet, und die Kraft und wird durch die Anzahl rekrutierter Einheiten bestimmt. Die Nervenaktivierung beim Sport löst wichtige positive molekulare Effekte im Nervengewebe und Gehirn aus und regt die Bildung sog. *Neurotrophine* an: Insbesondere über das Hormon *brain derived neurotrophic factor* (*BDNF*) werden neueren Studien zufolge Gehirnzellen geschützt und das Wachstum neuer Gehirnzellen in hochentwickelten Bereichen des Gehirns gefördert sowie Produktivität und Konzentrationsfähigkeit gesteigert. Bereits durch einfache körperliche Aktivität, wie „Spazierengehen", lässt sich daher die Lern- und Merkfähigkeit signifikant verbessern und der Entwicklung von Altersdemenz und Neurodegeneration entgegenwirken.

Zudem hat die systemische Freisetzung von verschiedenen Botenstoffen beim Sport – wie Hormonen, *Neurotransmittern* (Serotonin, Dopamin, Noradrenalin) und körpereigenen „Glückshormonen", den *Endorphinen*, – weitreichende positive Einflüsse auf das gesamte Nervensystem: Insgesamt führt regelmäßige körperliche Aktivität dadurch erwiesenermaßen zu einer Verbesserung des *Wohlbefindens* (*QoL*) und zur Stressreduktion und erhöht das Selbstwertgefühl und den Energielevel. Besonders positive Wirkung hat regelmäßige sportliche Aktivität auch bei psychischen Erkrankungen und allgemein auf die *psychische Gesamtsituation* im Alter: Sport kann einer Depression vorbeugen und Depressionen vermindern wie eine wirksame körpereigene Arznei.

7. Figur und Aussehen

Durch Verbesserung des Verhältnisses von Muskelmasse zu Fettmasse führt körperliche Bewegung zu einer *besseren Figur* und *besserem* Aussehen. Zudem verstärkt Sport oft andere gesunde Lebensgewohnheiten wie Essgewohnheiten und Rauchentwöhnung. Unter dem Strich bedeutet also ein besserer Fitnesslevel also ein längeres, gesünderes Leben!

Tabelle 7.2: Positive gesundheitsfördernde Wirkung von Sport in medizinischen Studien

Parameter	Effekt	Studie
Gehstrecke	Sterblichkeitsverringerung	Honululu Heart Program [3]
	Lebensverlängerung	Finish Twin Study [4]
Bewegung	Telomerverlängerung	Rebirth-Active-Studie [7]
	erhöhte Lebenserwartung	verschiedene [8]

7.5 Literaturnachweis, Referenzen und weiterführende Literatur

1. Bachl N, Löllgen H, Tschan H, Wackerhage H, Wessner B. Molekulare Sport- und Leistungsphysiologie: Molekulare, zellbiologische und genetische Aspekte körperlicher Leistungsfähigkeit. 2018. *Springer.*

2. Hollstein, T. Sport als Prävention: Fakten und Zahlen für das individuelle Maß an Bewegung. *Dtsch Arzteblatt.* 2019; 35-36: A1544-A1548.

3. Rodriquez BL, Curb JD, Bruchfiel CM, Abbott, RD, Petrovitch H, Masaki K, Chiu D. Physical activity and 23-year incidence of coronary heart disease morbidity and mortality among middle-aged men. The Honululu Heart Programm. *Circulation.* 1994; 89(6):2540-2544.

4. Kujala UM, Kaprio J, Sarna S, Koskenvuo M. Relationship of leisure-time physical activity and mortality: the Finnish twin cohort. *JAMA.* 1998; 279(6):440-444.

5. Tabata I, Nishimura K, Hirai Y, Ogita F, Miyachi M, Yamamoto K. Effects of moderate-intensity endurance and high-intensity intermittent training on anaerobic capacity and VO2max. *Med Sci Sports. Exerc.* 1996; 28(10):1327-30.

6. Yetisen AK. Biohacking. *Trends Biotechnol.* 2018; 36(8):744-747. doi: 10.1016/j.tibtech.2018.02.011.

7. Melk A, Tegtbur U, Hilfiker-Kleiner D, Eberhard J, Saretzki G, et al. Improvement of biological age by physical activity. *Int J Cardiol.* 2014; 176(3):1187-9. doi: 10.1016/j.ijcard.2014.07.236.

8. Reimers CD, Knapp G, Reimers AK. Does physical activity increase life expectancy? A review of the literature. *J Aging Res.* 2012; 2012:243958. doi: 10.1155/2012/243958.

8. Hormonoptimierung – auch eine Hau(p)tsache

Hormonoptimierung kann wie ein „hormoneller Jungbrunnen" zum Ausgleich von Symptomen bei *altersbedingten Hormonmangelzuständen* und zu verbesserter Gesundheit im Alter beitragen. Als Folge verschiedener intrinsischer Alterungsvorgänge im Rahmen der sog. *"hormonellen Alterung"* unseres Körpers (s. Kapitel 2) sind einige wichtige Hormone häufig besonders im Alter vermindert, so dass ein therapeutischer Ausgleich erforderlich sein kann. Hormonelle Alterung kann sich negativ auf unsere allgemeine Fitness und unser Wohlbefinden sowie besonders auch auf die sichtbare Hautalterung auswirken.

Neben dem allgemein bekannten altersbedingten Mangel an Geschlechtshormonen, wie in der *Menopause* der Frau mit Östrogen- und Progesteronabfall und der *Andropause* des Mannes, können mit dem Alter auch verschiedene weitere Hormonmangelzustände auftreten – insbesondere ein Mangel an *Schilddrüsenhormonen*, L-Thyroxin (T4) und Trijodthyronin (T3), an hypophysärem *Wachstumshormon* (human growth hormone, hGH) und seinem Effektor IGF-I, und dem „Knochenhormon" *Vitamin D*. Da Hormonmangel zu vielen störenden Symptomen und Energieverlust im Alter beitragen kann, ist es für die Lebensqualität (QoL) im Alter wichtig, mögliche Hormonmangelsymptome zu erkennen und Beschwerden gezielt zu behandeln.

8.1 Allgemeine Grundlagen der Hormonoptimierung im Alter

8.1.1 Wann sollte ein Hormonmangel therapiert werden?

Beim ärztlichen *Gesundheits-Check-up* in der Hausarztpraxis oder beim Endokrinologen sollten therapeutisch relevante Hormonmangelzustände durch Korrelation von klinischen Symptomen und Blutspiegeln identifiziert werden. Bei Beschwerden sollte eine *Hormonersatztherapie* (HET) erwogen werden. Generell sollten Arzt und Patient folgende Punkte berücksichtigen [1]:

- *Personalisierte* HET: Der individuelle Bedarf bedingt unterschiedliche Schwellen für Hormonantworten und klinische Wirkung und sollte daher angepasst werden.
- *Symptomorientierte* HET: Beschwerden sollten behandelt werden, nicht Blutspiegel
- *Optimale Hormonspiegel*: Ein Hormonspiegel im (unteren) Normalbereich kann individuell suboptimal sein, Ziel der Hormonoptimierung sollten optimale Hormonspiegel und Beschwerdefreiheit sein
- *Bioidentische HET*: Bioidentische Hormone sind synthetischen Hormonen vorzuziehen

8.1.2 Hormonoptimierung und Hautalterung

Die Verbindungen unseres größten Organs, der Haut, mit dem Hormonsystem unseres Körpers sind äußerst vielfältig: Hormone sowie sog. neuro-endokrine Verbindungen (also Botenstoffe des Nervensystems) beeinflussen nicht nur die Vitalität und viele Funktionen der Haut, wie auch die im Kapitel 2 beschriebenen *intrinsischen Hautalterungsprozesse*, sondern werden teilweise auch in der Haut selbst gebildet [2].

Besonders die *Geschlechtshormone* wirken auch auf das Hautbild – durch ihren Einfluss auf die Talgdrüsen und auf die Kollagenproduktion. Epidermis und Dermis weisen nämlich Rezeptoren für Östrogene, Progesteron und Testosteron auf. Ein Ungleichgewicht der Geschlechtshormone zugunsten von Androgenen kann daher zu Pickeln (*Akne*) und Haarausfall (*Alopezie*) führen, während Hormonmangel der *Hautalterung* Vorschub leisten. Ebenso wirken die Hormone auch auf das Binde- und Fettgewebe – und damit auch auf die Figur.

Tabelle 8.1: Auswirkungen altersbedingten Hormonmangels auf Haut, Haare und Gesundheit

Hormon	Wirkung (+) und Mangel (-) sowie assoziierte Krankheitsbilder
* *Wachstumshormon/ IGF-1*	+ Fibroblastenstimulation, Gewichtsabnahme, Knochenaufbau
	- Faltenbildung, Gewichtszunahme, Osteoporose
* *Schilddrüsenhormone*	+ Antriebssteigerung, Durchblutungsförderung
	- Verlangsamung, Hauttrockenheit, Gewichtszunahme (durch Ödeme)
* *Östrogene/Gestagene*	+ Fruchtbarkeit, geschmeidige Haut und Haare
	- Klimakterium mit Hitzewallungen, Osteoporose
	- Falten, Trockenheit, Haarausfall, Akne
* *Testosteron*	+ Sexfunktion, Muskelaufbau, Talgsekretion, Akne, Haarausfall
	- Antriebslosigkeit, Muskel- und Knochenabbau, Infertilität
* *DHEA*	+ Anti-Stress-Hormon, Umwandlung in Östrogen und andere
* *Vitamin D*	Bildung in der Haut
	+ Knochenaufbau/-mineralisierung, Immunmodulation
	- Osteoporose/Rachitis, Immundysfunktion
* *Melatonin*	+ Schlafhormon, Antioxidans, Stimulation von Zell-Wachstum
	- Einschlafstörungen, oxidativer Stress

8.2 Schilddrüsenhormone (T3/T4)

8.2.1 Ursachen des Schilddrüsenhormonmangels

Eine Schilddrüsenunterfunktion (*Hypothyreose*) ist ein häufiges Problem bei älteren Menschen. Durch den Mangel an Schilddrüsenhormonen, Trijodthyronin (T3) and Levothyroxin (T4, als *L-Thyroxin* bekannt) kommt es beim Syndrom der Schilddrüsenunterfunktion zu in einer Verlangsamung aller Stoffwechselvorgänge des Körpers (s. 8.2.2). T4 wird in wirksames T3 umgewandelt. Neben Jodmangel sowie altersbedingter Drüsenatrophie ist, besonders bei Frauen, häufig eine die Schilddrüse angreifende Autoimmunerkrankung, die sog. *Hashimoto-Thyreoiditis*, die Ursache einer primären, also die Schilddrüse selbst betreffenden Unterfunktion (s. 8.2.7). Sekundäre Formen der Schilddrüsenunterfunktion können durch Tumor oder Zerstörung des zentralen Steuerorgans, der *Hypophyse*, verursacht werden.

8.2.2 Symptome einer Schilddrüsenunterfunktion bei Erwachsenen (Hypothyreoidismus)

Aufgrund der vielseitigen Funktionen der Schilddrüsenhormone im Körper können die Beschwerden bei Schilddrüsenunterfunktion unterschiedlich in Erscheinung treten und unspezifisch sein. Neben „*allgemeiner Verlangsamung*" deuten folgende häufige und typische Anzeichen auf eine Schilddrüsenunterfunktion hin [3]:

- Müdigkeit, Erschöpfung, Energiemangel, seltener Depressionen, allgemeine Verlangsamung
- Kälteintoleranz, kalte Hände, kalte Füße, Durchblutungsprobleme, vermindertes Schwitzen
- Verlangsamte Herzfrequenz (*Bradykardie*), niedriger Blutdruck
- Verstopfung
- Blutarmut (Anämie) infolge Eisenmangels, verstärkter Menstruation (*Menorrhagie*) oder direkter Blockade der Hämoglobin (Hb)-Synthese
- Kropf (*Struma*), geschwollenes Gesicht und Hände (*Myxödem*), Heiserkeit
- Moderate Gewichtszunahme durch Flüssigkeitsretention, Ödeme
- Muskelkrämpfe, verlangsamte Relaxation der tiefen Sehnenreflexe
- Seltener trockene Haut, Blässe, Haarausfall, trockenes und sprödes Haar
- Assoziation mit kardiovaskulären Risikofaktoren: Arteriosklerose, atherogenes Lipidprofil, Hyperhomocysteinämie, erhöhte Entzündungsparameter (C-reaktives Protein, CRP)

Insgesamt ist eine Optimierung der Schilddrüsen-Hormonspiegel im Rahmen des Anti-Agings generell sowie auch besonders für die Haut wichtig. Optimale Blutspiegel können individuell bei jedem Einzelnen variieren und oberhalb des sog. „Normalbereichs" liegen.

8.2.3 Schilddrüse und Haut

Schilddrüsenhormone sind für gute Hautdurchblutung sowie hydratisierte, dicke und gesund wirkende Haut wichtig. Bei Schilddrüsenhormonmangel kommt es infolge verminderter Hautdurchblutung zu „Nährstoffmangel", ähnlich wie beim Rauchen, sowie zu vermindertem Abtransport von „Abfallprodukten" – und in der Folge zu fadem und bleichem Teint. Die Haut wird dünn und trocken. Schleimstoffe (*Mucine*) werden vermehrt produziert, was zu unerwünschten Schwellungen (sog. *„Myxödem"*) führen kann. Zudem werden Barrierefunktion und Infektionsabwehr der Haut geschwächt, und schädliche Bakterien können sich besser vermehren.

8.2.4 Diagnostik des Schilddrüsenfunktionsstatus

Erwachsene ab dem Alter von 35 Jahren sollten ihre Schilddrüsenfunktion regelmäßig mindestens alle 5 Jahre untersuchen lassen. Häufigere Screenings sind bei entsprechenden Beschwerden oder bei Risikofaktoren für Autoimmunerkrankungen und Schilddrüsenerkrankungen in der Familienanamnese, Kontakt mit ionisierender Strahlung oder die Schilddrüsenfunktion beeinflussender Medikamenteneinnahme sinnvoll. Wegweisend ist das Vorliegen von Beschwerden einer Schilddrüsenunterfunktion (s. 8.2.2).

Über Deine Hausarzt- oder Facharztpraxis mit endokrinologischer Ausrichtung sollten dann die Überprüfung der Blutspiegel erfolgen:

- TSH (Thyroidea stimulierenden Hormon) sowie
- Schilddrüsenhormone (freies T3 und T4)

Beim *subklinischen* (oder *latenten*) *Mangel* ist zwar das TSH bereits erhöht, jedoch liegen T3 und T4 noch im unteren Normalbereich, was individuell bereits zu Beschwerden führen kann. Der *Broda Barnes Basaltemperatur-Test* (*BBTT*) kann zusätzlich zu Hause zur Bestimmung der Schilddrüsenunterfunktion eingesetzt werden: Bei Messung der Körpertemperatur unter den Achseln oder unter der Zunge für 10 Minuten gleich nach dem Aufwachen deuten Werte unter 36,6 °C auf eine Schilddrüsenunterfunktion hin.

8.2.5 Therapie der Schilddrüsenunterfunktion

Schilddrüsenhormone sind rezeptpflichtig und dürfen nur bei diagnostiziertem subklinischem oder manifestem Mangelsyndrom zur Age Management Medizin eingesetzt werden.

Für den therapeutischen Ersatz mangelnder Schilddrüsenhormone steht Levothyroxin (T4) in Form von Monopräpaten oder in Kombination mit Trijodthyronin (T3) zur Verfügung:

- Levothyroxin (T4): 25-200 mg Tabletten (z.B. *L-Thyroxin Henning®*, *Euthyrox®*, Generika)
- Kombinationspräraten mit T4 und T3: 75-100 mg Tabletten (z.B. *Novothyral®*, *Prothyrid®*)

Da genetisch bedingte Unterschiede in der peripheren enzymatischen Umwandlung von T4 in wirksames aktives T3 bestehen können, benötigen einige Menschen (etwa 10%) außer T4 auch T3 in Kombinationspräparaten für einen ausreichenden Hormonersatz und eine Wiederherstellung des Wohlbefindens [3]. Dieser Bedarf beruht auf einer genetischen Enzymvariante der *Deiodinase* Typ I, die T4 im Zellinneren in T3 umwandelt.

Die Schilddrüsenhormonersatztherapie sollte nach dem Grundsatz *"start low and go slow"* vorsichtig begonnen und regelmäßig laborchemisch im Blut kontrolliert werden. Durch den therapeutischen Ausgleich mangelnder Schilddrüsenhormone, also T4 allein oder Kombinationen mit T3, lässt sich im Einzelfall auch bei subklinischem Mangel eine erhebliche Verbesserung von Gesundheit und Lebensqualität älterer Menschen im Alter erzielen.

8.2.6 Nebenwirkungen und Kontraindikationen der Schilddrüsenhormonersatztherapie

Bei Überdosierung und erhöhten Schilddrüsenhormonspiegeln unter HET können Symptome der Schilddrüsenüberfunktion (*Hyperthyreose*) auftreten wie Ruhelosigkeit, Nervosität, Kopfschmerzen und *Tachykardie* (Herzrasen) sowie Hitzegefühl und vermehrtes Schwitzen. Bei Anzeichen ist die Arztpraxis zu konsultieren. Erhöhte Vorsicht ist bei kardiovaskulären Risikofaktoren, wie Herzinfarkt oder Herzmuskelentzündung, und in einigen anderen Situationen geboten. Ebenso sollten Wechselwirkungen mit anderen Medikamenten beachtet werden.

8.2.7 Exkurs: Mechanismen der altersbedingten Hormondrüsendysfunktion

Verschiedene Schädigungsmechanismen tragen zum Gewebsschwund und verminderter Hormonproduktion der Hormondrüsen im Alter bei [4]: Insbesondere kommt zu einer Anhäufung oxidativer Schäden, wie der sog. *8-Hydroxy-2'-Deoxyguanosine (8-OHdG)* in der Hypophyse, zu *Lipidperoxidation* und sekundär verminderter Proteinbiosynthese sowie zu Apoptose (s. Kapitel 2 *Alterungsmechanismen*). Durch den gleichzeitigen Abfall des sog. „Schlafhormons", *Melatonin*, das sowohl als Regulator des Tag-Nacht-Rhythmus wie auch als Antioxidans und ROS-Fänger wirkt, werden oxidative Schäden im Alter verstärkt. Oxidativer Stress ist zudem ein pathogenetischer Faktor der mit dem Alter zunehmenden Autoimmunerkrankungen wie der *Autoimmunthyreoditis*, die als häufige Ursache der Schilddrüsenunterfunktion gilt. Zusätzlich macht ein Selenmangel die Schilddrüse empfänglicher für oxidativen Stress (s. Kapitel 6 *Ernährung*). – Da eine Schilddrüsendysfunktion auch durch Vitalstoffmangel ausgelöst werden kann, u.a. von Iod, Zink, Selen und Vitamin B6, sollten diese ausgeschlossen werden.

8.3 Vitamin D (**Kalziferol**) – ein „Jungmach-Supertalent"

Aufgrund seiner multiplen wichtigen Funktionen im Körper ist Vitamin D derzeit ein „Top-Vitalstoff" in der präventiven Medizin: Die optimale Versorgung mit Vitamin D kann nachweislich das Risiko für sturzbedingte Knochenbrüche und vorzeitigen Tod senken und wirkt sich nach aktuellen Erkenntnissen und Studien äußerst positiv auf den Alterungsprozess aus.

8.3.1 Stoffwechsel und Eigenschaften von Vitamin D

Da Vitamin D3 zeitlebens vom menschlichen Körper selbst aus körpereigenen 7-Dehydrocholesterol unter Einwirkung der UV-Strahlung des Sonnenlichts als Vitaminvorstufe in der Haut gebildet wird („*Sonnenvitamin*"), zählt es mit seiner strukturellen Ähnlichkeit zu *Steroidhormonen* und seiner Wirkungsweise zu den Hormonen. Zusätzlich wird Vitamin D3 auch in geringen Mengen über den Darm aus der Nahrung aufgenommen (zu etwa 10-20%), – wo es natürlicherweise insbesondere in fettem Fisch, Leber, Eiern und Pilzen vorkommt. In der Leber wird aus Vitamin D3 zunächst das zirkulierende Pro-Hormon, *Kalzidiol* (25-Hydroxy-Cholecalciferol, 25(OH)D3), gebildet. In der Niere und bestimmten Immunzellen erfolgt dann eine Umwandlung in *Kalzitriol* (1α,25(OH)-Cholecalciferol oder 1α,25(OH)2D3), als biologisch aktive, wirksame Form von Vitamin D3. In Kombination mit *Vitamin K2* reguliert aktives Vitamin D die *Calciumaufnahme* aus der Nahrung und den *Calciumtransport* in die Knochen, die Muskulatur und das Nervengewebe.

8.3.2 Vitamin D-Mangel Zustände und ihre typischen Symptome

Da im Alter sowohl die körpereigene Vitamin D-Bildung wie auch die Aufnahme aus der Nahrung im Darm vermindert ist, kommt es besonders bei älteren Menschen zu Mangelzuständen mit erhöhtem Osteoporose- und Frakturrisiko. Daher wird die Bestimmung der Vitamin D-Blutspiegel und der medikamentöse Ausgleich von D3-Mangelzuständen mit 800-1000 IU D3 oral in der offiziellen *Leitlinie* zur „*Prophylaxe, Diagnostik und Therapie der Osteoporose bei postmenopausalen Frauen und bei Männern*" ausdrücklich empfohlen [5]. Außer bei älteren Menschen besteht ein erhöhtes Risiko für Vitamin D-Mangel besonders auch in der Schwangerschaft, bei Vegetariern und Veganern, bei unausgewogener Ernährung und bei Menschen mit dunklerer Hautfarbe oder mit geringer Sonnenexposition.

Bei Kindern kann Vitamin D-Mangel in der Wachstumsphase das Krankheitsbild der „*Rachitis*" auslösen – mit gestörtem Knochenwachstum, „Hühnerbrust", O-Beinen Zahnanomalien, Muskelkrämpfen und weiteren Störungen –, das seit Einführung der *Rachitis-Prophylaxe* bei Säuglingen in den 50er Jahren aber zum Glück im europäischen Raum selten geworden ist.

8.3.3 Funktionen von Vitamin D – Wie wirkt Vitamin D als Jungmacher?

Als Regulator des Calcium- und Phosphathaushalt erfüllt Vitamin D im Körper wichtige Funktionen im Knochenstoffwechsel für eine gesunde Knochenmineralisierung und zum Schutz vor Schwund der Knochenmasse (*Osteoporose*) und unterstützt zudem Muskelkraft, Immunabwehr und Nervensystem. Ausreichende Vitamin D-Spiegel sind für folgende Funktionen von Knochen, Muskeln, Immunsystem und Nervengewebe wichtig:

- Knochenbildung und -stabilität, Osteoporoseschutz, Senkung des Frakturrisikos
- Unterstützung der Muskelfunktion und Muskelkraft
  - Schutz vor Kalziummangel-bedingten Muskelkrämpfen („*hypokalzämische Tetanie*")
- Immunmodulation – Stärkung des Immunsystems
  - Verbesserte Infektabwehr und verbesserte Tumorabwehr, Prävention von Krebsleiden
  - Schutz vor und therapeutischer Nutzen bei Autoimmunerkrankungen
- Neuroprotektion – Schutz der Nerven und Prävention von Demenzen wie Alzheimer
- Schutz vor kardiovaskulären Erkrankungen, Diabetes und metabolischem Syndrom

Nach aktueller Datenlage senkt eine optimale Vitamin D-Zufuhr im Alter das Risiko für Stürze, Knochenbrüche, Kraftverlust, Mobilitätseinbußen und vorzeitigen Tod, während eine Risikosenkung für Krebserkrankungen, Herz-Kreislauf-Erkrankungen oder Typ II-Diabetes nicht ausreichend bewiesen ist. In der Metaanalyse aller Studien wird durch Vitamin D-Substitution die Sterblichkeit signifikant verringert [6].

8.3.4 Vitamin D und Haut

Die Wechselwirkungen von Vitamin D-Haushalt und Hautfunktion sind komplex. – Insgesamt trägt Vitamin D dazu bei, die Haut gesund, jung, straff und elastisch zu halten und vor Stress durch freien Radikalen unter UV-Einfluss zu schützen. Durch Regulation der epidermalen Funktionen, wie Proliferation, Differenzierung und Keratinbildung, spielt Vitamin D eine wichtige Rolle bei der ständigen Erneuerung der Haut und trägt zum Erhalt der Hautbarriere bei. Zudem unterstützt Vitamin D die Immunfunktionen der Haut, beugt Entzündungen vor und ist wichtig für eine gesunde Wundheilung. Therapeutisch ist Vitamin D daher auch bei verschiedenen Hauterkrankungen wirksam wie bei Schuppenflechte (*Psoriasis*), kreisrundem Haarausfall (*Alopecia areata*), Akne, *Neurodermitis*, *Lupus* und Weißfleckenkrankheit (*Vitiligo*).

Hinweis: Aufgrund häufigen Vitamin D-Mangels sollte insbesondere bei Schuppenflechte und Haarausfall der Vitamin D-Blutspiegel bestimmt werden und Vitamin D entsprechend ergänzt werden. *Vitamin D-Analoga* dienen auch zur Cremetherapie bei Schuppenflechte.

8.3.5 Vitamin D-Präparate und Dosierung

Zur Deckung des Vitamin D-Bedarfs ist neben der körpereigenen Produktion von Vitamin D durch Sonnenlicht im Freien die zusätzliche Einnahme eines Vitamin D-Präparats geeignet [5].

- Nach aktuellen Empfehlungen entspricht der *mittlere Tagesbedarf* an Vitamin D für Kinder und Erwachsene 20 Mikrogramm (µg), entsprechend 800 Internationalen Einheiten (IE).
- Für ältere Patienten gilt die empfohlene Dosis für die *Hormonersatztherapie* (*HET*) mit Vitamin D zum Osteoporoseschutz entsprechend der Leitlinie:
  800-1000 IE Vitamin D3 pro Tag
  Für die *HET* sind verschiedene Präparate rezeptfrei erhältlich (*Vigantol®*, *Vigantoletten®*, Dekristol und diverse Nahrungsergänzungsmittel mit D3).
- Zur Therapie der *Osteoporose* und bei Knochenerkrankungen stehen zudem Kombinationspräparate mit Calcium 300-1000 mg (*Calcilac®*, *Calcigen D®*, Kalzium D3 Brausetabletten) zur Verfügung, speziell bei nicht ausreichender Calciumzufuhr über die Nahrung.
- Eine *Hochdosistherapie* mit Vitamin D und Calcium ist verschreibungspflichtig und wird nur für Risikopatienten mit schweren Erkrankungen empfohlen oder in der Aufdosierungsphase bei schwerem Vitamin D-Mangel (z.B. *Dekristol 20.000®*, *Vigantol Öl®* u.a.).
- Zu den *natürlichen Vitamin D-Quellen* zählen tierische Nahrungsmittel wie fette Fischsorten (Aal, Lachs, Makrele, Sardinen, Tunfisch), Fleisch, Hühnerei sowie Pilze als vegetarische Vitamin D-Quelle (außer Sonnenlicht). Jedoch ist die Vitamin D-Aufnahme aus der Nahrung laut Deutscher Gesellschaft für Ernährung e.V. (DGE) zumeist eher unzureichend, so dass besonders im Alter eine zusätzliche Einnahme notwendig ist. In den USA gibt es übrigens standardmäßig auch mit Vitamin D-angereicherte Milch und Orangensaft zu kaufen.
- Nach neueren Studien ist Vitamin D3 in Kombination mit *Vitamin K2* besonders gut wirksam und verträglich. Als Kombinationspräparate werden *Eunova®* Duoprotect D3+K2 u.a. mit Vitamin D 1000 IE und 80 µg Vitamin K2 angeboten. In der Kombination entfalten sich positive Wirkungen nachhaltiger, und Nebenwirkungen werden abgemildert, – was speziell bei Aufnahme höherer Dosen Vitamin D bei Osteoporosepatienten bedeutsam ist. Beides sind fettlösliche Vitamine, die in pflanzlichen Ölen gelöst gut im Darm aufgenommen.

8.3.6 Nebenwirkungen und Kontraindikationen einer Vitamin D-Therapie

Im Regelfall treten unter einer ordnungsgemäßen Vitamin D-Therapie zum Ausgleich von Mangelzuständen keine Nebenwirkungen auf. Da sich Vitamin D und auch Vitamin K2 als fettlösliche Vitamine aber im Körper anreichern, können im Extremfall toxische Effekte

(*Vergiftung*) auftreten. Der genaue Spiegel, ab dem im Einzelfall eine Vitamin D-Toxizität beginnt, ist jedoch derzeit nicht genau bekannt.

- Als unerwünschte Wirkungen können bei hohem Vitamin D-Spiegel infolge vermehrter Kalziumaufnahme Symptome der Kalziumerhöhung (*Hyperkalzämie*) auftreten wie Arterienverkalkung sowie Bildung von Nierensteinen und Nierenverkalkung, da dann die Kalziumausscheidung über Magen, Darm und Nieren erhöht wird.
Bei Menschen mit Nierensteinen (*Nephrolithiasis*) ist daher besondere Vorsicht geboten!
- Besonders bei *Mangel* an *Vitamin K2* kann es infolge verminderten Calciumtransports in die Knochen zu verstärkter Calciumablagerung und Verkalkungen in Gefäßen und Geweben kommen mit der Folge verstärkter Arteriosklerose und Nierensteine.
- Sehr hohe Dosen Vitamin D können zweiter Studien zufolge mit einer paradoxen Erhöhung, anstelle einer Verminderung, des Frakturrisikos einhergehen (Sanders et al., 2013).

Daher sollten während der Behandlung eines Vitamin D-Mangelzustands regelmäßig die Serumspiegel von 25-OH und Kalzium überprüft werden, insbesondere bei Menschen mit erhöhtem Parathormon oder Kalziferol.

8.3.7 Zusammenfassung: Vitamin D-Substitution in der Anti-Aging Medizin

Im Vergleich zu anderen Hormonen liegen für Vitamin D aus verschiedenen Studien die besten und fundiertesten Daten für die positive Wirkung einer Hormonsubstitution (HET) zur Gesunderhaltung vor [5,6]: Demnach leiden viele Menschen (> 50% in Deutschland) unter Vitamin D-Mangel und profitieren besonders im Alter deutlich von einer Bestimmung ihres Vitamin D-Spiegels und einer zusätzlichen Aufnahme in Form von Vitamin D-Präparaten – besonders in der Kombination mit Vitamin K2. Durch die Kombination mit Vitamin K2 können nachweislich positive Wirkungen von Vitamin D unterstützt und potentielle Nebenwirkungen besser abgefangen werden (s. Abschnitt 8.3.6).

⚐ *Hinweis*: Meine Empfehlung ist, den Vitamin D-Blutspiegel (25-Hydroxy-Vitamin D3, Cholecalciferol) in der Hausarztpraxis prüfen und Dich bezüglich Einnahme und Präparaten beraten zu lassen! Der Referenzwert für den Vitamin D-Mangel ist 50 nmol/l oder 20 µg/l mit einem Referenzbereich von 30-50 µg/l für die optimale Versorgung. Ein optimaler Vitamin D-Spiegel und ein bewusster Umgang mit dem Sonnenlicht sind für die allgemeine Gesundheit wichtige Faktoren im Rahmen der *Fit+Jung-Formel*.

8.4 Weibliche Geschlechtshormone (Östrogene und Gestagene)

8.4.1 Therapiezielsetzung und Indikation der HET mit weiblichen Hormonen

Im Gegensatz zu der geschlechtsunabhängigen Hormonoptimierung ist die Therapie mit weiblichen Hormonen oder ihren pflanzlichen Analoga eine geschlechtsspezifische Hormonersatztherapie (engl. *hormone replacement therapy*, *HRT*) zum Ausgleich der Symptome des durch alterungsbedingten Östrogen- und Gestagenabfall verursachten *Menopausensyndroms* der Frau, also von Wechseljahresbeschwerden und weiblicher sexueller Funktionsstörung. Nach der aktuellen medizinischen Leitlinie wird die HET mit weiblichen Geschlechtshormonen in der Menopause bei nur Auftreten entsprechender *Wechseljahresbeschwerden* empfohlen oder zur Reduktion des Osteoporose- und Frakturrisikos, wenn *keine* Vitamin D-Gabe möglich ist [7].

Auf der Basis langjähriger Erfahrungen und einer Vielzahl von Studien zu möglichen Nebenwirkungen der HET in der Menopause – speziell im Hinblick auf Risiken zur möglichen Entwicklung *hormonabhängiger Krebsarten*, wie Brustkrebs und Gebärmutterkrebs, sowie kardio-vaskulärer und thromboembolischer Komplikationen – sind in den letzten Jahren klare Richtlinien für einen gezielten und risikoarmen Einsatz erstellt worden [7-10]: Neben Therapiekombinationen mit günstigem Nutzen/Risiko-Profil und Therapiebeginn bei Auftreten von Beschwerden in der Menopause wird die HET für die zur Kontrolle der Beschwerden notwendige *kürzeste Dauer* und in der *geringsten Dosierung* empfohlen.

⚑ *Hinweis*: Die Entscheidung über eine HET mit weiblichen Hormonen in der Menopause sollte abhängig von *individuellen Faktoren* wie Leidensdruck unter den Wechseljahresbeschwerden, genetischen Faktoren, Kontraindikationen, Cofaktoren und Co-Medikation, durch erfahrene Hormonspezialisten getroffen werden.

8.4.2 Funktionen weiblicher Geschlechtshormone und Mangelzustände

Mit Beginn der Pubertät kommt es im Rahmen des weiblichen Zyklus unter Einfluss der hypophysären Steuerhormone, *Follikel-stimulierendes Hormon (FSH)* und *luteinisierendes Hormon (LH)*, in den weiblichen Eierstöcken (*Ovarien*) sowie auch im Fettgewebe zur Bildung weiblicher geschlechtsspezifischer Steroidhormone, der *Östrogene* (Östradiol, Östratriol) und des Gestagens *Progesteron*. Gemeinsam regulieren diese Hormone den weiblichen Zyklus mit Eireifung, Eisprung und Monatsblutung. Neben Wirkungen auf die weiblichen Geschlechtsmerkmale und -organe, wie Gebärmutter (*Uterus*), *Vagina*, und Brüste (*Mammae*), wirken weibliche Hormone positiv auf die Knochenbildung und die Haut (s. Tabelle 8.4).

Durch altersabhängige Drüsenatrophie der Eierstöcke und Follikelerschöpfung kommt es zumeist ab dem Alter von ~30 Jahren zunehmend zu einer Verminderung der Hormone. Zwischen 45-60 Jahren, in den sog. Wechseljahren (*Klimakterium*), stellen die Eierstöcke ihre Funktion allmählich ein. Der Zeitpunkt der letzten Menstruation stellt den Beginn der *Menopause* dar. Im Durchschnitt findet der letzte Zyklus um die 51 Jahre statt. Parallel zur Verminderung von Östradiol und Progesteron nehmen *Östron* (*E1*) und *FSH* zu.

Aufgrund der vielfältigen Wirkungen der weiblichen Geschlechtshormone auf verschiedene Organe können im Rahmen des *Menopausensyndroms* folgende Beschwerden auftreten:

- Sexualorgane und -funktion: Vaginalatrophie, Urininkontinenz, verminderte Libido
- Hitzewallungen, Schweißausbrüche (sog. *vasomotorische Symptome*, VMS)
- Knochen: Osteopenie, Osteoporose (verminderte Knochendichte) mit erhöhter Knochenbruchgefahr (Frakturrisiko)
- Haut und -anhangsgebilde: Haut- und Schleimhauttrockenheit, Hautatrophie
- Psyche: Depression, Stimmungsschwankungen, Schlafstörungen, Angstzustände
- Nervensystem: Schwindel, kognitiver Verfall, Demenz, Alzheimer
- Herz-Kreislaufsystem: koronare Herzkrankheit (KHK), Herzinfarkt, Schlaganfall
- Darm: Dickdarmkrebs

Prinzipiell können absolute und relative Hormonmangelzustände an Geschlechtshormonen und Beschwerden bei Hormonimbalancen bei Frauen jeden Alters auftreten. Als erstes nehmen zumeist die Testosteron-Spiegel ab Mitte 30 ab. Östrogen und Progesteron nehmen ab etwa 40 Jahren kritisch ab, wobei die schnellere Abnahme von Progesteron eine relative *Östrogendominanz* mit Zeichen des Progesteronmangels auslösen kann: Bei Östrogendominanz können starke Regelkrämpfe und eine verstärkte Periode mit Blutkoageln sowie Gewichtszunahme auftreten. – Mit Eintritt der Menopause sind dann sowohl Östrogen wie auch Progesteron dann komplett auf sehr niedrige Spiegel gefallen.

8.4.3 Östrogene und Hautalterung

Hohe zirkulierende Östrogenspiegel wirken positiv auf die Feuchtigkeit und Beschaffenheit der Haut und verbessern besonders ihre Wasseraufnahmefähigkeit (*Fluidretention*) und Elastizität. Zudem wird durch Östrogene die Kollagenbildung stimuliert, so dass Dicke und Prallheit der Haut verbessert werden. Auch die Hautdrüsen werden von Östrogen beeinflusst.

Der starke Östrogenabfall in der Menopause und Hormonimbalancen können sich sehr deutlich an der Haut zeigen: In der Menopause verliert die Haut deutlich an Straffheit und Elastizität. Ein weiteres unerwünschtes Menopausensymptom sind die bereits erwähnten

Hitzewallungen („hot flashes"). Die genannten Hormonsubstitutionsverfahren wirken daher positiv auf die Haut. Auch in verschiedenen Cremes und Gelen sind Östrogene oder Progesteron enthalten, besonders zur Verwendung im Bereich der Vagina.

8.4.4 Diagnostik des Menopausensyndroms (klimakterisch-vegetatives Syndrom)

Bei Frauen über 45 Jahren wird die Menopause anhand der *klinischen Wechseljahresbeschwerden* wie Zyklusveränderungen und Hitzewallungen diagnostiziert. Bei jüngeren Frauen mit entsprechenden Beschwerden wird die Bestimmung des *Follikelstimulierenden Hormons (FSH)* im Serum empfohlen [7] sowie bei Bedarf eine weiterführende Hormondiagnostik:

- Follikelstimulierendes Hormon (FSH)
- Östrogenlevel (Serumtests sind besser geeignet als ein Speicheltest)
- Optional DHEA, Testosteron, Sexualhormon-bindendes Globulin (SHBG), TSH, u.a.

Der Flux von Östrogen und Progesteron ist generell abhängig vom Ovarialzyklus.

8.4.5 Präparate zur Hormonersatztherapie (HET) bei Menopausensyndrom

In Betracht der Langzeitauswirkungen gibt es konkrete Empfehlungen zu Präparaten für die Hormonersatztherapie mit günstigem Risiko/Nutzen-Profil gemäß verschiedener Studien:

- Micronisiertes bioidentisches Progesteron (z.B. *Famenita®* 2x 100 mg/d, *Utrogest®*, u.a.)
- Transdermales 17-ß-Östradiol (E2) als Gel, Pflaster oder Spray (z.B. *Ostreogel®*, *Gynokadin®*)

Eine alleinige HET mit Östrogenen (*ET*) wird nach der Leitlinie nur für Frauen nach Gebärmutterentfernung empfohlen. Die Kombinationstherapie mit Progesteron (*EPT*) schützt die Gebärmutterschleimhaut und vermindert das Thromboembolie-, Schlaganfall- und Herzinfarktrisiko sowie das Risiko für ein Neuauftreten eines Typ II-Diabetes (Mueck, 2012).

Die bioidentische *Progesterongabe* erfolgt oral in Form von Tabletten mit einer typischen Startdosis von 50 mg und einem Zielhormonspiegel von 5-10 ng/ml oder auch transdermal.

Die Vorteile einer *transdermalen Anwendung* von *Östradiol* als Gel oder Pflaster im Gegensatz zur oralen Einnahme liegen besonders in der Vermeidung einer Verstoffwechselung durch die Leber (sog. *First-Pass-Effekt*). Durch die Anwendung auf der Haut wird eine natürliche Wirkung erzielt und die Umwandlung in *Östron* (Konversion u.a. in E1-SO$_4$) in der Leber vermindert, so dass ein besserer kardiovaskulärer Nutzen mit geringerer reaktiver Bildung von gerinnungsfördernden Faktoren (FIB1,2, Faktor VII) und eine Minimierung des erhöhten Thromboembolierisikos erzielt wird. Östradiol-Cremes als Fertigpräparat oder Rezeptur mit 5 mg/g Östradiol zur transdermalen oder vaginalen Anwendung werden mit 0,5-1 g/d gegeben mit einem Zielblutspiegel von 80-110 pg/ml.

Tabelle 8.4: Allgemeine und therapeutische Wirkungen weiblicher Geschlechtshormone

a) Östrogenwirkungen (Östradiol, E2)

Östradiol wirkt als potentestes und vorherrschendes der drei Östrogene (Östradiol, Östriol und Östron) wie ein „Wachstumhormon" auf die Fortpflanzungsorgane und andere Gewebe:

- Förderung des Wachstums der Uterusschleimhaut („*lining*") und des Brustgewebe
- erhöhte Libido („*sexdrive*")
- Gewichtszunahme durch Fettzunahme und -einlagerung sowie Wassereinlagerung
- verminderter Knochenabbau
- Erhalt von Hautfarbe, -textur und -feuchtigkeitsgehalt, vermehrte Kollagenproduktion
- antioxidative Wirkung: Reduktion der LDL-Oxidation
- Stoffwechselverbesserung: Verbesserte Insulinsensitivität, Senkung von totalem und LDL Cholesterol, vermindertes Lipoprotein A um 50%
- verbesserte kardiovaskuläre Funktion: verminderte diastolische Dysfunktion, verbesserte endotheliale Funktion der Gefäße
- Nervensystem: Positive Effekte durch Stimulation von Nervenwachstumsfaktoren, Schutz vor oxidativem Stress, erhöhte zerebrale Perfusion und anti-inflammatorische Wirkung
- Raufregulation von Progesteronrezeptoren
- Erhöhtes Risiko für Gefäßverschlüsse durch Verdickung des Blutes

b) Progesteron (P)

Progesteron kann als teilweiser als *Gegenspieler* des Östradiols Nebenwirkungen mindern:

- Begrenzung des Wachstums der Gebärmutterschleimhaut und des Brustgewebes
- vorbeugende Wirkung gegen Endometrium- und Brustkrebs (Krebsprävention)
- Hemmung der Libido (*sexdrive*)
- Förderung des Gewichtsverlusts durch Erhöhung des Metabolismus, Nutzung der Fettdepots für Energiegewinnung, Flüssigkeitsmobilisation und verminderte Schwellungen
- Verdünnung des Blutes, Verhinderung von Blutgerinnseln
- Stimulation der Knochenneubildung
- verbesserte kardiovaskuläre Funktion, Blutdrucksenkung, Normalisierung zellulärer Sauerstoffspiegel, Blutgerinnung und Gefäßtonus, Reduktion von Arteriosklerose und Thrombose und Prävention von mikrovaskulärer kardialer Ischämie, Relaxation der glatten Muskulatur
- Verstärkung der Wirkung von Schilddrüsenhormonen
- Nervensystem: Neuroprotektion, endogenes antikonvulsives („entkrampfendes") Hormon
- Potenter Mineralkortikoidantagonist

c) Östriol (Estriol, E3)

Östriol wirkt bei gemeinsamer Gabe mit Östradiol (E2) als *Anti-Östrogen*:

- Potentielle Wirkung in Therapie und Prävention von Brustkrebs infolge Antagonisierung der Östradiol-Wirkung (ERß-Rezeptor-Bindung und Inhibition der Brustzellproliferation).
- Minimale positive Wirkung auf Knochen und Herz

In höchster Konzentration ist Östriol während der Schwangerschaft vorhanden.

→ Therapeutische Gabe bei Brustkrebs, multipler Sklerose, vaginale Atrophie, Harnwegsinfekt

d) Östron (E1)

Östron ist das normalerweise in geringster Konzentration im Blut vorkommende Östrogen, jedoch die *primäre* Form von Östrogen in *postmenopausalen Frauen*, besonders in älteren übergewichtigen Frauen mit hoher Aromatase-Aktivität.

- Förderung des Brustkrebswachstums
- Positive Wirkung auf die Knochen

8.4.6 Alternative Therapiemöglichkeiten und Phytoöstrogene

In einem ganzheitlichen und personalisierten Ansatz sollten komplementäre und alternative Therapiemöglichkeiten des Menopausensyndroms in Erwägung gezogen werden [11]:

Als „sanfte Alternative" für die Hormonersatztherapie mit weiblichen Hormonen stehen pflanzliche Analoga, sog. *Phytoöstrogene*, zur Verfügung. Phytoöstrogene aus *Soja*, *Rotklee* und *Hopfen* können im Körper dem 17-ß-Östradiol ähnliche Wirkungen entfalten (s. Kapitel 6).

- Soja (enthält die Isoflavone *Daidzein* und *Genistein*)
- Rotklee (enthält Isoflavone *Daidzein* und *Genistein*)
- Hopfen (enthält das potente Phytoöstrogen *8-Prenylnaringenin*, 8-PN)
- Leinsamen
- Yamswurzel („*wild yam*", enthält *Diosgenin*, aus dem Progesteron gewonnen werden kann)

In bisherigen klinischen Studien waren die pflanzlichen Präparate jedoch *nicht* konstant gegen Menopausensymptome wirksam, so dass weitere Studien durchgeführt werden.

Insbesondere bei Risikofaktoren gegen eine Hormontherapie sowie *komplementär* sollten Meditation, Yoga, Hypnose, Biofeedback und andere Verfahren eingesetzt werden.

8.4.7 Nebenwirkungen und Risiken der HET mit weiblichen Geschlechtshormonen

Durch verbesserte Kenntnisse über Hormonwirkungen und verbesserte Präparate sind die Risiken derzeit gegenüber den positiven Wirkungen der HRT genau abzuwägen [7-11]:

- *Krebsrisiko*: Im Gegensatz zu dem bei Einnahme von synthetischen Progestinen um 1,25-8fach erhöhten Brustkrebsrisiko und 5fach erhöhten generellen Krebsrisiko, verbunden mit einem erhöhtem Risiko für Blutgerinnsel, führte speziell die Einnahme von *bioidentischem Progesteron* in verschiedenen Studien sogar zu einer *verringerten Wahrscheinlichkeit* für *Krebserkrankungen* [10]. Die Empfehlungen variieren jedoch [7-10]. Die HET mit bioidentischem Progesteron verringert zudem das Risiko für ein Wiederauftreten von Brustkrebs und vermindert verschiedenen Studien zufolge die Gesamtsterblichkeit.

- *Thromboserisiko*: Ebenso hat bioidentisches Progesteron einen günstigeren Einfluss auf das Thromboserisiko und die Bildung von Arteriosklerose.
- Bioidentisches Progesteron ist auch wirksamer gegen allgemeine Wechseljahresbeschwerden, Osteoporose wie auch bei Schlafstörungen als synthetische Progestine.
- *Hinweis.* In jedem Fall gilt: *Kurze Therapiedauer, individuelle Beratung* und *Monitoring*!

8.4.8 Kontraindikationen der HET mit weiblichen Hormonen

Im Rahmen der personalisierten Behandlung sind verschiedene genetische Einflüsse und Kontraindikationen gegen die HET mit weiblichen Hormonen zu beachten: Als besondere Risikofaktoren gelten *Krebserkrankungen* wie Brust- und Gebärmutterkrebs sowie *Herzerkrankungen* und *Thromboembolien* in der Krankengeschichte.

8.4.9 Zusammenfassung der Richtlinien zur HET mit weiblichen Geschlechtshormonen

Aktuell werden die Empfehlungen bezüglich der HET mit weiblichen Geschlechtshormonen nach einer *Meta-Analyse* verschiedener epidemiologischer Studien [8] und Bestätigung der Ergebnisse der *WHI (Women's Health Initiative)-Studie* zum *Brustkrebsrisiko* wieder strenger:

- Nach der Timing-Hypothese wird ein früher Start der HET bei Wechseljahresbeschwerden und eine möglichst *kurze Behandlungsdauer* empfohlen (<5 Jahre).
- Das Risiko für Brustkrebs unter HET mit einer Östrogen-Gestagen Kombination ist gemäß der aktuellen Studienlage für jüngere Frauen zwischen 45-49 Jahren bei einer 5-14-jährigen kombinierten HET höher als für Frauen mit Beginn der HET im Alter über 60 Jahre.
- Bei hohem BMI (Übergewicht) ist generell das Brustkrebsrisiko erhöht, jedoch wird unter kombinierter HET das relative Brustkrebsrisiko eher für schlanke Frauen gesteigert.
- Zur längerfristigen Therapie und Prophylaxe der postmenopausalen *Osteoporose* unabhängig von klassischen Wechseljahresbeschwerden sind Östrogene und Progesteron nur bei Unverträglichkeit von Vitamin D/Calcium oder Biphosphonaten zugelassen.

Die Berücksichtigung *bioidentischer Hormongabe* sowie *genetischer Risikofaktoren* ist der aktuellen Metaanalyse jedoch nicht eindeutig zu entnehmen, so dass weitere gezielte Studien mit verschiedenen Präparaten notwendig sind [8].

8.5 Männliche Geschlechtshormone (Testosteron)

8.5.1 Eigenschaften von Testosteron

Als *Androgen* ist *Testosteron* („*T*") ein anaboles männliches Steroidhormon, das die Entwicklung und Erhaltung der männlichen Geschlechtsmerkmale kontrolliert. In erster Linie wird T in den Leydig-Zellen der Hoden (*Testes*) gebildet sowie in geringerer Menge auch in der Nebennierenrinde und in den Eierstöcken bei der Frau. Über Androgenrezeptoren wirkt T auf verschiedene Zielorgane wie die männlichen Geschlechtsorgane, Muskeln, Knochen, Haut, Gehirn und auch das Herz. Die Bildung von Testosteron wird durch hypophysäres *luteinisierendes Hormon* (*LH*) in pulsatiler Weise in Analogie zur LH-Wirkung auf die Eierstöcke bei der Frau gesteuert.

Im Zuge des normalen Alterungsprozesses kommt es multifaktoriell beim Mann zu einem kontinuierlichen Abfall der Testosteronproduktion. Durch diesen *Altershypogonadismus* können ab dem 50.-60. Lebensjahr verschiedene Beschwerden auftreten, die unter dem Syndrom der sog. *Andropause* zusammengefasst werden. Statistisch tritt bei ~20% der Männer über 60 und 50% der Männer über 80 Jahre ein Testosteronmangel auf. Im Rahmen bestimmter Krankheitsbilder kann ein Testosteronmangel auch bei jüngeren Männern auftreten – dazu gehören Mumps, Hodenentzündungen (*Orchitis*), Verletzungen und Strahlentherapie.

8.5.2 Symptome bei Testosteronmangelzuständen

– *Welche Anzeichen deuten auf einen behandlungsbedürftigen Testosteronmangel hin?*
Altersbedingter Testosteronmangel beim Mann kann abgesehen von sexueller Funktionsstörung und abnehmender Libido auch verschiedene andere Testosteron-abhängige Organe und das allgemeine Wohlbefinden beeinträchtigen mit folgenden Beschwerden [12]:

- Erektionsstörungen (fehlende Morgenerektionen), Libidoverlust, Spermienverminderung
- Müdigkeit, Antriebs- und Energielosigkeit, Verstimmung (*Depression*), verminderter Vigor
- Muskelabbau: Verlust an Muskelmasse und verminderte Muskelkraft
- Knochenabbau: Abnahme der Knochendichte (*Osteoporose*)
- Veränderte Körperzusammensetzung mit verringerter fettfreier Körpermasse, Adipositas
- Fettvermehrung, besonders im Brustbereich (*Gynäkomastie*) ist möglich
- Assoziation mit metabolischem Syndrom (metS), also Adipositas, Diabetes und Hypertonus
- Kognitive Störungen, Konzentrationsminderung, Gedächtnisminderung
- Sekundär erhöhtes Sturz- und Frakturrisiko infolge Muskelabbaus und Osteoporose
- Herz: Hier findet sich die höchste Dichte an Testosteronrezeptoren

Ein Ersatz von Testosteron im Rahmen einer Hormonersatztherapie (HET) ist dann sinnvoll, wenn *Beschwerden* und Störungen im *Wohlbefinden* (*Quality of Life, QoL*) auftreten.

8.5.3 Testosteron und Hautalterung

Ähnlich wie die weiblichen Geschlechtshormone wirkt auch Testosteron auf die Kollagenproduktion in der Haut sowie auf die Talgdrüsen der Haarfollikel, wo es mit dem Talg (*Sebum*) ausgeschieden wird. Abgesehen von positiven Effekten dieses Hormons kann Testosteron-Überschuss daher während der Pubertät und auch im späteren Leben zu *Akne* führen, da die Hautporen mit Talg verstopf werden und dadurch dort Entzündungen und Infektionen mit „Akne-Bakterien" (*Propionibacterium acnes*) auftreten können. Kommt es mit zunehmendem Alter zu einem Testosteronabfall, verschwindet die Akne. Jedoch kann Testosteronmangel Hauttrockenheit sowie verminderte Kollagenproduktion und Ausdünnung der Haut auslösen.

8.5.4 Diagnostik des Testosteronmangels und Therapiemonitoring

Im Blut liegt Testosteron zu 97% gebunden und zu nur 1-3% in der aktiven freien Form vor.

- Zur *Diagnostik* des altersbedingten Testosteronmangels ist bei Beschwerden neben der klinischen Untersuchung die laborchemische Bestimmung der Testosteronblutspiegel mit *totalem* und *freiem Testosteron* notwendig, wobei das freie Testosteron als aktive Form für die biologische Wirkung maßgeblich ist.
- Im Labor sollten *vor* einer *Testosteronersatztherapie* zudem das Blutbild und der Tumormarker *Prostata-spezifisches Antigen* (PSA) kontrolliert werden.
- Im Rahmen des *Therapiemonitorings* sollten neben totalem und freiem Testosteron auch Nebenprodukte des Testosteronstoffwechsels wie *Dihydrotestosteron (DHT), Östradiol (E2)*, DHEA und Androstendion bestimmt werden, da diese Metabolite für Therapiewirkung und Nebenwirkungen mit verantwortlich sind (s. Abb. 8.1).

Freies Testosteron ist die aktive Form und sollte bei HET im optimalen Bereich liegen.

8.5.5 Testosteron-Präparate und Zielsetzung der HET

Neben der positiven Wirkung auf Libido und Erektion wird durch Testosteronersatz im Rahmen der HET Antrieb, Energielevel und Stimmungslage verbessert sowie (Alters-) Depression, Muskelschwund und Knochenabbau (*Osteoporose*) therapeutisch vermindert [13]. Über ein negatives *Rückkopplungssystem* kann die HET mit Testosteron sowie eine Anabolikaeinnahme zu weiterem Rückgang der körpereigenen Testosteronproduktion mit einer Rückbildung der Hoden (*Hodenatrophie*) und verminderter Spermienproduktion führen (s. Abschnitt 8.5.9).

Zur Hormonersatztherapie bei diagnostiziertem symptomatischem Testosteronmangel beim Mann stehen Präparate zum Einnehmen, für die intramuskuläre (i.m.) Injektion, die transdermale sowie die subkutane Anwendung zur Verfügung – wobei die unterschiedlichen Anwendungsformen jeweils verschiedene Vor- und Nachteile haben (s. *Tabelle 8.5*).

Tabelle 8.5: Testosteronpräparate und ihre Vorteile und Nachteile

Anwendungsform	Eigenschaften des Testosteronpräparats
• *Oral*	Testosteron-Undecanoat mit wenig Nebenwirkungen
• *Intramuskulär*	Esterifizierte Testosterone wie Testosteron-Cypionat oder -Enanthat
	- Injektion mit einer Anfangsdosis von 100 mg wöchentlich
	- Injektion in den *M. glutaeus* oder *M. vastus lateralis*
	- Halbwertszeit von 10-14 Tagen abhängig von Esterlänge
	- Als Nebenwirkung *Erythrozytose* möglich infolge EPO-Stimulation
• *Transdermal*	Fertige Gele und Pflaster oder angemischte Cremes (1-20%)
	- Konzentration 100 mg/g für Männer oder 4 mg/g für Frauen
	- Dosierung 1 g/d (100 mg/g) für Männer an der Flanke/Taille
	- Dosis 0,5-1 g/d (4 mg/g) für Frauen an Oberarm oder Beininnenseite
	- Verstärkte Konversion in DHT wegen 5α-Reduktase im Haarfollikel
	- geringere Blutspiegel, für Männer oft unzureichend
	- keine Erythrozytose als Nebenwirkung
• *Subkutane Pellets*	Langzeitfreisetzung durch invasive „Implantation", wenig akkurat
• *Buccal*	nicht empfohlen

8.5.6 Nebenwirkungen der Testosteron-HET

Mögliche Nebenwirkungen der HET werden oft durch *Testosteronmetabolite* vermittelt:

- Als wirksamer Testosteronmetabolit und potentes Androgen ist *Dihydrotestosteron* (*DHT*) für die Libido wichtig, kann aber bei erhöhten Spiegeln infolge erhöhter Konversionrate bei einigen Männern *androgenetischen Haarausfall* sowie eine gutartige Prostatavergrößerung (*benigne Prostatahypertrophie*) auslösen. Therapeutisch werden bei durch erhöhte DHT-Spiegel vermittelten Beschwerden sog. *5-alpha-Reduktase-Hemmer* wie Finasterid oder Durtasterid eingesetzt, die wiederum zu Libidoverlust führen können (s. Abschnitt 8.5.9).

- Erhöhte *Östradiolspiegel* infolge vermehrter Testosteronumwandlung in Östradiol unter der HET können Brustwarzenüberempfindlichkeit und Brustentwicklung (*Gynäkomastie*) beim Mann auslösen oder zu paradoxer verminderter Libido trotz Testosterongabe führen.

Therapeutisch kann bei entsprechenden Beschwerden durch erhöhte Östradiolspiegel unter Androgentherapie die Testosterongabe reduziert, die DHEA-Gabe reduziert oder der *Aromatasehemmer* Anastrozol (*Arimidex®*) verordnet werden.

- Infolge verstärkter Produktion von *Erythropoietin (EPO)* kann Testosteron in Injektionsform durch vermehrte Bildung der roten Blutkörperchen im Knochenmark zu *Erythrozytose* und erhöhten Hämoglobin- und Hämatokritwerten im Blut führen (5-7%). Zur Therapie werden Aderlässe zur Reduktion des Hematokrits durchgeführt.

- Bei Frauen kann eine Vermännlichung (*Virilisierung*) unter Testosterongabe auftreten mit vermehrter (männlicher) Körperbehaarung, Seborrhoe, Akne und Stimmbruch. Haarausfall und Akne sind auch bei Männern infolge Umwandlung in Dihydrotestosteron (DHT) möglich (*Abb 8.1*) (s. Abschnitt 8.5.9).

8.5.7 Kontraindikationen der Testosteronersatztherapie

- Bei *latentem Prostatakrebs* oder nach Hormonablationstherapie kann durch erhöhte Testosteronspiegel unter HET das Tumorwachstum möglicherweise gefördert werden. Bei normalem Testosteronspiegel unter HET ist jedoch eine Förderung des Tumorwachstums laut Studienlage unwahrscheinlich. Grundsätzlich sollte jedoch ein Monitoring des Tumormarkers *PSA* erfolgen.

8.5.8 Alternative und ergänzende Präparate

Einige Präparate können alternativ oder ergänzend bei Testosteron HET eingesetzt werden:

- Als alternatives Präparat kann das *humane Choriongonadotropin (hCG)*, ein Strukturverwandter des Steuerhormons luteinisierendes Hormons (LH-Analogon), zur Stimulation der körpereigenen (*endogenen*) *Testosteronproduktion* eingesetzt werden – speziell bei Infertilität und *Kinderwunsch*. Der Vorteil der HET mit hCG liegt in der Erhaltung der Hodengröße und Spermienproduktion, da Testosteronspiegel sowie Spermienproduktion durch hCG gesteigert werden. Üblicherweise wird hCG alle 2 Wochen subkutan in altersabhängiger Dosierung verabreicht (> 50 Jahre 2500-3500 IU). Zum Erhalt der Hodengröße kann Testosteron auch in Kombination mit hCG verordnet werden.

- Durch *Brennnesselwurzel* als Prostatasupplement (300-600 mg/d) kann der Anteil des wirksamen *freien Testosterons* erhöht werden durch Bindung an Steroidhormon-bindendes Globulin (SHBG)- Rezeptoren und kompetitive Freisetzung und Verdrängung daran gebundenen Testosterons.

- *5-alpha-Reduktase-Hemmer* wie Finasterid (*Propecia®*, *Proscar®*) und Durtasterid (*Avodart®*) werden bei erhöhtem DHT-Spiegel in der Therapie des männlichen Haarausfalls (*androgenetischer Alopecia*) und bei *benigner Prostatahypertrophie* eingesetzt. Als Nebenwirkungen können dabei durch eine verminderte Testosteronkonversion in das androgen wirksamer DHT jedoch wiederum Libidoverlust und Erektionsprobleme auftreten.

$$\text{Testosteron} \xrightarrow{5\alpha\text{-Reduktase}} \text{DHT} \rightarrow \begin{array}{l} \text{- Haarwurzeln (Haarausfall)} \\ \text{+ Penis/Hoden (Erektion, Libido)} \\ \text{+ Prostata (benigne Hypertrophie)} \end{array}$$

- *Aromatasehemmer* wie Dianastrozol (*Arimidex®*) werden therapeutisch bei unter Androgentherapie erhöhten Östrogenspiegels eingesetzt. Auch Nahrungsergänzungsmittel aus gewöhnlichen Burzeldorn, *Tribulus terrestris*, wirken als natürliche Aromatasehemmer.

8.5.9 Testosteronersatz bei der Frau

In der *Menopause* oder nach einer Eierstockentfernung (*Ovarektomie*) können bei der Frau zur Therapie bestimmter Beschwerden, wie Libidoverlust, Gewichtszunahme, Müdigkeit, Depression und Haartrockenheit, auch niedrig dosierte Testosteronpräparate im Rahmen der Hormonersatztherapie eingesetzt werden. Typischerweise werden diese Testosteronpräparate *transdermal* als Gel angewendet mit einer in einer Startdosierung von 4 mg/g mit 0,5-1 g/Tag. Als Nebenwirkungen einer Testosterongabe können Symptome der Vermännlichung (*Virilisierung*) auftreten, wie fettige Haut, Akne, vermehrte Körperbehaarung, männliche Glatzbildung, Aggression, erhöhte Libido und Stimmbruch.

⚠ *Achtung*: Auf eine *Vertiefung* der *Stimmlage* muss geachtet werden, da diese irreversibel ist und ein Zeichen für eine zu hohe Dosierung des Testosterons darstellt.

8.5.10 Wechselwirkungen von Geschlechtshormonen mit Mineralien und Vitaminen

Verschiedene Micronährstoffe können bestimmte Hormone aktivieren oder beeinflussen:

- *Zink (Zn)* ist ein essentieller Bestandteil von Östradiol (E2), Testosteron (T) und hGH
- *Cobalt (Co)* ist für die Östrogenfunktion wichtig (Cytochrom P450)
- *Chrom (Cr)* wird für die ovarielle Progesteronproduktion gebraucht
- *Bor (B)* ist für Östrogen und Testosteron wichtig
- *Vitamin B6* wird für die Entfernung von Östradiol von seinem Rezeptor benötigt
- *Methylgruppen-Donoren* wie Methylsulfonylmethan (MSM), Folsäure und Dimethylglycin (DMG, „Vitamin B16") werden für den Stoffwechsel von Progesteron und Östrogen benötigt

8.6 Dehydroepiandrosteron (DHEA) – sanfter Muntermacher und Happy-Hormon

8.6.1 Eigenschaften von DHEA

Als Mitglied der Steroidhormone wird *Dehydroepiandrosteron (DHEA)* physiologisch im Körper auf Signale des Hypophysenhormons *ACTH* hin in der Nebennierenrinde sowie bei Frauen auch in den Eierstöcken produziert. Mit seinem Metabolit *DHEA-Sulfat (DHEA-S)* ist es das natürlicherweise in der Blutzirkulation in größter Konzentration vorkommende Steroidhormon bei Frauen wie auch bei Männern. Ursprünglich wurde DEHA als eine Vorstufe (*Prohormon*) der Testosteronsynthese entdeckt und kann abhängig vom Hormonhaushalt in der Peripherie sowohl in *Testosteron* (Androgen) als auch über die Aromatase weiter in *Estradiol* (Östrogen) umgewandelt werden. Da somit kein konstanter Testosteronblutspiegel erreicht werden kann, ist DEHA nur begrenzt als „Anabolikum" wirksam, so dass eine Anwendung zur Leistungssteigerung im Body Building trotz anfänglichen „Hypes" kaum sinnvoll wäre. Als natürliche Hormonstufe eignet sich DEHA insgesamt jedoch durchaus zum Ausgleich des Hormonungleichgewichts im Rahmen der Alterungsvorgänge. Die vom Körper gebildeten Mengen an DHEA sind vom Alter und vom Geschlecht abhängig und nehmen ab dem 25. Lebensjahr mit dem Alter kontinuierlich ab.

8.6.2 Therapeutischer Einsatz von DHEA in der Anti-Aging Medizin

In Deutschland gilt DEHA gemäß des *Dopingreglements* wie alle Prohormone als rezeptpflichtiges Arzneimittel. In Kombinationspräparaten mit Östrogenen kommt DHEA zur Behandlung von Beschwerden des Klimakteriums der Frau, wie Hitzewallungen, Schweißausbrüche, Schlafstörungen und Depressionen, nach Entfernung der Eierstöcke (*Ovarektomie*) oder nach Strahlenkastration zum Einsatz (s. auch Abschnitt 8.4). In den USA ist DEHA seit seiner Klassifizierung als Nahrungsergänzungsmittel wegen fehlender Langzeitrisiken in geringer Dosierung (50 mg) rezeptfrei erhältlich.

In der Hormonersatztherapie im Rahmen der Anti-Aging Medizin spielt DEHA eher in der zweiten Liga hinter den etablierten Hormonersatztherapien mit Östrogenen oder Androgen, rückt aber aktuell besonders bei bestimmten Vorerkrankungen wieder mehr ins Rampenlicht. Neben allgemein lebensverlängernden Effekten von DEHA infolge Senkung des Energieverbrauchs mit höherer Überlebensdauer der Zellen waren in Studien in den USA auch positive Wirkungen auf die neurokognitive Leistungsfähigkeit, die Stimmungslage und das kardiovaskuläre System sowie eine anti-inflammatorische Immunmodulation, eine mäßige Erhöhung der Knochenmineraldichte und eine minimal verbesserte Muskelstärke nachweisbar.

♂ *Hinweis*: Die immunmodulierende Wirkung von DHEA kann besonders bei Patientinnen mit *Lupus erythematodes*, bei *rheumatoider Arthritis* und anderen Autoimmunerkrankungen positiv genutzt werden. wo es Studien zufolge steroidsparend eingesetzt werden kann. Zudem scheint bei Risiko für *Typ II-Diabetes* durch DEHA der Beginn und das Fortschreiten des Diabetes verzögt zu werden, indem der oxidativen Imbalance und der Bildung von *advanced glycation end products* (*AGEs*) entgegenwirkt und pro-inflammatorisches TNF-α reduziert wird [14]. Hervorzugeben ist auch eine *anti-depressive* Wirkung von DHEA.

Tabelle 8.6: Anti-Aging Wirkungen von DEHA (nach Massachusetts male aging study, MMAS)

Organ	Wirkung (Referenz)
- *Allgemein*:	lebensverlängernde Wirkung (Barrett-Connor, NEJM 1996)
	reduzierte Sterblichkeit (Berr, PNAS 1996)
- *Nervensystem*:	verbesserte neurokognitive Leistung
(ZNS/Psyche)	Stimmungsaufhellung, antidepressive Wirkung
	verbessertes Wohlbefinden
- *Herz-Kreislauf*:	verringertes Risiko für Herzerkrankungen (Muller, JCEM 03, MMAS)
- *Immunsystem*:	Immunmodulation, anti-inflammatorische Wirkung
	Nutzen bei Autoimmunerkrankungen (Lupus, Rheuma u.a.)
	anti-kanzerogenes T-Zell Profil (NK-Zell Zytotoxizität)
- Knochen:	verbesserte Knochenmineraldichte (geringer als Standardtherapeutika)
	vermindertes Osteoporose- und Frakturrisiko
- Sex	verminderte Erektionsstörungen
- Metabolismus	leicht verbessertes LDL/HDL-Profil, verbesserte Insulinempfindlichkeit

8.6.4 DHEA und Haut

Verschiedene Studien sprechen einer Anwendung von DEHA an der Haut spezielle verjüngende Wirkungen zu – durch Förderung der Kollagensynthese und Verbesserung der strukturellen Beschaffenheit der Dermis bei gleichzeitiger Modulation des Keratinozyten-Metabolismus in der Epidermis. Zudem steigert DHEA die Produktion von *Sebum* (also Haut-eigener Öle), das besonders die Altershaut glatter macht und zudem schützt, da es wichtige anti-mikrobielle Stoffe enthält.

8.6.4 DHEA-Präparate und Dosierung

In den USA ist DHEA ist in Tabletten- und Drageeform zur Einnahme in der Dosis von 25-50 mg rezeptfrei verkäuflich. Auch bei uns gibt es DEHA-Cremes zur lokalen Anwendung an der Haut. Die optimale Dosierung von DHEA richtet sich nach der Patientengeschichte und den Blutspiegel. Da die DHEA-Ausschüttung ähnlich wie bei Kortisol durch hypophysäres *ACTH* angeregt wird, unterliegt der natürliche DHEA Spiegel einem tageszeitabhängigen Muster mit höchstem Spiegel am Morgen, was bei der Einnahme beachtet werden sollte.

8.6.5 Mögliche Nebenwirkungen von DEHA

Insgesamt zeigten Langzeitstudien die Unbedenklichkeit der Anwendung von DHEA. Mögliche Nebenwirkungen auf die Geschlechtsdrüsen und die Förderung von Prostata-, Ovarial- und Brustkrebs bei Risikopatienten sind diskutiert worden, wurden aber bisher *nicht* in Studien direkt nachgewiesen. Gegenteilig fanden sich bei Patienten, die im Verlauf an *Prostatakrebs* erkrankten, teilweise eher verringerte DHEA-Spiegel. Bei Frauen können als Folge zu hoher DHEA-Dosen und der Umwandlung von DHEA in Androgene (s. *Abb. 8.1*) Symptome einer Vermännlichung (sog. *Virilisierung*) auftreten mit Akne, Haarausfall, Bartwuchs und tieferer Stimmlage.

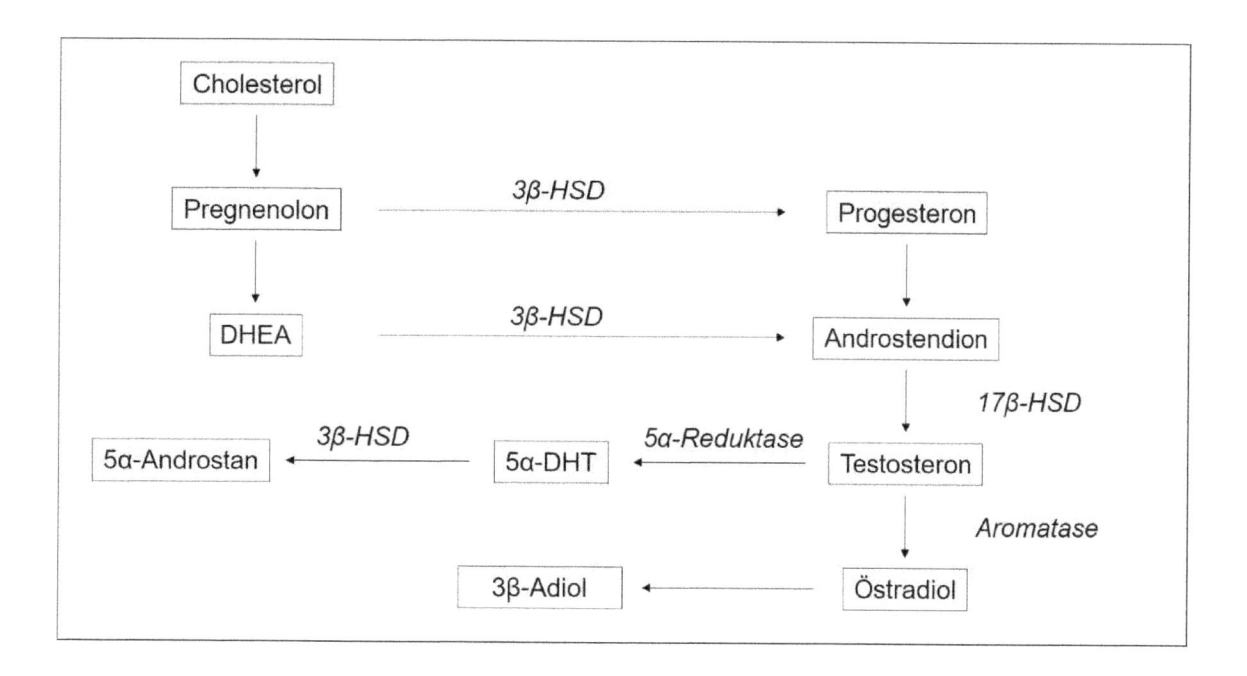

*Abb. **8.1**: Stoffwechsel der Geschlechtshormone*

Abkürzungen: Hydroxysteroid-Dehydrogenase (HSD), Dehydroepiandrosteron (DHEA), Dihydrotestosteron (DHT)

8.7 Wachstumshormon (Somatotropin, hGH) und IGF-I

8.7.1 Einschränkungen für Therapie mit Wachstumshormon

Der Einsatz von Wachstumshormon (Somatotropin, engl. *human growth hormone, hGH*) ist zwar im Ansatz eine der ältesten und viel bejubelten „Verjüngungstherapien", ist aber heute mit Kontroversen und gesetzlichen Einschränkungen behaftet. In einer bahnbrechenden, im *New England Journal of Medicine* veröffentlichten Studie aus dem Jahr 1990 berichteten Dr. Daniel Rudman und Kollegen über eine Reversion der Hautatrophie im Alter nach Gabe von Wachstumsfaktor und katapultierten hGH damit in die erste Liga der „Anti-Aging-Mittel" [15]. In Deutschland und den USA ist heute nach dem *Anti-Doping-Gesetz* die Therapie mit Wachstumshormon bei Erwachsenen ausschließlich bei Wachstumshormonmangel (*adult growth hormone deficiency, AGHD*) erlaubt. Moderne, frei eingesetzte „hGH-release Präparate" (oder *hGH-Secretagogues*) umgehen die Kontroversen um rekombinante Wachstumshormonpräparate und können als Jungmacher wirken, indem sie die Freisetzung von körpereigenen hGH im Körper fördern (s. Abschnitt 8.7.6). Ebenso rühmen verschiedene Abnehmstrategien die Kraft des „Wunderhormons" hGH als „Schlankmacher" und *„fat burner"*, das durch eiweißreiche Kost, nach moderatem Sport und im Schlaf natürlicherweise vom Körper vermehrt produziert wird („Schlank im Schlaf", abendliches Krafttraining). Je nach Gesamthormonbalance von Wachstumshormon und seinen Gegenspielern, *Somatostatin* und *Insulin*, werden nämlich die Fettverbrennung und die Regeneration von Muskeln, Gelenken und Haut angeregt.

8.7.2 Struktur und Funktionen von Wachstumshormon

Was ist das menschliche Wachstumshormon und was macht es im Körper?

Das menschliche Wachstumshormon oder Somatotropin (hGH) ist ein von der vorderen Hirnanhangsdrüse (*Hypophyse*) gebildetes Peptidhormon aus 191 Aminosäuren. Als Prohormon wirkt hGH indirekt und regt in der Leber und anderen Geweben die Bildung von Proteinen der sog. *„Insulin-like Growth Factor"* Familie (wie *IGF-I* und *Insulin*) an. Diese wiederum vermitteln die eigentlichen Wirkungen in den Zielgeweben – wie Muskel, Knochen und Haut. Zu den vielseitigen Effekten von hGH im Körper zählen neben *anabolen Funktionen*, wie der Förderung des Knochenwachstums, des Muskelwachstums und der Kollagenbildung, und einer Verbesserung der körperlichen Leistungsfähigkeit (VO2max) auch die *Fettverbrennung* (*Lipolyse*), so dass hGH als „Schlankmacherhormon" bekannt wurde. Zudem bestehen Wechselwirkungen mit Steuer- und Geschlechtshormonen.

8.7.3 Wachstumshormon, IGF-I und Haut

Auch für die Gesundheit und Vitalität der Haut sind Wachstumshormon und sein Effektor, IGF-I, wichtig: In der Dermis bewirkt IGF-I an Fibroblasten eine Stimulation der Kollagenproduktion und fördert zudem die epidermale Funktion und die Funktion von Schweiß- und Talgdrüsen Im Alter tragen zurückgehende Wachstumshormon-Spiegel zu einer Verdünnung der Haut (*Hautatrophie*) bei sowie zu Hauttrockenheit und vermindertem Schwitzen.

8.7.4 Potentielle Wirkungen einer hGH-Substitutionstherapie

Im Rahmen der allgemeinen hormonellen Alterung und Stoffwechselumstellung nehmen ab dem 3. Lebensjahrzehnt Bildung und Freisetzung von hGH kontinuierlich und exponentiell ab (sog. „*Somatopause*"). Auch wenn kein konkreter „Krankheitswert" der im Alter abnehmenden hGH-Spiegel belegt ist, erklärt das die positive und verjüngende Wirkung des hGH-Ersatzes. Trotz kontroverser Ergebnisse bei verschiedenen Patienten konnten eine Reihe positiver Wirkungen einer Wachstumshormontherapien im Alter in Studien bestätigt werden [16]:

- verlängerte Lebenserwartung (unklar wegen potentieller Förderung des Tumorwachstums)
- verbesserte kardiovaskuläre Gesundheit, positiver Einfluss auf die Herz-Kreislauf-Funktion
- verbessertes Wohlbefinden
- verminderter Muskelabbau
- positiver Einfluss auf den Zucker- und Fettstoffwechsel („Schlankmacherhormon")

Unter der Therapie mit hGH hatten die meisten Patienten reduzierte totale Cholesterin- und LDL-Cholesterin-Spiegel sowie einen Abfall von Fibrinogen und Homocystein unabhängig von Risiken für kardiovaskuläre Erkrankungen. Eine förderliche Wirkung von hGH auf Knochendichte und im Osteoporoseschutz sind *nicht* durch Studien belegt, jedoch führt hGH durch bessere Muskelfunktion zu vermindertem Sturzrisiko.

8.7.5 Risiken und Kontraindikationen für hGH

Hinsichtlich der Lebensverlängerung scheint der hGH-Ersatz ein „zweischneidiges Schwert" zu sein, da besonders die Tumor-fördernde Wirkung unklar ist [16] – dennoch haben verschiedene Studien eine verlängerte Lebenserwartung gefunden. Wegen kontroverser Ergebnisse und teilweise unklaren Sicherheitsprofils ist bei einer Reihe von Zuständen und Erkrankungen von einer Gabe von hGH abzusehen wie in der Schwangerschaft, bei Krebsleiden (mit der Ausnahme von Basalzellkarzinomen der Haut), bei unbehandeltem Diabetes mellitus oder diabetischer proliferativer Retinopathie, Leberfibrose oder sklerosierenden Erkrankungen der Leber und Lunge sowie benigner intrakranieller Hypertension.

8.7.6 Alternative Ansätze und hGH-Release-Strategien

Therapeutisch können zur Förderung der körpereigenen hGH-Freisetzung sog. *hGH-release-Faktoren* (*GH-Secretagogues, GHS*) speziell zur Wachstumsförderung bei Kindern und zur Verbesserung der fettfreien Körpermasse bei Auszehrungssyndromen (sog. *wasting states*) eingesetzt werden, die nicht den gesetzlichen Beschränkungen für Wachstumshormon unterliegen. Die GHS, zu denen GH-releasing Peptide Hexarelin, Sermorelin, Tesamorelin und Ghrp-2/6 sowie die Substanz Ibutamoren gehören, sind jedoch derzeit *nicht* offiziell zur Behandlung zugelassen und haben noch unklare Langzeitwirkungen [17].

Um auf natürliche Weise von der jung- und schlankhaltenden Wirkung von hGh zu profitieren, gibt eine Reihe von Strategien, die Freisetzung des körpereigenen Wachstumshormons zu fördern. Wachstumshormon-Ausschüttung und Hormonhaushalt können insbesondere durch Sport (sog. *„exercise-induced GH-response"*), durch eiweißreiche Kost, speziell auch am Abend, und durch ausreichenden Schlaf verbessert werden. Gleichzeitig werden damit die möglicherweise gefährlichen Nebenwirkungen eines Wachstumsfaktorersatzes umgangen und die allgemeine Gesundheit gefördert. Speziell auch die Aufnahme der Aminosäuren Tryptophan und Arginin fördern die körpereigene hGH-Freisetzung.

Tabelle 8.7: Punkteplan für den optimalen Wachstumsfaktor-Schlankmach-Effekt

1. Frühes Abendessen

Die letzte Mahlzeit sollte idealerweise vor 20 Uhr eingenommen werden oder alternativ *Intervallfasten* praktiziert werden.

2. Eiweißreiches Abendessen

Abends sollte auf Kohlenhydrate und Süßes verzichtet werden, da diese zu vermehrter Insulinfreisetzung führen, das als Gegenspieler von hGH wirkt und so die nächtliche Fettverbrennung für mehrere Stunden blockiert („*Insulin-Trennkost*").

3. Bewegung am Abend

Abendlicher Sport verbrennt Kalorien und erhöht die Wachstumsfaktorausschüttung. Nach dem Abendessen sind daher ein zügiger Spaziergang oder moderates Training in Form von Ausdauersport und Krafttraining optimal, um den Fettstoffwechsel anzuregen.

4. Ausreichender Schlaf

Frühes Zubettgehen sowie 7-9 Stunden Schlaf geben dem Wachstumshormon ausreichend Zeit, für die Fettverbrennung zu sorgen (s. Kapitel 10 *Schlaf*).

8.8 Literaturnachweis und ausgewählte weiterführende Literatur

1. Jones CM, Boelaert K. The Endocrinology of Ageing: A Mini-Review. *Gerontology.* 2015;61(4):291-300.

2. Zouboulis CC, Chen WC, Thronton MJ, Qin K, Rosenfield R. Sexual hormones in human skin. *Horm Metab Res.* 2007; 39(2):85-95. Thieme Verlag.

3. Calsolaro V, Niccolai F, Pasqualetti G, Tognini S, Magne S, et al. Hypothyreoidism in the Elderly: Who Should be Treated and How? *J Endocr Soc.* 2018; 3(1):146-158. doi: 10.1210/js.2018-00207.

4. Epel ES. Psychological and metabolic stress: A recipe for accelerated cellular aging? *Hormones.* 2009; 8(1):7.22.

5. Dachverband Osteologie e.V. Prophylaxe, Diagnostik und Therapie der Osteoporose. S3-Leitlinie. Dachverband Osteologie e.v. 2017. AWMF-Register-Nr.: 183/001.

6. Gallagher JC. Vitamin D and aging. *Endocrinol Metab Clin North Am.* 2013; 42(2):319-32.

7. Deutsche Gesellschaft für Gynäkologie und Geburtshilfe. Peri- und Postmenopause – Diagnostik und Interventionen. S3-Leitlinie. DGGG. 2018. AWMF-Register-Nr. 015-062.

8. Collaborative Group on Hormonal Factors in Breast Cancer. Type and timing of menopausal hormone therapy and breast cancer risk: individual participant meta-analysis of the worldwide epidemiological evidence. *Lancet.* 2019; 394(10204):1159-1168. doi: 10.1016/S0140-6736(19)31709-X.

9. Stute P, Wildt L, Neulen P. The impact of micronized progesterone on breast cancer risk: a systematic review. *Climacteric.* 2016; 21(2):111-122. doi: 10.1080/13697137.2017.1421925.

10. Fournier A, Berrino F, Clavel-Chapelon F. Unequal risks for breast cancer associated with different hormone replacement therapies: Results from the E3N cohort study. *Breast Cancer Res Treat.* 2008; 107(1):103-11.

11. Johnson A, Roberts L, Elkins G. Complementary and alternative medicine for menopause. *J Evid Based Integr Med.* 2019; 24:2515690X19829380. doi: 10.1177/2515690X19829380.

12. Dohle GR, Arver S, Bettocchi C, Kliesch S, Punab M, de Ronde WJ. Leitlinie Männlicher Hypogonadismus. *J Reproduktionsmed Endokrinol.* 2013; 10 (5-6) 279-292.

13. Yassin DJ, Doros G, Hammerer PG, Yassin AA. Long-term testosterone treatment in elderly men with hypogonadism and erectile dysfunction reduces obesity parameters and improves metabolic syndrome and health-related quality of like. *J Sex Med.* 2014; 11(6):1567-76.

14. Brignardello E, Runzo C, Aragno M, Catalano MG, Cassader M, Perin PC, Boccuzzi G. Dehydroepiandrosterone administration counteracts oxidative imbalance and advanced glycation end product formation in type 2 diabetic patients. *Diabetes Care.* 2007; 30(11):2922-7.

15. Rudman D, Feller AG, Nagraj HS, Gergans GA, Lalitha PY et al. Effects of human growth hormone in men over 60 years old. *N Engl J Med.* 1990; 323(1):1-6.

16. Bartke A, Darcy J. GH and ageing: Pitfalls and new insights. *Best Pract Res Clin Endoocrinol Metab.* 2017; 31(1):113-125. doi: 10.1016/j.beem.2017.02.005.

17. Sigalos JT, Pastuszak AW. The Safety and Efficacy of Growth Hormone Secretagogues. *Sex Med Rev.* 2018; 6(1):45-53. doi: 10.1016/j.sxmr.2017.02.004.

9. Cosmeceuticals – Anti-Aging Wirkstoffe in Cremes und Masken

9.1 Prinzipien der Hautpflege

9.1.1 Aufgaben der Hautpflege – Von Regenerations-Multitalent bis Turbo-Faltenkiller

Eine gute Hautcreme hilft beim Vorbeugen und Mindern von Hautalterungszeichen und sorgt so für eine bessere und straffere Haut und Figur. Als effizienter „Jungmacher" und um die Haut in ihren verschiedenen Aufgaben zu unterstützen, braucht eine Creme vielseitige Eigenschaften: Dazu gehören insbesondere UV-Schutz, Barriereschutz, Feuchtigkeitsversorgung („Re-Hydrierung") und Aufpolsterung, die Eliminierung freier Radikale („Anti-Oxidation"), Förderung von Regenerations- und Detoxifikationsprozessen sowie von Reparatur und Wundheilung, Anregung der Kollagenbildung und auch ein Ausgleichen von mit zunehmendem Alter auftretenden Pigmentflecken und Gefäßveränderungen.

9.1.2 Wirkprinzipien: Was können Hautcremes und -masken heute alles?

In Rezepturen von Cremes lassen sich verschiedene Anti-Aging Wirkstoffe (sog. *Cosmeceuticals*) einbringen, die bei regelmäßiger Anwendung neben der Feuchtigkeitsversorgung auch eine positive Wirkung auf die Regenerationsfähigkeit der Haut, Detox-Prozesse und die Kollagenproduktion haben können. Heute steht dafür ein wahres Arsenal von Wirkstoffen als „Jungmach-Geheimwaffen" zur Verfügung [1]: Eine Wirkstoffgruppe, die *Antioxidantien* – wie Vitamine, Coenzyme und Pflanzenstoffe – bewirkt durch Verringerung schädlicher freier Radikale eine Verminderung proteinabbauender Enzyme, der sog. Matrixmetalloproteasen (s. Kapitel 2 *Alterungsmechanismen*) und wirkt so dem Kollagenabbau, und damit Faltenbildung und Erschlaffung, entgegen. Wichtige Jungmacher sind auch die *Zellregulatoren* – wie Retinoide, Peptide und Wachstumsfaktoren –, die positiv auf den Stoffwechsel der Bindegewebszellen (*Fibroblasten*) wirken und die Kollagenproduktion erhöhen. Zudem sind in Anti-Aging Cremes oft direkte sog. *Booster* zum Auffüllen von Falten enthalten – dazu gehört das Hyaluron – die für den „Frische-Kick" sorgen. In der Tagespflege ist zudem konsequent ein hoher *Lichtschutzfaktor* zum UV- und IR-Schutz anzuwenden. Im Rahmen einer *Typ-gerechten Pflege* sollte der Feuchtigkeitsbedarf und Fettgehalt der verschiedenen Hautareale berücksichtigt werden. Bei erhöhtem Bedarf können neben Cremes zudem auch sog. *Seren* angewendet werden, die das Eindringen von darin enthaltenen Wirkstoffen erleichtern.

Tabelle 9.1: Wichtige Wirkstoffgruppen (Cosmeceuticals) in Anti-Aging Cremes in der Übersicht

- *Feuchtigkeitsspender*: Öle, Fette, fettige Alkohole, Silikone, Lanolin, Lecithin, Cholesterol
- *Antioxidantien*: Ubiquinon (CoQ$_{10}$), Vitamine, Polyphenole, Flavonoide, Carotinoide, u.a.
- *Vitamine*: Vitamin C (Ascorbinsäure, Vital C), Vitamin E, Vitamin B3 (Niacinamid), u.a.
- *Retinoide* (Vitamin A-Derivate): Retinol, Tretinoin, Tazarotene
- *Peptide*: Acetyl-Hexapeptid-3 (Argireline), Palmitoyl-Tripeptid1Tetrapeptid7 (Matrixyl^{TM})
- *Hormone* und *Wachstumsfaktoren*: Östrogene, DEHA, Epidermal Growth Factor (EGF), u.a.
- *Booster*: Hyaluronsäure, Kollagen, Silikone
- *Lichtschutzfaktoren*: organische LSF, anorganische LSF
- *Pigmentaufheller*: Ascorbinsäure, α-Lipoic Säure, Lakritz, Kojic Säure, Aleosin, Arbutin
- *Entzündungshemmer*: Aloe vera, Weihrauch, Hydrocortison 1%, u.a.

Moderne kosmetische Anti-Aging Wirkstoffe in Cremes haben meist pharmazeutische Wirkungen auf die Hautzellen und werden daher als „*Cosmeceuticals*" bezeichnet.

9.1.3 Allgemeine Empfehlungen zur Typ-gerechten Hautpflege

Die optimale Anti-Aging Hautpflege sollte auf Deinen Hauttyp, Lichttyp und den Bedarf abgestimmt werden. Ein aktueller Trend ist das sog. „*Multi-Masking*", bei dem unterschiedliche Cremes oder Masken angepasst an die jeweilige Hautzone und -beschaffenheit aufgetragen werden (s. auch Kapitel 3 *Anatomie*). Eine Beratung in Kosmetik-Studio, Apotheke oder Hautarztpraxis kann bei der Auswahl der Haut- und Lichttyp-gerechten Hautpflege helfen. Teilweise dringen die Wirkstoffe der Cremes jedoch nicht tief genug in die tieferen Hautschichten, wie Dermis und Subkutis, ein, so dass eine Kombination mit kosmetischen Prozeduren im Rahmen des Anti-Agings zusätzlich wirksam und erwünscht sein kann (s. Kapitel 11 *Prozeduren*).

In *Naturkosmetika* (NK) wird zumeist auf mögliche Allergie-auslösende Zusätze, wie Duft-, Farb- und Konservierungsstoffe respektive Parabene und Mineralöle, verzichtet. Dadurch sind NK für empfindliche Haut besonders geeignet. Besonders wichtig ist die Anwendung guter hypoallergener Cremes übrigens auch nach kosmetischen Prozeduren.

In den folgenden Abschnitten werden die verschiedenen *Anti-Aging Wirkstoffe* in Cremes im Detail vorgestellt und sinnvolle Kombinationen erklärt.

9.2 Wirkstoffe für die Hautpflege

9.2.1 Feuchtigkeitsspender

In guten Feuchtigkeitscremes werden meist „okklusive" (verschließende), ölige Feuchtigkeitsspender, die den transepidermalen Wasserverlust blockieren, mit rehydrierenden Befeuchtern kombiniert. Zu den letzteren gehören u.a. Glyzerin, Urea (Harnstoff), Gelatine und Hyaluronsäure. Insgesamt soll damit die im Alter besonders empfindliche Hautbarriere unterstützt, ein Austrocknen (*Xerosis cutis*) verhindert und das Einbringen von Wirkstoffen, z.B. durch *Liposome*, verbessert werden. Speziell *Urea*, als Bestandteil der Hautbarriere, hat ein hohes Wasserbindungsvermögen und erfüllt die Bedürfnisse trockener Haut besonders gut in der Konzentration von 5-10%. Im Gegensatz zu Cremes dringen *Seren* auch in tiefere Hautschichten bis in die Lederhaut (*Dermis*) vor und sollten daher bei einem Mehrbedarf der Haut unter der Creme aufgetragen werden.

9.2.2 Antioxidantien

Unter dem Begriff „*Antioxidantien*" werden unterschiedliche Wirkstoffe zusammengefasst, die als Gegenspieler die im Zuge alterungsfördernder Stoffwechselprozesse und äußerer Einflüsse, wie UV-Strahlung und Rauchen, in der Haut vermehrt auftretenden freien Radikale und reaktiven Sauerstoffspezies (ROS) abfangen und entgiften können. Als „Radikalfänger" tragen Antioxidantien zum Schutz von Zellen und Matrix bei. Neben *Coenzymen* wie CoQ10 und α-Liponsäure sowie *Vitaminen* gehören auch die pflanzlichen *Polyphenole* und *Flavonoide* gehören dazu (s. Abschnitt 9.4 *Botanicals*). Unter bestimmten Umständen kann ein Überfluss an Antioxidantien aber negative gesundheitliche Wirkungen haben, da freie Radikale im Rahmen der Wundheilung und der Immunabwehr gegen Keime oder Krebszelle im Körper auch nützliche Funktionen haben. Die Regel „Alles in Maßen" gilt also auch für die Anwendung von Antioxidantien. Besser als die rein künstliche Zufuhr sind daher täglich mehrere Portionen frisches Gemüse und Obst (s. Kapitel 6 *Ernährung*).

1. CoEnzym Q_{10} (CoQ10, Ubichinon)

Als körpereigenes Antioxidans ist das *CoEnzym Q_{10}* Bestandteil der Atmungskette in den Mitochondrien, den Energiekraftwerken aller Körperzellen. Hier ist CoQ10 am Elektronentransport im Rahmen der Zellatmung zur Energiegewinnung von ATP, der sog. *oxidativen Phosphorylierung*, beteiligt. Strukturell ist CoQ10 als Chinon-Derivat mit Isoprenoid-

Seitenkette mit den Vitaminen K und E verwandt. Für die Erforschung der Eigenschaften von CoQ10 erhielt der britische Wissenschaftler *Peter D. Mitchell* 1978 den Chemie-Nobelpreis.

- *Funktionen*: Im Alter lässt die körpereigene Bildung von CoQ10 aus B-Vitaminen und Vitamin E nach – sowie auch bei Einnahme von Cholesterinsenkern (sog. *Statine*) –, so dass der Bedarf dann erhöht ist. In Creme-Rezepturen kann CoQ10 in die Haut eindringen und dort Oxidationsprozesse vermindern sowie die Produktion des Kollagen-abbauenden Enzyms *Kollagenase* nach UVA-Bestrahlung reduzieren. Nachweislich wird durch Anwendung von Q10 die *Augenfaltenbildung* gemildert [2]. Die lebensverlängernde Wirkung von zur Nahrungsergänzung eingenommen CoQ10 ist zwar weniger gut belegt, jedoch sind positive Effekte auf Herzkreislaufsystem und Stoffwechsel beschrieben (s. Kapitel 6 *Ernährung*).

2. Vitamin C (L-Ascorbinsäure) – der Klassiker

Die Wirkung von *Vitamin C*, auch als Ascorbinsäure bezeichnet, als Haut-Jungmacher ist vielschichtig und beruht auf seiner antioxidativen Wirkung, der Förderung der Kollagenbildung sowie Hemmung der Pigmentbildung. Zudem wirkt Vitamin C konservierend für das Hautpflegeprodukt. Wegen der geringen Stabilität von Ascorbinsäure infolge schneller Oxidierung an der Luft wird oft die stabilere Vorstufe *Magnesiumascorbylphosphat* in Cremes verwendet.

- *Funktionen*: Als *Antioxidans* bewirkt Vitamin C eine Detoxifikation von ROS in der Haut und dient dem UV-Schutz, besonders in Kombination mit Vitamin E. Der Bindegewebsstoffwechsel wird durch Förderung der Kollagen I- und III-Synthese und Hemmung des Kollagenabbaus verbessert, so dass in Studien mit Vitamin C-haltigen Pflegecremes eine Minderung der Faltentiefe nachweisbar war. In der Kollagen-Biosynthese fördert Vitamin C nämlich die Quervernetzung von Kollagenfibrillen und Festigung der Tipelhelixes, da es als Cofaktor bei der Hydroxylierung von Prolin und Lysin dient. Da Vitamin C zudem die Melanogenese, also die Bildung des braunen Pigments Melanin, durch Interaktion mit Kupferionen hemmt, hilft es dabei, Altersflecke zu vermindern. Auch der Stoffwechsel der Oberhaut wird durch Vitamin C gefördert, so dass seine Anwendung eine verbesserte epidermale Permeabilitätsbarriere mit nachweislich verbesserter Bildung von *Ceramiden* (*Spingolipiden*) bewirkt.

3. Vitamin E (α-Trocopherol)

- *Funktionen*: Dem Vitamin C ähnliche positive Wirkungen auf die Haut besitzt das fettlösliche Vitamin E, das als *Antioxidans* photoprotektiv wirkt sowie auch entzündungshemmende, immunstimulierende und antiproliferative Eigenschaften aufweist. Insgesamt bewirkt es eine Glättung und Verbesserung der Hautoberfläche und des Feuchthaltevermögens.

Natürlicherweise enthalten ist besonders viel Vitamin E in Pflanzenölen, wie auch in der aus der Kariténuss gewonnen *Sheabutter*, die zudem reich an Beta-Karotin und Allantoin ist.

4. Vitamin B3 (Niacinamid, Nicotinamid, NAA)

Als Bestandteil eines körpereigenen Redox-Coenzyms (sog. *NicotinamidAdenineDinukleotide/ Phosphate, NAD$^+$/NADP$^+$*) ist Vitamin B3 lebenswichtig für den Redox- und Energiestoffwechsel in jeder menschlichen Zelle. Dabei wirkt das Vitamin als Antioxidans und Elektronenspeicher, also als Energieträger, in wichtigen Stoffwechselprozessen des Zellstoffwechsels und der -regeneration, wie Glykolyse, Zitratzyklus und Elektronen-Transportkette.

- *Funktionen*: Wie bei Aufnahme mit der Nahrung hat NAA daher auch in Anti-Aging Cremes Jungmach-Wirkungen auf die Haut, wie eine Verbesserung feiner Falten und der Hautelastizität. Auch in der Therapie der *Akne* werden Nicotinamid-haltige Cremes wegen ihrer anti-entzündlichen und Talg-reduzierenden Eigenschaften gerne eingesetzt.

5. Die Super-Antioxidantien: Astaxanthin, Traubenkern-OPC und Co. ....

Verschiedene in der Natur vorkommende Substanzen haben besonders starke antioxidative Kräfte – und sind daher als Radikalfänger für den Zellschutz in der Anti-Aging Vitalstoff- und Kosmetik-Entwicklung von größtem Interesse. Insbesondere in Algenextrakten und Plankton finden sich viele dieser wertvollen und segensreichen Wundermittel. So auch das dunkelrote *Astaxanthin*, ein Carotinoid aus der Alge *Haematococcus pluvialis*, das als stärkstes natürliches Antioxidans der Welt gilt – mit 100x stärker Schutzwirkung als Vitamin E. Astaxanthin verleiht auch Wildlachsen die rote Farbe, die den Stoff als Energieträger in ihrer Muskulatur einlagern und dadurch besonders ausdauernd schwimmen können. Neben der Anwendung als Nahrungsergänzungsmittel zur Bekämpfung von Stress, Herzkrankheiten, chronischen Entzündungen und Gelenkproblemen, wird Astaxanthin auch in der anti-aging Hautpflege eingesetzt, wo es als Schutzschild gegen UV-bedingte freie Radikale und andere schädliche Umwelteinflüsse wirkt und Falten mindert – wie verschiedene klinische Studien belegen (Tominaga *et al.*, 2012 [3], Kurashige *et al.*, 1990).

Ein ähnliches Wundermittel ist das sog. Traubenkern-OPC (Abkürzung für *Oligomere Proanthocyanidine*), das aus den bei der Weinherstellung *quasi* als „Nebenprodukt" anfallenden Traubenkernen in Form Öl und Mehl gewonnen wird. Auch seine antioxidative Wirkung ist weitaus stärker als von Vitamin C und E. Mehr über diese pflanzlichen Super-Jungmacher findest Du im Kapitel 6 *Ernährung* und im folgenden Abschnitt zu *Botanicals*.

9.2.3 Botanicals (sekundäre Pflanzenstoffe)

Flavonoide und Polyphenole: Gutes aus Mutter Natur...

Eine Reihe von Naturstoffen aus verschiedenen Pflanzen und Früchten, zu denen *Flavonoide*, *Polyphenole* und *Carotinoide* gehören, erfreuen sich wegen ihrer günstigen biologischen Wirkungsprofile großer Beliebtheit – auch als Zusatz von Pflege- und Anti-Aging Cremes [4].

Als pflanzliche Metabolite sind *Flavonoide* natürliche aromatische Kohlenwasserstoffe von zumeist gelber Farbe (lat. *flavus* bedeutet gelb) mit verschiedenen biologischen Aktivitäten. Zu den positiven Wirkungen der Flavonoide auf die Haut gehören die in *Tabelle 9.2.3* aufgeführten Eigenschaften. Besonders häufig werden als Cosmeceuticals die aus der Sojabohne stammenden Isoflavonoide *Daidzein* und *Genistein* wegen ihrer Wirkung als Antioxidantien und Phytoestrogene (s.u.) sowie die aus verschiedenen anderen Pflanzen stammenden Flavonoide *Curcumin, Silymarin, Pycnogenol* und *Gingko biloba* eingesetzt. Die Phytoestrogenwirkung von Isoflavonen aus Soja oder Rotklee wird über eine spezifische Interaktion mit körpereigenen *Östrogenrezeptoren* vermittelt. Neben der Wirkung bei topischer Anwendung an der Haut werden diesen Substanzen auch verschiedene systemische Benefits beim Verzehr zugeschrieben. So wirkt Soja gemäß Studien auch positiv gegen Herz-Kreislauf-Erkrankungen und Brustkrebs. *Silymarin* wird in der Homöopathie auch zur Behandlung von Lebererkrankungen eingesetzt. Die in *Gingko biloba* enthaltene einzigartige Mischung aus Flavonoiden und Polyphenolen mit *Quercetin, Kaempferol, Ginkgetin* und *Terpenoiden* hat neben antioxidativen und entzündungshemmenden Wirkungen auch positiven Einfluss auf Bindegewebszellen der Haut und fördert die Bildung von Kollagen und Fibronektin.

Auch *Polyphenole*, die hauptsächlich in Tees und Früchten vorkommen, stellen eine Untergruppe der Flavonoide dar und haben daher ähnliche Anti-Aging Eigenschaften. Der aus unfermentierten Teeblättern hergestellte *grüne Tee* (lat. *Camellia sinensis*) ist besonders reich an Polyphenol-Antioxidantien. Neben der günstigen Wirkung beim Konsum des Tees als Getränk ist auch der Zusatz von Grünteeextrakten zu Cremes wegen der antioxidativen und photo-protektiven Eigenschaften der enthaltenen polyphenolischen *Epicatechine* sinnvoll. Zusammen mit LSF-Sonnencremes kann mit Grüntee daher dem *Photoaging*, also UV-bedingten Alterserscheinungen der Haut, effektiv entgegengewirkt werden. Gemäß einer *in vivo* Studie führte die äußerliche Anwendung von Grünteepolyphenolen *vor* dem Sonnenbaden zu verbessertem Sonnenschutz und Verringerung von Entzündung und DNA-Schäden in der Haut (Elmets *et al.*, 2001 [5]). Ebenso sind *Granatapfel* (*Punica granatum*) und *Gojibeeren* heute beliebte Lieferanten von Polyphenolen – sowohl im Rahmen der gesunden Ernährung sowie auch als Cremeinhaltsstoffe in Form ihrer Extrakte. Aufgrund der in Pflanzen und Früchten natürlicherweise enthaltenen Vitamine sowie durch additive Wechselwirkungen werden durch entsprechende Extrakte zudem die antioxidativen Wirkungen von Vitaminen B, C und E sowie anderer Antioxidantien verstärkt.

Tabelle 9.3: Anti-Aging Wirkungen von Flavonoiden und Polyphenolen (mod. nach Arct *et al.*, 2008)

Wirkung	Substanzen
- *Antioxidative Wirkung* in multiplen Organsystemen durch Abfangen (Quenching) von ROS und Schutz vor Lipidperoxidation	*alle* Flavonoide und Polyphenole: Curcumin, Silymarin, Pycnogenol, Gingko, grüner Tee
- *Photoprotektion* gegen UVB und Verminderung UVB-induzierter Entzündung und von Hauttumoren (durch Verminderung von Pyrimidindimeren)	besonders Grüntee, Silymarin
- Verminderung von *AGE* (*advanced glycation end products*) durch *Chelation* von Metallen und Hemmung von Ziel-Enzymen,	besonders Grüntee (Quercetin), Curcumin, Granatapfel
- *Hormonelle Modulation* (Phytoestrogene)	insbesondere Soja-Isoflavone
- *Entzündungshemmung*	Soja, Silymarin, Gingko, grüner Tee
- *Antimikrobielle Wirkung*	Silymarin, teilweise auch Granatapfel
- Förderung der *Wundheilung*	Silymarin, teilweise auch Granatapfel
- *Pigmentverminderung*	insbesondere Pycnogenol
- Förderung der *Kollagenbildung*	insbesondere Gingko, Soja

9.2.4 Retinol (Vitamin A) und Retinoide (Vitamin A Säure-Derivate)

Zur Behandlung der *Akne* verwendete Retinoid-haltige Cremes führten zur Freude der behandelten Patientinnen in einer Studie im Jahr 1943 gleichzeitig zu einer Verminderung der Hautfalten – sozusagen als „positive Nebenwirkung". Bei den heute in der dermatologischen Therapie eingesetzten, unter dem Begriff *Vitamin A-Säure ähnliche Substanzen* (med. *Derivate*) zusammengefassten verschreibungspflichtigen Substanzen unterscheidet man anhand der chemischen Struktur das *Iso-/Tretinoin* (13-cis und all-trans Retinsäure oder Retin A), *Acitretin*, *Adapalen* und *Tazaroten*, mit jeweils teilweise unterschiedlichem Wirkprofil [6].

- *Funktion*: Da Retinoide mittlerweile als die am besten durch Studien gesicherten Anti-Aging Wirkstoffe für die Haut gelten, sind diese in kleinen Mengen heute vielen Anti-Aging Cremes vorhanden. Bei den frei verkäuflichen *Retinol*-haltigen Kosmetika (Vitamin A-haltigen Anti-

Aging Cremes) ist unter allen eingesetzten Substanzen das „*Retinol*" in der Dosierung 0,3 % am besten wirksam. Demgegenüber sind seine Verwandten *Retinal-Palmitat* oder auch *Pro-Retinol* deutlich schwächer wirksam und brauchen für eine nennenswerte Wirkung viel länger. In den Hautzellen wirken Retinoide über recht gut erforschte Rezeptoren, wodurch die Verhornung verbessert und Produktion von Kollagen, Elastin und Fibronektin gefördert wird. Insgesamt werden durch diese Substanzklasse somit Falten reduziert, die Hautstruktur verbessert und Pigmentflecken gemindert [7]. Im Vergleich zu verschreibungspflichtigen Retinoid-haltigen Cremes mit Wirkstoffen wie *Tretinoin* und *Tazarotene*, die zur Therapie von Akne, Schuppenflechte und Ekzemen eingesetzt werden und zu Hautirritationen führen können, ist Retinol deutlich besser verträglich. Empfindliche oder trockene Haut sollte trotzdem zunächst langsam an Retinol-haltige Creme gewöhnt werden und bei Reizungen nur jeden zweiten oder dritten Tag damit gepflegt werden. Geschickt kombiniert mit dem Zellbaustein *Adenosin*, mit *Grüntee*-Extrakten oder *Hyaluronsäure*, wird Retinol nicht nur verträglicher, sondern zeigt auch einen schnelleren Glättungseffekt.

9.2.5 *Peptide – Kurz und gut....*

Eine relativ neue Anti-Aging Wirkstoffgruppe sind synthetisch hergestellte *Peptide*. Darunter versteht man in der Dermatokosmetik aus wenigen, über Peptidbindungen verknüpften *Aminosäuren* zusammengesetzte Cosmeceuticals, die Fähigkeiten größerer körpereigener Proteine, wie Kollagen oder Elastin, nachahmen können. Bei guter Verträglichkeit können die Peptide über diese Strukturähnlichkeiten daher als *Zellregulatoren* wirken und körpereigene Prozesse - wie Kollagensynthese, Stoffwechsel oder Signalgebung - beeinflussen. Anhand ihrer Wirkweise werden *Signalpeptide*, *Neuropeptide* und *Transportpeptide* unterschieden [8].

Zu den Signalpeptiden mit längerfristiger Wirkung auf die Haut gehört das *Palmitoyl-Pentapeptid-3 (Pal-KTTKS)*. *Pal-KTTKS* ist ein sog. *Pro-Kollagen*, das in klinischen Studien die Produktion von Typ I und III Kollagen anregte und eine Zunahme von Hautdicke und -glätte bewirkte. Im Gegensatz zu Retinol-haltigen Cremes war bei ähnlich guter Wirkung auf den Kollagenstoffwechsel beim *Pal-KTTKS* die Verträglichkeit deutlich besser. Weitere populäre Vertreter aus dieser Gruppe sind auch das *Palmitoyl-Tripeptid-1* und *-Tetrapeptid-7* (als Kombination die Basis von Matrixyl^{TM}), die als „Geheimwaffen" für die hautstraffende Wirkung verschiedener „Wundercremes" verantwortlich sind (s. 9.2.10). Die Substanzen Pal-GHK und Pal-GQPR werden auch als Matrikine bezeichnet, da sie aufgespaltete Matrixmakromoleküle darstellen. Das *Palmitoyl-* („*Pal*") in den Namen weist auf die Verknüpfung mit einer Fettsäure, der sog. Palmitinsäure, hin, die für eine gute Aufnahme durch die Haut (*Penetration*) sorgt.

Ein Top-Jungmacher ist auch das Dipeptid *Carnosin*, aus den Aminosäuren ß-Alanin und Histidin, das sowohl antioxidative wie auch glykationshemmende Eigenschaften hat. Als körpereigener Stoff wird Carnosin natürlicherweise besonders in Muskulatur und Nervengewebe benötigt, mit dem Alter aber nicht immer ausreichend produziert. In der Haut kann Carnosin die „Verzuckerung", also die endogene Glykation mit Bildung von *advanced glycation end products, AGE*, vermindern (s. *Kapitel* 2 und 6)). Durch Stoffwechseländerungen im Alter vermehrt anfallende *AGEs* tragen mit zu bestimmten Alterserscheinungen der Haut bei und zu sog. *low grade* Entzündung. Zusätzlich wirkt Carnosin auch gegen oxidativen Stress.

Eher kurze Wirksamkeit haben Neuropeptide wie das *Acetyl-hexapeptid-3* (auch als *Argireline®* bekannt), das die Signalübertragung von Nerven auf Muskel hemmt. Als Cremeinhaltsstoff wirkt dieses Peptid damit entspannend auf die Muskulatur des Gesichts und übt einen ähnlichen glättenden Effekt auf Mimikfalten aus wie das Nervengift *Botulinumtoxin* (Botox™, s. Kapitel 11 *Prozeduren*). In der aktuellen Peptidforschung werden zudem immer wieder neue Substanzen entworfen und getestet (s. Kapitel 14 *Innovationen*).

9.2.6 Booster – die Filler und „Turbo-Faltenkiller"

Durch synthetisch hergestellte, hauteigene Stoffe wie *Hyaluronsäure* und *Kollagen* können Hautfalten optisch aufgepolstert werden, wodurch es *quasi* zu einem Sofort-Effekt („*Boost*") kommt. Wie auch bei den *Fillern* zur Injektion im *Kapitel* 11 beschrieben, wird *Hyaluronsäure* heute biotechnologisch, z.B. mit Hilfe von Bakterien oder Getreide, hergestellt und kann in kleinen Fragmenten von der Haut besser aufgenommen werden. In Creme-Rezepturen ist das Eindringen in die Haut jedoch trotzdem eingeschränkt.

Für den „Blitz-Lifting"-Effekt einiger kommerzieller Anti-Falten Cremes sind zudem meist auch *Silikone* und *Polymere* verantwortlich, die sich in die Falten einlagern und so die Hautoberfläche kurzfristig glätten können. Einen längerfristigen, positiven Anti-Aging Effekt haben diese künstlichen Booster aber nicht, da sie keinen Einfluss auf Regeneration und Schutzwirkung haben, sondern die Haut eher austrocken und spröde machen. Ein Trick aus der dekorativen Kosmetik, mit dem sich Fältchen kaschieren und der Hautton optisch verbessern lässt, ist der Einsatz sog. „*Chromasphären*", also verkapselter Farbpigmente. Diese zerplatzen auf der Hautoberfläche und gleichen so infolge Lichtbrechung Hautton und -struktur aus.

9.2.7 Pigmentaufheller

Unterschiedliche pflanzliche und natürliche Stoffe haben aufhellende, pigmentreduzierende Wirkung auf die Haut und können so Altersflecken vermindern und diesen vorbeugen. Dazu gehören Flavoinoide wie *Lakritzextrakt*, das durch Zerstreuung von Melanin zur Hautaufhellung führt. Ein beliebter Inhaltsstoff von aufhellenden Cremes ist auch die *Kojic Säure*, die aus den Pilzen *Aspergillus* und *Penicillium* gewonnen wird und die Aktivität des Pigmentbildenden Enzyms *Tyrosinase* der Melanozyten durch Bindung von Kupfer hemmt. Auch das Aloe vera Glykoprotein *Aleosin* und das aus Pflanzenblättern gewonnene *Arbutin* hemmen die Tyrosinase-Aktivität und die Reifung von Melanosomen – und vermindern so die Pigmentbildung. Ebenso haben verschiedene Antioxidantien, wie *Ascorbinsäure (Vitamin C)* und *Alpha-Liponsäure*, limitierte Pigment-aufhellende Wirkung. In verschreibungspflichtigen medizinischen Rezepturen sind häufig *Hydrochinon, Tretinoin* und *Kortison* enthalten. Die Notwendigkeit von *Lichtschutzfaktoren (LSF)* ist im Kapitel 5 beschrieben.

9.2.8 Hormone und Wachstumsfaktoren

1. Östrogen und Phytoöstrogene

Wie im *Kapitel 2 Hautalterungsmechanismen* beschrieben wirkt sich der natürliche Mangel an Östrogenen in der *Menopause* im Rahmen der endogenen Hautalterung negativ auf Hautstraffheit und Kollagensynthese aus. Durch Anwendung von Östrogenen an der Haut, z.B. in Form des schwach wirksamen *Estriol (E3)*, kann besonders bei postmenopausalen Frauen durch Förderung der Kollagensynthese, vermehrte Wassereinlagerung und verbesserte Hautdurchblutung Hautdicke und -struktur verbessert werden [9]. Jedoch sind heutzutage Östrogen-haltige Cremes – wie Hormone generell – *rezeptpflichtig* und werden in erster Linie zur Therapie bei Scheidentrockenheit und einigen Hauterkrankungen eingesetzt. In der Menopause wirkt sich auch eine *Hormonersatztherapie (HET)* mit Östrogen und bioidentischem Progesteron, die unter Abwägung von Risikofaktoren durch erfahrene Mediziner erfolgen sollte, positiv auf die Hautstruktur aus (s. Kapitel 8 *Hormonoptimierung*) Auch die positive Wirkung der Soja-Isoflavone *Genistein* und *Daidzein* wird bei oraler Einnahme auf die Wirkung als Phytoestrogene zurückgeführt, die auch unterstützend wirksam gegen kardiovaskuläre Erkrankungen und Brustkrebs sind (Friedman & Brandon, 2001).

2. Dehydroepiandrosteron (DEHA)

Auch das in den USA beliebte Anti-Aging Multitalent DHEA – eine Vorstufe des weiblichen Steroidhormons Östrogen und des männlichen Testosterons – ist ein „Anti-Falten-Wirkstoff", der in bestimmten in den USA erhältlichen Cremes enthalten ist. DHEA werden verschiedene positive Wirkungen zugeschrieben, insbesondere auf die Abwehrfunktion, Muskel- und Knochenmasse, Stimmung und Fettstoffwechsel sowie auch regenerative Wirkung auf die Haut und Verminderung der Falten. Da systemische Nebenwirkungen von DHEA-Cremes möglich sind und bestimmte Erkrankungen – wie Brust-, Eierstock oder Hodenkrebs – ebenso wie Schwangerschaft und Stillzeit Kontraindikationen für die Anwendung darstellen, sollte eine Anwendung aber nur in Absprache mit einem Mediziner erfolgen (s. Kapitel 8 *Hormone*).

3. Epidermaler Wachstumsfaktor (EGF)

Ähnlich wie bei den Hormonen nimmt auch die Produktion bestimmter Haut-eigener Wachstumsfaktoren mit dem Alter zunehmend ab. Das gilt auch für den von Hautstammzellen produzierten epidermalen Wachstumsfaktor (engl. *epidermal growth factor, EGF*), der wichtige Aufgaben im Rahmen der Zellerneuerung (Regeneration) epidermaler und epithelialer Zellen sowie in der Wundheilung erfüllt. Bereits 1986 wurde das US-amerikanische Forscherteam um *Stanley Cohen* und *Rita Levi-Montalcini* für die Entdeckung von EGF und anderen Wachstumsfaktoren mit dem Nobelpreis für Medizin ausgezeichnet. In den letzten Jahren sind dann verschiedene Zellaktivator-Seren auf den Markt gekommen die rekombinantes – zumeist gentechnisch aus Getreide gewonnenes – menschliches EGF enthalten (z.B. EGF von Bioeffect). Diese Seren führen gemäß klinischen Studien bei regelmäßiger Anwendung auf der Haut zu einer Verbesserung von Hautstruktur, Faltentiefe und Pigmentierung sowie auch von Aknenarben und Lichtschäden. Die Ergebnisse variieren gemäß Umfragen und Kundenrezensionen jedoch relativ stark in Abhängigkeit vom Ausgangszustand der Haut, der Anwendungsdauer und anderen Faktoren. Bei den verschiedenen Produkten gibt es zudem Unterschiede in Zusammensetzung, Herkunft und Konzentration der EGF-Zellaktivatoren. Auch zur Unterstützung der Hautregeneration bei Akne-Therapie oder nach Peelings und anderen schälenden Prozeduren sowie bei bestimmten chronischen Wunden sind EGF-Produkte laut Studien wirksam [10].

Hinweis: Zu beachten ist, dass EGF Haarausfall auslösen kann (*Depilation*), der aber in bestimmten Bereichen erwünscht sein kann. Zudem werden anti-EGF Strategien in der Therapie von Lungen-, Brust-, Darm- und anderen Krebsarten angewendet. Da auf die Haut aufgetragenes EGF auf bestehenden weißen Hautkrebs wachstumsfördern wirken könnte, empfiehlt sich vor Anwendung ein *Hautkrebsscreening*, besonders bei empfindlichen Hauttypen.

9.2.9 Biotulin – das „Bio-Botox" aus der Tube

Wer sich nicht gleich einer Botox®-Injektion unterziehen, aber trotzdem eine kurzfristige Botox®-ähnliche Verjüngung für die Haut probieren möchte, kann seit Neustem auch einfach auf ein Lifiting-Gel mit den Wirkstoffen aus der südamerikanischen Parakresse zurückgreifen (sog. Biotulin Skin Gel). Das Feuchtigkeitsgel enthält das hautstraffende *Spilanthol*, das für einige Stunden eine Botulinumtoxin-ähnliche, betäubende Wirkung an der Hautoberfläche entfaltet und so für einen erfrischten und verjüngten Look sorgt. Zur Pflege ist zudem Hyaluron in dem Produkt enthalten.

⚡ *Hinweis*: Auch das im Abschnitt 9.2.5 aufgeführte Neuropeptid *Acetyl-Hexapeptid-3* hat eine dem Botulinumtoxin ähnliche Wirkung und glättet Mimikfalten im Gesicht.

9.2.10 Mixturen – Gibt es sie schon, die wahre anti-Falten „Wundercreme"?

Im Internet und in der Werbung werden immer wieder „Wundercremes" angepriesen. – Laut Hersteller-Webseiten sollen diese Cremes innerhalb kürzester Zeit Falten und andere Zeichen der Hautalterung verschwinden lassen und zu einem 10-20 Jahre jüngeren Aussehen verhelfen. Wie häufig bei „zu gut" klingenden Angeboten, ist natürlich auch hier Vorsicht geboten: Die Herstellerwerbung sollte nicht gleich blind „für bare Münze" genommen werden. Die angebotenen Cremes enthalten durchaus potente Anti-Aging Wirkstoffe wie Vitamine, CoQ10, Öle und Hyaluronsäure, – teilweise in Kombination mit innovativen Substanzen wie den *Peptiden* und in patentierter Rezeptur. Daher wird sicherlich auch mit diesen Cremes ein gewisser Anti-Aging Effekt erzielt werden können. Die drastischeren Effekte von kosmetischen Prozeduren, wie ein stärkeres Lifting oder ein schnelles Abtragen intensiver Altersflecke, ist aber durch die kurzfristige Anwendung einer Creme eher unwahrscheinlich.

Skeptisch sollte die Verbraucher auch machen, dass die auf den Vertreiber-Webseiten gezeigten Vorher-Nachher-Fotos teilweise nachweislich Patientinnen zeigten, die sich zumindest zusätzlich einer oder mehrerer kosmetischer Prozeduren, – wie Botox®-Injektionen, Fillern, oder Thermage, – unterzogen hatten (Stand 10/2019, s.a. Kapitel 11 *Prozeduren*). Die Werbemethoden der Creme-Hersteller sind also zum Teil als nicht ganz seriös einzustufen. Ausreichend publizierte klinische Studien zu den Creme-Zusammensetzungen gibt es zu diesem Zeitpunkt offenbar nicht, so dass von keinem dauerhaft stärkeren Anti-Aging Effekt als bei anderen gleichartigen und eventuell auch preisgünstigeren Produkten auszugehen ist. Aktuell wurden verschiedene Anti-Aging Cremes auf ihre Wirksamkeit und Verträglich getestet [11]. Teilweise wird aber bei den entsprechenden online Angeboten zum Glück eine 3-wöchige

Geld-zurück-Garantie versprochen, so dass bei Interesse das Testen bei normaler Haut zumeist keinen größeren Schaden verursachen sollte.

9.2.11 Selbsthergestellte Naturkosmetik

Voll im Trend liegt die eigene Herstellung von *Naturkosmetik* mit selbstausgewählten natürlichen Inhaltsstoffen [12]. Die in kommerziellen Cremes und Pflegeprodukten leider oft enthaltenen künstlichen Duftstoffe, Konservierungsstoffe, Plastikstoffe und potentiell reizende Chemikalien können in selbstgemachter Kosmetik vermieden werden. Die meisten Inhaltsstoffe für Deine selbstgemachte Kosmetik kannst Du im Bioladen, in der Apotheke oder online kaufen oder auch Kräuter und Früchte in der Natur sammeln. So übernimmst Du selbst die Kontrolle, was Du auf Deiner Haut anwendest.

Für eine selbstgemachte Hautpflege benötigt man eine *Cremegrundlage* mit den möglichen Komponenten Fett, Öl und Wasser. Zudem sind *Verdickungsmittel* oder Wachse zur Erhöhung der Viskosität und *Emulgatoren* zur Bindung von Wasser und Öl in einer stabilen Mischung wichtig. Hierzu zählen Bienenwachs, Candelillawachs, Lanolin (Wollwachs) Lecithin, Xanthangummi, Johannisbrotkernmehl und andere. Besonders hochwertige *Trägeröle* aus Samen, Nüssen, Bohnen, Früchten oder Avocados enthalten von Natur aus wertvolle Fettsäuren und Vitamin E und verwöhnen die Haut. Als Wirkstoffe lassen sich zudem weitere Vitamine, Coenzyme und Phytosubstanzen aus im Handel erhältlichen Hautpflegekapseln oder auch aus Vitalstoffpräparaten zusetzen.

✍ *Hinweis*: Auch bei selbstgemachten Cremes und Pflegeprodukten kann es zu Reizungen, *Unverträglichkeiten*, *Allergien* und anderen Nebenwirkungen kommen. Einige Inhaltsstoffe wie Bienenwachs, Wollwachs und auch Kräuteröle sind bei empfindlichen Personen relativ häufige Auslöser von Allergien. Daher sollten Sicherheit und Verträglichkeit der neuen Creme in sehr kleiner Menge an einer nicht gleich sichtbaren Hautstelle, wie z.B. der Armbeuge oder hinter dem Ohr, vor der Anwendung getestet werden. Sollten an der Stelle Veränderungen, wie Rötung, Bläschen, Juckreiz, Schmerzen oder andere Beschwerden auftreten, ist in jedem Fall die Hausarztpraxis vor einem weiteren Gebrauch zu konsultieren.

9.3 Zusammenfassung

Die wichtigsten Tipps für das fit+jung-Hautpflege-Programm:

Auch für das Haut-Jungmach-Programm ist natürlich eine gewisse Disziplin und regelmäßige Anwendung notwendig, um eine optimale Anti-Aging Wirkung zu erzielen.

- Die Basis für eine gute Anti-Aging Hautpflege ist die konsequente *Hautreinigung*, die der Anwendung von Wirkstoff-Cremes stets vorausgehen sollte. Zur Nacht gilt also, das Abschminken nie zu vergessen! – Verschiedene milde Gesichtswasser stehen dazu zur Verfügung, z.B. mit Mizellen-Technologie.
- Die *Basispflege* zum Feuchtigkeits- und Barriereschutz sollte Typ-, Alters- und Bedarfsgerecht sein und bei erhöhtem Bedarf durch ein Serum ergänzt werden
- In der Tagespflege ist die Kombination von *Lichtschutzfaktoren* (LSF) mit *Antioxidantien* – wie Grüntee-Extrakten oder CoQ10 – sinnvoll. Konsequente Anwendung von LSF-enthaltenen Cremes sollte speziell bei empfindlichen Lichttypen bereits von Jugend an täglich erfolgen!
- In der Nachtpflege helfen *Antioxidantien* und *Zellregulatoren* bei Detox und Regeneration. Ab etwa der 4. Lebensdekade sollten neben Antioxidantien daher *Zellregulatoren* wie Retinol oder Peptide für eine optimale Anti-Aging Wirkung zum Einsatz kommen. Retinol ist in Kombination mit Adenosin, Grüntee-Extrakten oder Hyaluronsäure besser verträglich.
- Die Anwendung von *Pigmentaufhellern*, weiteren Zellregulatoren und medizinischen Wirkstoffen sollte bedarfsgerecht erfolgen.
- Kurzfristige Faltenglättung, z.B. vor einem Fest, kann durch *Neuropeptide* oder *pflanzliche Wirkstoffe* mit betäubender Wirkung auf die mimischen Muskeln erzielt werden.
- *Masken* als Frischekick für Zwischendurch oder bei vermehrten Detox- und Regenerationsbedarf verwöhnen die Haut und sorgen für Entspannung. *Multi-Masking* ist bei Mischhaut sinnvoll.
- Bei Problemhaut sollte in jedem Fall eine *Beratung* in der Hautarztpraxis erfolgen.
- Regelmäßige *Hautkrebsscreenings* sind zur Früherkennung von Veränderungen sinnvoll.
- Insgesamt ist auf einen *gesunden Lebensstil* mit frischer Ernährung und ausreichenden Trinkmengen sowie auf das Meiden schädigender Einflüsse zu achten, da innere und äußere Pflege zum Schutz vor Hautalterung zusammenwirken.

Für weitere Informationen darüber, was die Haut in verschiedenen Altersphasen und Situationen genau braucht, lass Dich am besten in Hautarztpraxis oder Kosmetikstudio beraten.

9.4 Literaturverzeichnis und weiterführende Lesetipps

1. Kerscher M, Buntrock H. Antifaltencremes – was hilft wirklich? *Der Hautarzt*. 2011; 62: 607-613.

2. Hoppe U, Bergemann J, Diembeck W, *et al*. Coenzyme Q10, a cutaneous antioxidant and energizer. *Biofactors*. 1999; 9:371-378.

3. Tominaga K, Hongo N, Karato M, Yamashita E. Cosmetic benefits of Astaxanthin on human subjects. *Acta Biochim Pol*. 2012; 59(1): 43-47.

4. Arct J, Pytokowska K. Flavonoide as components of biologically active cosmeceuticals. *Clin Dermatol*. 2008; 26:347-57.

5. Elmets CA, Singh D, Tubesing K, Matsui M, Katiyar S, Mukhtar H. Cutaneous Photoprotection from ultraviolet injury by green tea polyphenols. *J Am Acad Dermatol*. 2001; 44(3):425-432. doi: 10.1067/mjd.2001.112919.

6. Mujherjee S, Date A, Patravale V, Korting HC, Roeder A, Weindl G. Retinoids in the treatment of skin aging: an overview of clinical efficacy and safety. *Clin Interv Aging*. 2006; 1(4):327-348. doi: 10.2147/ciaa. 2006.1.4.327

7. Kafi R, Swak HS, Schumacher WE, *et al*. Improvement of naturally aged skin with vitamin A (retinol). *Arch Dermatol*. 2007; 143:606-612

8. Gorouhi F, Maibach HI. Role of topical peptides in preventing or treating aged skin. *Int J Cosmet Sci*. 2009; 31(5):327-345. doi: 10.1111/j.1468-2494.2009.00490.x

9. Rittié L, Kang S, Voorhees JJ, Fisher GJ. Induction of collagen by estradiol: difference between sun-protected and photodamaged human skin in vivo. *Arch Dermatol*. 2008; 144(9):1129-1134.

10. Pastore S, Mascia F, Mariani V, Girolomoni G. The epidermal growth factor receptor system in skin repair and inflammation. *J Invest Dermatol*. 2008; 128(6):1365-1374.

11. Markert S, Rix M. Gesichtscreme-Test. *ÖKÖ-TEST Magazin*. 2019; Dezember. Ökotest AG.

12. Bunt S. Naturkosmetik selber machen statt kaufen. *Independently published*. 2019. ISBN-13: 978-1693597749.

10. Schlaf und Entspannung – Die sanften Jungbrunnen...

Stress ist zusammen mit den verbundenen körperlichen Abwehrreaktionen ein wesentlicher Alterungsfaktor. Zur *Regeneration* unserer körperlichen und geistigen Kräfte ist Entspannung und Schlaf lebensnotwendig, da sonst im Körper schwere Schäden durch Überproduktion von Stresshormonen und unzureichende Entgiftungsvorgänge entstehen können Im Schnitt „verschlafen" wir etwa 1/3 unseres Lebens, also ~26,5 Jahre, und sollten auf optimale Bedingungen für diese wichtige Lebenszeit achten. Da wesentliche körperliche und geistige Regenerationsvorgänge und Konsolidierungen im Schlaf ablaufen, stellen ausreichender Nachtschlaf und Entspannung wesentliche Komponenten der *Fit+Jung-Formel* dar.

10.1 Schlaf

10.1.1 Gesundheitsfaktor Schlaf: Warum ist Schlaf für den Körper so wichtig?

Schlaf ist ein nächtliches *„Regenerations-* und *Detoxprogramm"* für alle Organe, besonders für unser Nervensystem. Für unsere normalen körperlichen, geistigen und sozialen Funktionen ist Schlaf unentbehrlich, und die negativen Auswirkungen unzureichenden Schlafs sind fatal [1]:

- *Kardiovaskuläres System*: kardiometabolische Erkrankungen, Bluthochdruck
- *Hormonsystem*: Stresshormone, mangelhafte Wachstumshormonausschüttung, Diabetes
- *Figur*: Gewichtszunahme, Fettleibigkeit
- *Nervensystem*: Müdigkeit, verminderte geistige Leistungsfähigkeit, Depression
- *Ausscheidungssystem*: Wassereinlagerungen, Ödeme, verminderte Entgiftung
- *Immunsystem*: verminderte Bekämpfung von Krankheitserregern und entarteten Zellen
- *Schönheitsschlaf*: Schlafmangel kann innere Altersvorgänge an der Haut verstärken.

→ Insgesamt ist chronischer Schlafmangel mit erhöhter *Sterblichkeit* assoziiert! [1,2]

Die körperliche Regeneration findet besonders in den ~20% der Schlafzeit ausmachenden *Tiefschlafphasen* statt, während für Träumen und geistige Regeneration die Phasen des ebenfalls ~20% ausmachenden *Rapid Eye Movement (REM)-Schlafs* wichtig sind.

10.1.2 Schlaf im Alter

Im Alter treten vermehrt Schlafstörungen, Schlaflosigkeit, Störungen des Biorhythmus und der Melatonin-Sekretion auf; Schlafqualität und REM-Schlafphasen sind vermindert [1]. Tiefschlaf wie auch REM-Schlaf sind zum Erhalt der geistigen Leistungsfähigkeit im Alter wichtig!

10.1.3 Schlafoptimierung: So schläft man richtig gut...

Als Empfehlung „*5 goldene Regeln*" für einen guten und entspannenden Nachtschlaf:

1. *Schlafdauer*: Die optimale Dauer des Nachtschlafs sollte zwischen 7-9 Stunden betragen. Der Nachtschlaf sollte möglichst immer zu einer einheitlichen Uhrzeit abgehalten werden. Abweichungen von dieser „Regelschlafdauer" waren in verschiedenen Studien mit lebensverkürzenden, altmachenden Auswirkungen verbunden [1-3]. Frauen brauchen im Schnitt übrigens bis zu 20 Minuten mehr Schlafenszeit pro Nacht als Männer.

2. *Einschlafförderung*: Vor dem Zubettgehen sollten mindestens 1-2 Stunden keine anstrengenden Aktivitäten mehr durchgeführt werden; also kein Essen, kein Sport, keine Bildschirmaktivität und keine Aufregung. Nach dem *24h-Aktivitätsmodel* sollten leichte und moderate Bewegung täglich im Wechsel mit Entspannung und Schlaf stattfinden, da die gesundheitsfördernden Effekte dann *synergistisch* sind [3]. Am frühen Abend betriebener Sport und leichtes Protein-reiches Essen fördert Ein- und Durchschlafen und hGH-release.

3. *Schlafbedingungen*: Ein bequemes Bett und eine auf den Körper abgestimmte Matratze fördern die körperliche Entspannung Das Schlafzimmer sollte dunkel, ruhig und eher kühl sein und möglichst ein Tageslichtfenster haben. Aufwachen durch Tageslicht fördert über eine optimale Melatonin-Ausschüttung die zirkadiane innere Uhr und einen natürlichen Nacht-Tag-Rhythmus („Biorhythmus") [4].

4. *Digital-Detox*: Sowohl mindestens 1-2 Stunden vor dem Schlafengehen wie auch im Schlafzimmer selbst sollten keine Bildschirmgeräte verwendet werden. Möglichst alle Elektro- oder Lichtquellen um das Bett herum sollten entfernt oder ausgeschaltet werden.

5. *Hormonelle Jungbrunnen* und *Melatonin-Depots*: Mit zunehmendem Alter haben hormonelle Imbalancen und die Wechseljahre einen negativen Einfluss auf die Schlafqualität [5]. Strategien zur *Hormonoptimierung* verbessern daher auch die Schlafqualität (s. Kapitel 8). Da zudem Coffein und Alkohol den Schlaf stören und mit zunehmendem Alter langsamer abgebaut werden, sollte ein Konsum zu späterer Tageszeit vermieden werden.

Die dauerhafte Einnahme von *Sedativa* und *schlaffördernden Medikamenten* stört das Schlafprofil, und verschiedene Schlafmittel unterdrücken den für Träumen und geistige Regeneration wichtigen REM-Schlaf und stören den körpereigenen Biorhythmus. Vor einer Verordnung und Einnahme von Sedativa, wie *Benzodiazepinen*, sollte in jedem Fall eine kognitive Verhaltenstherapie erfolgen und die „Schlafhygiene" verbessert werden.

⌕ *Hinweis*. Verschiedene *Schlaf-Apps* helfen bei der Analyse von Schlafphasen und -qualität.

10.2 Entspannung

Als Entspannung wird ein angenehmer Zustand von Körper und Geist bezeichnet mit gelöster Muskulatur, ausgeglichener Nervenanspannung und Herz-Kreislauf-Tätigkeit sowie dem Gefühl der Ruhe und Zufriedenheit [6]. Entspannung ist die Folge eines psychophysiologischen Vorgangs mit Ausgleich der Aktiviertheit und Desaktiviertheit des *vegetativen Nervensystems* und bewirkt einen relativen Ausgleich von Atemfrequenz, Herzschlag und Blutdruck sowie weiterer Parameter. Da Entspannung über das vegetative Nervensystem und die Bereitstellung „entspannender" Botenstoffe wie *Stickstoffmonoxid (NO)* und körpereigener *Endorphine* vermittelt wird, hat sie weitreichende positive gesundheitliche und anti-aging Effekte für unseren gesamten Organismus.

Diese wirksamen Anti-Stress-Mittel und geistigen Gesundmacher wirken gegen Alterung [6]:

1. Ein schönes *Zuhause* und ausreichende *Ruhephasen* in einer Stress-freien Umgebung
2. *Spaziergänge* in der freien *Natur*
3. *Entspannungstechniken* und *Meditation*:
   Erlernen einer Entspannungsmethode wie autogenes Training, progressive Muskelrelaxation nach Jacobsen (PME), Yoga oder Achtsamkeitstraining, sowie gedankliche Traumreisen und Meditation helfen körperlicher und geistiger Ausgeglichenheit.
4. (Selbst)-*Hypnose*: Die erlernbare Technik führt zu Entspannung und erhöhter Konzentration.
5. *Musikhören*: Besonders sanfte Musik und klassische Musik regen im Gehirn entspannende α-Wellen an, was sowohl in der Musiktherapie wie auch zur Konzentrationsförderung genutzt wird. Die „*Klangmassage*" kombiniert die Effekte von Klangschalen und Massage.
6. *Aromatherapie* mit ätherischen *Ölen* wie Lavendelöl, Melissenöl oder Gewürzölen
   Lavendelöl und Lavendelduft fördern übrigens auch Einschlafen und gesunden Schlaf.
7. *Wellness, Badetherapie, Massage, Akupressur*
8. *Hobbies, Freundschaften* und soziale *Kontakte*: Kreative Beschäftigung, Unterhaltung und Aktivitäten mit netten Mitmenschen bringen Freude ins Leben und helfen, Alltagssorgen für einige Zeit zu vergessen.
9. *Haustiere*: Mit zunehmendem Alter hat laut Studien besonders die Haltung eines *Hundes* positive Effekte auf die kognitive Funktion, - und jedes Haustier verbessert die Entspannung.
10. *Pflanzliche Heilmittel* in Kräutertees oder Pillen wie Baldrian, Hopfen, Passionsblume oder zur Stimmungsaufhellung und Stabilisierung auch Johanniskraut (s. *Naturheilkunde*).

♫ *Tipp*: Nimm Dir jeden Tag etwas *Zeit* für Dich selbst und höre in Dich rein!

10.3 Kognitives Training („Brain-Jogging")

10.3.1 Krankheitsbilder mit geistigen Abbauerscheinungen

Das Risiko für geistigen Abbau (*Demenz*) steigt mit fortschreitendem Alterspozess. Im höheren Alter treten daher verschiedene Demenzerkrankungen gehäuft auf, die meist durch Störungen des Gedächtnisses, der geistigen Leistungsfähigkeit und des Verhaltens gekennzeichnet sind. Anhand des Mechanismus lassen sich verschiedene *Demenzformen* unterscheiden [7]:

a) primäre Demenzen mit Ursache im Gehirn selbst, die meist nicht heilbar sind:

- *Degenerative Demenz*: Alzheimer (70%), Lewy-Körperchen, Parkinson, Huntington, u.a.
- *Vaskuläre Demenz*: Multiinfarkt-Demenz (MID), arteriosklerotische Encephalopathie, u.a.
- *Schädel-Hirn-Trauma*

b) Sekundäre Demenz mit Ursache außerhalb des Gehirns und teilweiser Heilbarkeit

- *Toxische Demenz*: Durch Schadstoffe wie Alkohol, Medikamente oder Vergiftungen
- *Metabolische Demenz*: Schilddrüsenerkrankungen, Stoffwechselstörungen, Vitaminmangel
- *Andere Ursachen*: Infektionen, Autoimmunerkrankungen

Die genaue Diagnostik und stadiengerechte Therapie der Demenz erfolgt über Fachärzte. Abgesehen von Demenzerkrankungen kommt es in höherem Alter durch den Alterungsprozess zu einem leichten allgemeinen Rückgang neurokognitiver Funktionen [8].

10.3.2 Erhalt und Förderung kognitiver Fähigkeiten im Alter

Nach der „*Lifestyle-Cognition Hypothese*" hilft allgemein ein gesunder und aktiver Lebensstil beim Vorbeugen vor altersbedingtem geistigem Abbau und Demenzerkrankungen [8]. Neben den positiven Einflüssen von gesunder Ernährung, Sport, Hormonen und Schlaf sind bestimmte Aktivitäten verschiedenen Studien zufolge besonders mit guter geistiger Funktion verbunden:

a) Allgemeiner gesunder Lebensstil (Komponenten der *Fit+Jung-Formel*)

- Moderate *körperliche Bewegung* und leichte körperliche Aktivitäten im Freien, wie z.B. Hobbygärtnern oder Spaziergänge, fördern die kognitiven Funktionen (s. Kapitel 7)
- Gesunde ausgewogene *Ernährung* (s. Kapitel 6)
- Ausreichender *Schlaf* (s. Abschnitt 10.1)

b) Intellektuelle Aktivitäten und *Bildungsstatus*

- *Individualaktivitäten*: Lesen, das Spielen eines Musikinstruments, Puzzeln, Nutzung des Personalcomputers, Kreuzworträtseln, Sudoku oder auch Malen und andere kreative Aktivitäten fördern eine gute und langanhaltende neurokognitive Gesundheit.

- *Soziale Aktivitäten*: Ein großer Freundeskreis mit vielen sozialen Kontakten, Diskussionsgruppen, Kurse, Veranstaltungsbesuche, Kartenspielrunden, Schach, Tanzen oder ehrenamtliche Aufgaben machen Spaß, bieten Gelegenheit zum Austausch und fördern die Gehirnfunktionen.
- *Neuartige Aktivitäten* und *Umgebungen*: Zurücklegen geänderter Wegstrecken, Reisen, Sprachkurse und andere Aktivitäten, bei denen neue Umgebungen und Tätigkeiten „erkundet" werden, wirken sich positiv auf die Plastizität des Gehirns aus.
- *Status*: Ebenso sind eine komplexe berufliche Tätigkeit sowie ein hohes Bildungsniveau meist mit besserer geistiger Funktionsfähigkeit im Alter verbunden.

♂ *Hinweis*: Durch körperliche Erkrankungen, Gehbehinderungen oder Einschränken im Sehen oder Hören wird oft sowohl die Teilnahme am sozialen Leben wie in der Folge auch die geistige Aktivität bei älteren Menschen erschwert. Daher sollten regelmäßige Kontrollen des Gesundheitsstatus, ein allgemeiner gesunder Lebensstil sowie Kontrollen von Augen, Ohren und Gelenkapparat und die gesetzlichen *Vorsorgeuntersuchungen* eingehalten werden.

10.4   Ausgewählte und weiterführende Literatur

1. Hood S, Amir S. The aging clock: Circadian rhythms and later life. *J Clin Invest*. 2017;127(2):437-446. doi: 10.1172/JCI90328.

2. Cappuccio FP, D'Elia L, Strazzullo P, Miller MA. Sleep duration and all-cause mortality: A systematic review and meta-analysis of prospective studies. *Sleep*. 2010; 33(5): 585–592. doi: 10.1093/sleep/33.5.585

3. Rosenberger ME, Fulton JE, Buman MP, Troiano RP, Grandner MA, et al. The 24-hour activity cycle: A new paradigm for physical activity. *Med Sci Sports Exerc*. 2019; 51(3):454-464. doi: 10.1249/MSS.0000000000001811.

4. Bonmati-Carrion MA, Arguelles-Prieto R, Martinez-Madrid MJ, Reiter R, Hardeland R, Rol MA, Madrid JA. Protecting the melatonin rhythm through circadian healthy light exposure. *Int J Mol Sci*. 2014; 15(12): 23448–23500. doi: 10.3390/ijms151223448

5. Pengo MF, Won CH, Bourjeily G. Sleep in women across the life span. *Chest*. 2018; 154(1): 196–206. doi: 10.1016/j.chest.2018.04.

6. Ross UW. Entspannung: Neuropsychobiologische Aspekte einer vergessenen Selbstverständlichkeit. *Schweiz Z Ganzheitsmed*. 2010; 22:100–113 DOI: 10.1159/000284116

7. Scott KR, Barrett AM. Dementia syndromes: Evaluation and treatment. *Expert Rev Neurother*. 2007; 7(4):407-422. doi: 10.1586/14737175.7.4.407

8. Harada CN, Natelson Love MC, Triebel KL. Normal cognitive aging. *Clin Geriatr Med*. 2013; 29(4):737-752. doi: 10.1016/j.cger.2013.07.002.

11. Kosmetische und medizinische Prozeduren

Eine Reihe moderner kosmetischer Prozeduren ist zur Verbesserung des Hautbildes sowie auch als „Verjüngungsmethoden" zur Faltenreduktion einsetzbar. Zur Auswahl stehen hierbei oberflächliche, minimal-invasive oder operative Verfahren. Mithilfe aktueller und verbesserter Techniken lassen sich heute sehr natürliche Ergebnisse erreichen und auch Problemhaut gut behandeln. Schon längst ist die „Botox-Behandlung" nicht mehr nur etwas für extravagante Mitglieder des „Jet-Sets", sondern eine normale Option im Rahmen der Wellness- und Anti-Aging Angebote vieler dermatologisch-ästhetischer und kosmetischer Praxen.

Dieses Kapitel vermittelt einen kleinen Überblick über die Anwendungsmöglichkeiten aktueller kosmetisch-medizinischer Erkenntnisse und Prozeduren für Schönheits- und Anti-Aging Bedürfnisse – und erleichtert so das Zurechtfinden in den vielfältigen Angeboten. Bei Interesse und Bedarf sollte dann gezielt eine individuelle Beratung und Auswahl des passenden Verfahrens in einer kosmetischen oder medizinischen Praxis erfolgen.

Tabelle 11.1: Übersicht über gängige aktuelle Hautverjüngungsverfahren (Skin Rejuvenation)

Verfahren	Wirkprinzip
Micro-Needling	Förderung der Kollagenbildung durch winzige, mit sterilen Nadeln eingebrachte Stiche (Micro-Verletzungen)
Mesotherapie	Verbesserte Gewebsdurchblutung und -versorgung durch Einspritzen von Wirkstoffen in die Haut
„Vampir-Lift"	Einbringen von Wachstumsfaktoren wie PDGF aus Eigenblut
Micro-Pigmentation	Einbringen von Farbpartikeln
Plasma-Lifting	Hautstraffung durch thermisch-induzierte Micro-Verletzungen
Chemische Peelings	Schälung der Haut durch organische (Frucht-) Säuren
Filler	Aufpolsterung der Haut mit Hyaluronsäure-Spritzen
Botox	Lähmung mimischer Muskeln durch das Gift *Botulinumtoxin*
Lase, IPL	Glättung und Mikroverletzungen durch Laser
Photo-Rejuvenation	Licht-induzierte Kollagenbildung und Abtragung
Physikalische Verfahren	Radiofrequenz und Ultraschall zur Anregung der Kollagenbildung
Faden-Lifting	Implantation von Nahtmaterial zur Kollagenstimulation
Face-Lift	Chirurgische Straffung der Haut

11.1 Medizinisches Micro-Needling (MMN)

Prinzip

Beim *Micro-Needling* („Mikro-Nadelung", MN) wird durch Einbringen vieler kleiner Stiche in die Haut (*Punktion*) mit winzigen, sterilen Nadeln eine Verletzungssituation (*Trauma*) simuliert. Dadurch werden die körpereigene Elastin- und Kollagenbildung sowie das Zellwachstum angeregt, so dass es zu verbesserter Durchblutung und Straffung der Haut kommt. MN nutzt als minimalinvasive Verfahren somit die natürliche Regenerationsfähigkeit der Haut, die auch bei der Wundheilung und Narbenbildung eine Rolle spielt [1]. Es wird auch als *Kollagen-Induktions-Therapie (CIT)* bezeichnet.

Indikationen: Für wen ist Micro-Needling geeignet?

Neben seiner Anwendung in der Anti-Aging- und Falten-Behandlung kommt das *Micro-Needling* Verfahren auch erfolgreich zur Verbesserung von Narben, Akne-geschädigter Haut, Schwangerschaftsstreifen, Cellulite und Pigmentstörungen zum Einsatz [1].

Produkte

Bei der *Micro-Needling* Prozedur werden spezialisierte, mit zahlreichen „*mikro*"-kleinen Nadeln versehene Einweg-Geräte eingesetzt, die entweder als manuelle Roller oder als automatische Stempel erhältlich sind. Die Nadeln sind aus hypoallergenen Materialien – wie Edelstahl oder Titan – und haben meist eine Eindringtiefe von 0,15 bis 1,5 mm.

- *Nadel-Roller* (Dermaroller® und andere): Mechanische Variante, bei der die kleinen Nadeln auf einer Rolle angeordnet sind.

- *Mikro-Needling Pen* (Rejuvapen®, SkinPen, MicroPen und andere): Automatische elektrisch betriebene Stempel-Variante. Hier sind kleine Nadeln an einem Stift angebracht und werden mit einem Minimotor mit unterschiedlicher Frequenz (Stiche pro Sekunde) und unterschiedlicher Tiefe in die Haut eingebracht. Einige Produkte haben teilweise einen sog. HEPA-Filter zum Schutz vor Infektionserregern in der Luft

Kombinationsbehandlungen / Wirkstoffe

Micro-Needling lässt sich sehr gut mit anderen oberflächlichen Verfahren kombinieren, um Wirkstoffe durch die Mini-Verletzungen besonders wirksam in die Haut einzubringen. Das wird dann auch als *Mesotherapie* bezeichnet (s. Abschnitt 11.2) [2]. Beim sog. „*Vampirlift*" werden Komponenten aus dem Eigenblut (wie *platelet derived growth factor*, PDGF) über Micro-Punktionen in die Haut eigebracht. Nach jeder MN-Behandlung wird eine hochwertige hypoallergene Feuchtigkeitscreme aufgetragen, deren enthaltene Anti-Aging Wirkstoffe und Jungmacher dann besonders gut und tief wirken können.

Vorteile und mögliche Nebenwirkungen

Prinzipiell ist MN ein natürliches minimalinvasives Verfahren, das die körpereigene Wundheilungskaskade nutzt. Bei empfindlicher Haut kann es jedoch auch zu Rötung, Pickeln und Schuppung kommen. Eine MN Anwendung auf akut entzündeter Haut ist nicht zu empfehlen.

11.2 Mesotherapie („Vampir-Lift")

Prinzip und biologischer Wirkmechanismus der Mesotherapie

Als *Mesotherapie* wird generell das Einspritzen von homöopathischen und medizinischen Wirkstoffen in die mittleren Hautschichten zur Verbesserung der Mikrozirkulation und Struktur bezeichnet – was auch unter den Begriffen *intrakutane Injektion, Injektionsakupunktur* oder *Mesolift* beschrieben ist [2]. Bei dem noch relativ „jungen" Verfahren des *Plasma-Needlings („Vampir-Lift")* wird aus dem kurz vorher abgenommenen Eigenblut des Patienten durch spezielle Zentrifugationsverfahren zunächst Blutplättchen-reiches Plasma (*platelet-rich plasma, PRP*) gewonnen. Dieses PRP wird dann auf die zuvor mittels Micro-Needling vorbereitete Haut aufgetragen oder direkt in die Haut gespritzt. Da die Blutplättchen (Thrombozyten) besonders reich an wichtigen Wachstumsfaktoren, wie insbesondere *PDGF (platelet-derived growth factor)*, sind, die – ähnlich wie bei der Wundheilung – die Regenerationsfähigkeit und Kollagenbildung der Haut anregen, führt dieses Kombinationsverfahren besonders effektiv zur Hautverjüngung und -glättung. Es wirkt sowohl auf Stammzellen der Oberhaut als auch auf die Bindegewebszellen, die Fibroblasten. Bekannt geworden ist dieses auch von vielen Stars und Models gerne angewendete Verfahren unter dem bildlichen Begriff „*Vampir-Lifting*". Alternativ kann das PRP wie auch Eigenblut übrigens auch direkt mittels Injektion in die Haut eingebracht werden.

Anwendungsgebiete und Vorteile

Neben der optisch hautverjüngenden Wirkung kommt das Verfahren zur Verbesserung von Narben, Cellulitis und Haarausfall zum Einsatz. Insbesondere ist die PRP-Behandlung auch für Patienten mit erhöhter Allergieneigung geeignet, da nur körpereigene Stoffe injiziert werden. Die Wirkung erreicht nach 4-8 Wochen ihren Höhepunkt und hält bis zu einem Jahr an.

Risiken und Kontraindikationen

Insgesamt handelt es sich bei Mesotherapie und PRP um sehr natürliche und nebenwirkungsarme Verfahren. Mit den üblichen Risiken von Spritzen wie vorübergehende Rötungen, Schwellungen, Blutergüsse oder Infektion muss jedoch immer gerechnet werden. Bei Einnahme von Blutverdünnern, wie Aspirin (ASS) oder Marcumar, ist das Risiko erhöht. Zudem kann durch Einnahme anti-entzündlicher Medikamente die Wirkung der Blutplättchen vermindert werden.

Produkte und Verfahren

Die Herstellung und Anwendung von Blutplättchen-reichen autologen Blutprodukten wie dem PRP erfolgt steril unter unmittelbarer Aufsicht durch Arzt oder Heilpraktiker/in. Spezielle zertifizierte Zentrifugationsmethoden werden dabei angewendet.

Kombinationsbehandlungen

Wie beschrieben lässt sich PRP besonders effektiv durch Micro-Needling Prozeduren in die Hautschichten einbringen. Eine Alternative bietet die subkutane Injektion von PRP an besonders bedürftigen Stellen oder in Falten hinein.

11.3 (Micro-)Dermabrasion

Prinzip

Bei diesem etablierten Verfahren werden mit kleinsten Mikrokristallen mittels eines speziellen Motor-betriebenen „Hautschleifgeräts" mechanisch die nur die obersten Hornschichten gezielt abgetragen. Durch Dermabrasion können abgestorbene epidermale Zellen entfernt, Poren verfeinert und kleine Knitterfalten geglättet werden.

Indikation: Bei welchen Hautveränderungen ist Dermabrasion geeignet?

Dermabrasion wird zur Entfernung von Verhornungen (Hyperkeratosen), oberflächlichen gutartigen Haut- und Pigmentveränderungen, wie z.B. Altersflecken, von Narben nach Akneschüben oder nach Operationen, sowie von Tätowierungen eingesetzt [3]. Die Methode hat ähnliche Wirkung und Nebenwirkungen wie auch *chemische Peelings* und *Laser Resurfacing*.

Behandlungsablauf

In örtlicher Betäubung erfolgt die Abschleifung mit nachfolgender Auftragung eines Medikaments zur Bindung des Wundsekrets. Auf der Haut gebildeter Wundschorf löst sich nach 8-10 Tagen spontan ab.

11.4 Plasma-Lifting

Das *Plasma-Lifting* ist ein weiteres modernes, nicht-invasives kosmetisches Verfahren für die Faltenkorrektur und Lidstraffung, das auf dem Prinzip der *Mikrotraumatisierung* zur Förderung der Kollagenbildung in der Haut basiert. Die moderne Plasma-Technologie setzt die Energie aus der Entladung eines in einem Plasma-Gerät enthaltenen ionisierten energiereichen Gases (sog. *physikalisches „Plasma"*) zur Behandlung der Hautoberfläche ein. Die in der medizinischen Kosmetik eingesetzten sog. *Plasma-Pens* der neuen Generationen (wie z.B. Accor® Cosmetic Corrector, PlaCo®) nutzen Spannungsunterschiede zwischen Haut und Gerätspitze zur Plasmaentladung, bei der ein Lichtbogens mit hoher Temperatur erzeugt wird. Durch diese Plasma-Entladung an der Hautoberfläche entstehen kleinste thermisch-induzierte Mikro-Verletzungen, also minimale Verbrennungen – ähnlich der kleinen Einstiche beim Micro-Needling. Bei der Behandlung werden diese kleinen Verletzungen punktförmig in kleinsten Abständen durch Entlangfahren des über einen Micro-Prozessor (CPU) gesteuerten Geräts in dem zu behandelnden Hautareal, wie z.B. dem Oberlid, gesetzt. Im Anschluss kommt es im Rahmen der natürlichen körpereigenen Wundheilung zu einer Straffung und Gewebsverbesserung, ohne dass chemische Stoffe in die Haut gespritzt werden müssen.

Indikationen: Einsatzmöglichkeiten für das Plasma-Lifting

Neben der nicht-operativen Straffung und Verbesserung von Mimik- und Altersfalten an Gesicht, Hals und Dekolleté eignet sich das *Plasma-Lifting* auch zur Behandlung von Couperose (erweiterten Äderchen), Pigmentflecken, Akne- und Operations-Narben sowie Lichtschäden im Rahmen der Alterung. Das nebenwirkungsarme Verfahren führt zu einer kurzfristig sichtbaren, vorübergehenden Hautglättung und -verjüngung. Dieser Effekt lässt sich durch Wiederholungsbehandlung verlängern und kann bis zu 1 Jahr anhalten.

Vorteile und Kombinationsmöglichkeiten

Aufgrund der im Vergleich zu kosmetischen Lasern geringeren Energie und genaueren Kontroll- und Dosierungsmöglichkeiten ist der Plasma-Pen besonders auch für so empfindliche Areale wie die Augenlider geeignet. Im Vergleich zur operativen Lidstraffung ist das Verfahren verhältnismäßig wenig aufwendig und nebenwirkungsarm. Zudem ist eine Kombinationstherapie mit Lasern und Micro-Needling zur Ergebnisverbesserung möglich.

11.5 Chemische Peelings, Fruchtsäurepeelings (TCA, AHA)

Prinzip

Beim chemischen *Peeling* („Abschälen") wird durch Einwirkung natürlicher organischer Säuren der pH-Wert der Haut in den sauren Bereich verschoben, die oberflächlichen toten Hornhautzellen abgetragen (*Exfoliation*) und die darunter liegenden Zellverbindungen gelockert [4]. Auf die damit freiliegenden tieferliegenden Stammzellen der Basalzellschicht wirken die Fruchtsäuren anregend und fördern die Erneuerung mit „frischen" Zellen (*Regeneration*). Das Ablösen der oberflächlichen Hornschichten der Haut bezeichnet man auch als „*Keratolyse*". Oberflächliche Schädigungen und Pigmentflecken können mittels *Peeling* abgetragen werden. Verfahren, die zur einer Hautoberflächenabtragung führen, werden unter dem Begriff *Facial Skin Resurfacing* zusammengefasst [3]. Neben der regenerierenden Wirkung auf die Hautzellen können auch therapeutische und pflegende Substanzen durch das Peeling besser in die Haut eindringen. Zudem wirkt der saure pH-Wert positiv auf den sog. Säureschutzmantel der Haut.

Wirkstoffe und Präparate

Chemisch gesehen kommen in Peeling-Rezepturen zumeist Fruchtsäuren als natürliche, in Pflanzen und Obst vorkommende, organische *Hydroxycarbon-* und *Dicarbonsäuren*, sowie auch andere *organische Säuren* zur Anwendung, die auf die Haut schälend wirken [4]:

- α-Hydroxycarbonsäuren (engl. *alpha hydroxyacids*, AHA): Glycolsäure (Hydroxyessigsäure)
- β-Hydroxycarbonsäure: Salizylsäure
- Dicarbonsäuren: Oxalsäure, Fumarsäure
- Trichloressigsäure (engl. *trichloroacetic acid*, TCA)

Je nach Konzentration der Säure und Eindringtiefe werden oberflächliche, mittel-tiefe und tiefe Peelings unterschieden. Eine Kombination mit *Laser Resurfacing* ist möglich (s. Abschnitt 11.9).

Anwendungsgebiete

Peelings eignen sich zur allgemeinen Verbesserung des Hautbildes, zum Vorbeugen und Behandeln von Altersfältchen, Pigmentstörungen und andern Anzeichen vorzeitiger Hautalterung sowie bei unreiner und grobporiger Haut und bei Aknenarben. Mit TCA und Salizylsäure werden zudem auch Warzen behandelt, *seborrhoische Keratosen* (sog. „Alterswarzen") sowie *Melasmen* (dunkle Pigmentierung).

Anwendung

Einige Fruchtsäurepeelings sind für den Hausgebrauch online oder in der Drogerie erhältlich. Für die kosmetische Anwendung wird die Säure-Konzentrationen graduell vorsichtig gesteigert. Nach einer Einwirkzeit von einigen Minuten muss die Säure mit einer speziellen Lösung neutralisiert werden. Die Behandlung wird mehrfach mit Abstand von mindestens 8 Tagen durchgeführt, damit sich die Haut im Intervall regenerieren kann. Da die Haut unter der Behandlung dünner und somit empfindlicher wird, ist zwischen den Behandlungen besonders auf eine gute Hautpflege mit natürlichen Produkten ohne Zusatzstoffe und auf einen guten UV-Schutz zu achten. Für dunklere Hauttypen wird ein *Priming* mit einer Kombination aus Hydrochinon, Tretinoin und Sonnenschutzmittel empfohlen. Auch einige Cremes zur Faltenbehandlung enthalten Fruchtsäuren in niedriger Konzentration.

Vorteile

Aufgrund der kurzen Erholungszeit und der über Jahre bewährten Wirkung vertrauen auch viele Hollywood-Stars auf die Haut-verjüngende und -klärende Wirkung von Fruchtsäurepeelings [3,4]. In der Tat ist die hautverbessernde Wirksamkeit der Peeling in langjähriger Erfahrung erprobt und bewährt, so dass die Methode besonders sicher ist.

Nebenwirkungen und Kontraindikationen

Aufgrund der reizenden Wirkung der Fruchtsäuren ist von einer Anwendung bei akuter Akne und anderen aktiven Entzündungen der Haut, bei Überempfindlichkeit sowie in der Schwangerschaft und Stillzeit abzuraten. Sollte es bereits in der Vorbereitungsphase (sog. *Priming*) bei der Anwendung gering konzentrierter Mischungen zu *Überempfindlichkeiten* kommen, die nicht schnell wieder abklingen, ist die Behandlung besser abzubrechen. Um unerwünschte *Pigmentverschiebungen* während der Regenerationsphase der Haut zu minimieren, ist im Anschluss an die Peeling Behandlung und im Intervall zwischen den verschiedenen Peeling Stufen auf einen guten Lichtschutz (LSF 50) zu achten.

Alternative Methoden und ihre jeweiligen Vorteile

Für das *Facial Skin Resurfacing* stellen TCA Peelings, Dermabrasion und Laserbehandlung alternative Behandlungsmethoden dar, da sie prinzipiell jeweils gleichartige Verletzungen an der Haut und damit sehr ähnliche kosmetische Ergebnisse erzielen – also eine Regeneration durch Abtragung der oberen Hautschichten [4,5]. Bei der Wahl des Verfahrens spielen in erster Linie individuelle Faktoren, wie Hauttyp oder Lebensstil eine Rolle.

11.6 Dermale Filler („Faltenunterspritzung", „Liquid Lift")

Prinzip

Durch Einspritzen von wasserbindenden, hautstrukturverwandten – natürlichen oder synthetischen – Füllsubstanzen werden Falten oder Strukturdefekte bei Gewebsverminderung (*Hautatrophie*) durch die direkte Volumenzunahme ausgefüllt und aufgepolstert. Das Gesamtbild der Haut wird durch den Filler optisch verbessert. Es gibt dafür verschiedene Injektionstechniken, die das Ergebnis je nach Injektionsort bestimmen. Da die meisten der Füllsubstanzen mit der Zeit vom Körper biologisch abgebaut (*resorbiert*) werden, ist die Haltbarkeit des Auffülleffekts auf einige Monate begrenzt. Einige Filler regen aber zusätzlich auch die körpereigene Kollagenproduktion an, wodurch sich dauerhaftere Effekte erzielen lassen.

Wirkstoffe und Präparate

Bei den Fillern unterscheidet man temporäre und permanente Substanzen sowie unterschiedliche Substanzgruppen [5]. Zur kosmetischen Faltenbehandlung im Gesicht haben sich aktuell besonders *Hyaluronsäure*-Gele als Goldstandard durchgesetzt. Die Präparate enthalten zur Schmerzreduktion teilweise Zusätze des Lokalanästhetikums *Lidocain*.

- *Hyaluronsäure* (HA): z.B. Juvederm®, Surgiderm®, Restylane®, Perlane®, u.a.
- *Kollagen*: z.B. Zyderm/Zyplast (Rinderkollagen), Cosmoderm/-plast (humanes Kollagen)
- *Calcium-Hydroxylapatit* (CaHA): z.B. Radiesse®
- *Poly-L-Laktatsäure* (PLLA): z.B. Sculptra®
- *Polymethylmethacrylat* (PMMA)-Beads: z.B. Bellafill®, Artecoll® (einzige permanente Filler)
- *Bioimplantate* (Silikon, Gore-tex)

Hyaluronsäure ist als natürliches von Bindegewebszellen produziertes Polysaccharid in der sog. extrazellulären Matrix der Haut und anderer Gewebe vorhanden (s. Kapitel 3 *Anatomie*). Im Alter ist die körpereigene Produktion von Hyaluronsäure wie auch Kollagen vermindert, so dass ein „Ersatz" sinnvoll sein kann.

Anwendungsgebiete

Zur Faltenbehandlung sowie zum Auffüllen von Strukturdefekten, Volumenaufbau und zur Lippen-Auspolsterung. Ob sich dermale Filler für Dein persönliches kosmetisches Ziel eignen und die Auswahl des geeigneten Präparats sollte mit einem kosmetisch-ästhetisch erfahrenen Mediziner oder HP besprochen werden. *Hyaluronidase* ist als „Gegenmittel" verfügbar.

Mögliche Nebenwirkungen

Je nach Präparat und Technik kann es bei Fillern neben den üblichen Nebenwirkungen von Injektionsbehandlungen - wie Rötung, Schwellung, Blutung und Infektion – selten auch zu allergischen Reaktionen, zur Abkapselung mit Granulom- und Knotenbildung und zu Gefäßverletzungen kommen.

11.7 Botulinumtoxin („Botox", BTX)

Prinzip

Das Nervengift Botulinumtoxin (BTX), ein Produkt der Bakterienspezies *Clostridium botulinum*, hemmt vorübergehend die Impulsübertragung der mimischen Muskeln des Gesichts und verhindert damit die mimische Faltenbildung [6]. Der genaue Wirkungsmechanismus des Gifts beruht auf der Hemmung der Freisetzung des Neurotransmitters *Acetylcholin* am sog. präsynaptischen Terminal der neuro-muskulären Verbindung. Die Zielmuskeln werden so durch BTX für etwa 3-4 Monate „gelähmt", bevor sich die Aktivität der neuromuskulären Verbindung wieder erholt. Langfristig beugt die Anwendung von BTX dem „Einprägen" von Falten vor. Die Wirkung des Nervengifts als anti-Faltenmittel wurde übrigens als „Nebenwirkung" bei seiner Anwendung in der Nervenheilkunde zur Hemmung des Lidspasmus (*Blephrospasmus*) entdeckt. In den USA ist die Injektion von Botulinumtoxin die häufigste medizinisch-kosmetische Prozedur.

Anwendungsgebiete

Außer zum Vorbeugen und Behandeln mimischer Falten, wie Stirn-, Zornes- und Lachfalten oder Krähenfüßen, wird BTX auch zur Behandlung übermäßigen Schwitzens (*Hyperhidrose*) sowie bei Lidspasmus, Dystonien und anderen neurologischen Erkrankungen eingesetzt [6].

Wirkstoffe und Präparate

Verschiedene Botulinumtoxin Typ A Präparate sind zur kosmetischen Anwendung verfügbar:

- Botox Cosmetic® (Allergan, Irvine, CA), in Europa als Vistabel® oder Vistabex® vermarktet
- Dysport® (Ipsen, UK und Medicis, Scottsdale, AZ) und sein „Abkömmling" Azzalure®
- NT-201/XEOMIN® (Merz Pharma, Deutschland) und das wirkstoffgleiche Bocouture®

Menge und Haltbarkeit der Präparate unterscheiden sich leicht. Das im Präparat Botox enthaltene BTX Typ A als wird als Vakuum-getrocknetes Puder in 100 Einheiten (U) pro

Flasche bereitgestellt. Standardmäßig wird es in 2,5 ml 0,9% NaCl Lösung zu einer finalen Konzentration von 4 U/0,1 ml gelöst.

Anwendung und Nebenwirkungen

Botulinumtoxin wird dem aufrecht sitzenden Patienten von ästhetisch erfahrenen Medizinern mittels dünner Kanülen direkt in die zu lähmende Muskulatur des Gesichts gespritzt. Die richtige Injektionstechnik und Dosierung sind für ein gutes kosmetisches Ergebnis sehr wichtig. Bei fachgerechter Anwendung und Dosierung sind die Nebenwirkungen von BTX meist minimal. Durch ungewollte Muskellähmung kann BTX zu einem Hängen des Oberlids (*Ptosis*) sowie zu Doppelbildern, gestörtem Lidschluss, vermindertem Tränenfluss, Kauschwäche und anderen unerwünschten Effekten führen.

Gegenanzeigen

Botulinumtoxin sollte nicht bei bestimmten neuromuskulären Übertragungsstörungen (*Myasthenia gravis, Lambert-Eaton Syndrom*) sowie nicht in der Schwangerschaft oder Stillzeit angewendet werden.

Was ist „Prejuvenation"?

Mit dem Begriff *Prejuvenation* – als Fusion aus Prävention und Rejuvenation – wird der neue Trend bezeichnet, bereits in jüngeren Jahren durch kosmetische Verfahren, wie Botox- und Filler-Injektionen oder Fäden, sichtbaren Altersveränderungen an der Haut vorzubeugen. Die präventive Botox-Injektion verhindert durch die Muskellähmung längerfristig das Einprägen mimischer Falten. Durch andere Methoden kann prophylaktisch in der Haut der Kollagenaufbau angeregt werden, so dass die Wirkung der Schwerkraft quasi „ausgetrickst" wird und einer weiteren Faltenbildung vorgebeugt werden kann. Längerfristige Studien wären jedoch nötig, um die Effektivität kosmetischer Verfahren zur *Faltenprophylaxe* zu belegen.

11.8 Physikalische Verfahren (**Radiofrequenzwellen, Ultraschallwellen**)

Prinzip: Wie funktioniert die Hautverjüngung mit physikalischen Wellen?

Moderne *Radiofrequenz (RF)* und *hochfokussierte Ultraschall (HIFU)* Technologien können als nicht-invasive, relativ nebenwirkungsarme Verfahren zur Faltenglättung und Hautstraffung „ohne Op" genutzt werden. Durch Energie der Wellen werden durch eine temporäre Erwärmung auf Temperaturen bis zu 58-75 °C im Bindegewebe der tieferen Hautschichten Strukturverbesserungen und Neubildung von Kollagenfasern angeregt – und damit eine

Hautverjüngung und Straffung „von innen heraus" erzielt. Bei *RF*-basierten Verfahren wird ein elektrisches Feld und ein Stromfluss im Gewebe erzeugt, was in Abhängigkeit vom Gewebswiderstand und der Frequenz zu Erwärmung und Hitzedenaturierung von dermalem Kollagen führt. Die Wärmeentwicklung beim *HIFU* ist von der Absorption im Gewebe und der Ultraschall-Frequenz abhängig.

Indikation und Vorteile: Für Altersveränderungen eignen sich RF und HIFU?

RF und *HIFU* eignen sich beide zur Straffung erschlaffter Gewebepartien im Gesichts- und Halsbereich sowie auch am Körper und zur Cellulite-Behandlung: *RF* besonders für feinere „Knitterfalten" im Gesicht an Hals, Augenlidern und Oberlippe; *HIFU* zur Straffung der Hals-Kinn-Wangen-Linie, Milderung von Nasolabialfalten und Hebung von Augenbrauen.

Da die Wärmeentwicklung bei RF- und HIFU-Wellen ist in erster Linie vom Gewebewiderstand – und im Gegensatz zur Lasertherapie weniger stark von Farbpartikeln (Chromophoren) – abhängt, kann eine höhere Eindringtiefe mit effektiverer Wirkung besonders in den tieferen bindegewebsreichen Hautschichten und im Unterhautfettgewebe erzielt werden. Auch das dunkle Pigment Melanin hat nur geringen Einfluss, so dass die physikalischen Verfahren auch bei dunkleren Hauttypen mit höherer Sicherheit im Vergleich zum *Laser Resurfacing* zur Straffung angewendet werden können.

Wirkung und Risiken

Die Gewebsstraffung durch diese physikalischen Verfahren verläuft in zwei Phasen: In der frühen Phase gleich nach Behandlung tritt ein *Soforteffekt* durch thermische Denaturierung und erneuter Verdrillung ausgeleierter Kollagenfasern auf – mit etwa 25% der Wirkung. In der nachfolgenden späten Phase kommt es dann noch über Wochen bis zu 6-9 Monaten zu Kollagenneubildung und -remodelling. Die so erzielte Hautverjüngung kann bis zu 3-4 Jahren anhalten. Da bei sehr natürlichen graduellen Ergebnissen nur selten Nebenwirkungen auftreten und man sofort nach der Behandlung wieder gesellschaftsfähig ist, sind die physikalischen Verfahren auch bei Hollywood-Stars sehr beliebt.

Geräte

Je nach Anwendung kommen verschiedene mono-, bi- oder multipolare RF-Geräte sowie HIFU-Geräte zum Einsatz mit Energieemission im Frequenzbereich von 3kHz bis 300MHz wie:

- *Monopolare RF*: ThermaCool® (Thermage), Radiage®
- *Bipolare RF*: Aluma® (Lumenis), Accent®
- *HIFU*: Ulthera™ (Ultherapy™)

11.9 Laser Resurfacing

11.9.1 Prinzip

Das Akronym *LASER* steht für *Light Amplification by Stimulated Emission of Radiation*. Das Prinzip der Laser-Technologie beruht auf der Erzeugung gebündelten, mono-chromatischen Lichts (Licht einer Wellenlänge) mit hoher thermischer Energie durch elektrische Anregung eines festen, flüssigen oder gasförmigen Lasermediums in einer Röhre mit teil-durchlässigen Spiegeln. An der biologischen Grenzfläche Haut findet in erster Linie eine Umwandlung (*Konversion*) der Laser-Energie in thermische Energie statt, also eine Hitzeentwicklung. Durch diese Energie wird bei den sog. *ablativen Lasern* ein „Verdampfen" der oberen Hautschichten erzielt, was als *Thermokoagulation* oder *Photothermolyse* bezeichnet wird [7]. Prinzipiell wird die optische Energie der Laser von bestimmten Farbpartikeln in behandelten Geweben, wie der Haut, aufgenommen, den sog. *Zielchromophoren*. Die Wirkung verschiedener Laser hängt entscheidend vom jeweiligen Zielchromophor ab: Beim ablativen Laser ist das Ziel das *Wasser* im Gewebe, beim Gefäßlaser der rote Blutfarbstoff *Hämoglobin* und beim Pigmentlaser der braune Hautfarbstoff *Melanin*. Bei den in der Kosmetik heutzutage meist angewendeten sog. *fraktionalen Lasern* („*Fraxel*") ist die Photothermolyse auf kleine Löcher in der Haut begrenzt, zwischen denen Inseln gesunder Haut bestehen bleiben, von denen die Regeneration ausgeht. Bei relativ geringen Nebenwirkungen kann so ein effektiveres Abtragen der oberen Hautschichten und Pigmente erzielt und die Kollagenbildung anregt werden.

11.9.2 Indikationen: Kosmetische Anwendungsgebiete für Laser

Durch das große Spektrum der Laser und ihrer Effekte erklärt sich auch die Vielfalt der kosmetischen Anwendungsmöglichkeiten. Prinzipiell hängt die Wirkung und Eindringtiefe eines Lasers in der Haut dabei von der Wellenlänge, der Dosis der elektromagnetischen Energie, der Impulsfrequenz mit Kühlungsintervall und der thermischen Relaxationszeit des Gewebes ab. Mit herkömmlichen ablativen Geräten kann so sicher bis zur retikulären Dermis (tiefe mittlere Hautschicht) vorgedrungen werden. (s. *Tabelle* 11.9.1). Je nach Lasertyp und -modus erstrecken sich die Behandlungsmöglichkeiten auf die Abtragung der oberen Hautschichten zur Korrektur des sichtbaren *Photoagings* inklusive Falten, Schlaffheit, Gefäß- und Pigmentveränderungen, die Verbesserung von Narben nach Akne oder operativen Eingriffen sowie von Schwangerschaftsstreifen oder die Entfernung von Tattoos, Haaren (*Epilation*) oder Warzen.

- Für das *Facial Skin Resurfacing* zur Hautverjüngung kommen heute in erster Linie moderne abtragendende sog. *fraktionale ablative Laser* zur Anwendung (s. *Tabelle 11.9.1*), die die obersten Hautschichten bis zur retikulären Dermis verdampfen und dadurch eine Regeneration und Bindegewebsstraffung bewirken. Mit der *ablativen* Laser-Technik können auch gutartige Pigmentveränderungen, wie Alterswarzen (*seborrhoische Keratosen*) und Altersflecke (*Lentigines solares*), effektiv behandelt werden (s. Abschnitt 11.9.3).

- Die schonenderen *nicht ablativen Laser*, wie die Gefäßlaser und Farbstofflaser, werden besonders zur Entfernung von gutartigen Pigmentmalen oder Gefäßunregelmässigkeiten eingesetzt. – Diese Laser haben bei geringerer Eindringtiefe und Wirkung auch weniger Nebenwirkungen und eine geringere Erholungszeit. Wegen der unkomplizierten Anwendung und schnellen Heilung mit kurzer Erholungszeit von wenigen Stunden sind diese Behandlungen als sog. „*Lunch-Time Lift*" (*Rejuvenation*) populär geworden.

⌦ *Prinzipiell gilt*: Je größer der Effekt des Lasers, desto größer Nebenwirkungen und Risiko.

Tabelle 11.9.1: Übersicht über gängige Laser und ihre Anwendungen in der Dermatologie

Lasertypen	Anwendung mit Vorteilen und Nachteilen
a) Fraktionale ablative Laser	Wirkung und Abtragung bis zur tiefen Dermis
CO_2-Laser oder	+ *Skin Resurfacing*, Korrektur des *Photoagings*, Straffung
Erbium:YAG-Laser	+ Mindern von Teleangiektasien, Lentigines, Fältchen
	− längere Erholungszeit von 4-7 Tagen
	− mögliche Hyperpigmentierung
b) Fraktionale nicht-ablative Laser	Epidermis und Dermis bleiben intakt
Neodym(Nd):YAG-Laser oder	+ Minderung leichter Falten und Flecken
Erbium:Glass-Laser	+ geringe Erholungszeit von einigen Stunden
	− geringe Straffung
Nd:YAG-Laser	Blutschwämmchen, Pigmentmale, Narben, Altersflecken
c) Nicht-ablative Laser	Entfernung von Pigment, Gefäßen und Haaren
Dioden-Laser	Krampfadern, seltener bei Gefäßtumoren, Epilation
Farbstoff-Laser	Blutschwämmchen, Pigmentablagerungen, Altersflecken, Tätowierungen, Epilation
Alexandrit-Laser	Epilation
Rubin-Laser	Epilation
IPL (intense pulse light)	Selektive Photothermolyse, Teleangiektasien, Epilation

11.9.3 Skin Resurfacing mit fraktionalen ablativen Lasern

- *Mechanismus*: Bei *ablativen* Lasern wird eine Gewebsstraffung der Haut durch thermische Verletzungen im dermalen Kollagen mit der Folge unmittelbarer *Kollagenkontraktion*, also einer erneuten „Spannung" erschlaffter Kollagenspiralen, und anschließender *Kollagen-remodellierung*, also Bindegewebsneubildung durch den natürlichen Wundheilungsprozess, erzielt. – Die Kollagenveränderungen beruhen dabei auf der *selektiven Photothermolyse*: Optische Energie des Lasers wird durch das Zielchromophor im behandelten Gewebe, in diesem Fall Wasser, absorbiert und dann im umgebenden Gewebe als Wärme abgegeben.

- *Vorteil*: Beim Resurfacing mit *fraktionalen* ablativen Lasern wird durch selektives "Verdampfen" schmaler kleiner Zylinder von Epidermis und oberer Dermis bis zu einer Tiefe von ~150-300 μm (sog. *fractional deep dermal ablation*) eine Volumenreduktion und Straffung erzielt. Da bei der *fraktionalen* Behandlung die zylindrischen „Löcher" tiefer sind als weit, kann von den umgebenden „Inseln" intakter Haut mit erhaltener Epidermis und Dermis die Regeneration ausgehen: Struktur und Nährstoffe werden so bereitgestellt. Der Vorteil der fraktionale Behandlung liegt daher trotz größerer Eindringtiefe in geringeren ausgelösten Schäden und weniger Nebenwirkungen bei *kurzer Heilungszeit* von wenigen Tagen; – im Vergleich zu 2-3 Wochen bei den alten nicht fraktionalen Systemen.

- *Anwendungen*: Insgesamt erfrischtes Aussehen mit besserem Ansprechen feiner bis moderater als tiefer Falten. Anwendung auch bei Haartransplantation und *Syringeomen*.

- *Mögliche Nebenwirkungen*: Rötung (*Erytheme*), Infektionen sowie seltener auch bleibende Hypo- und Hyperpigmentierungen und Vernarbungen können auftreten. Bei helleren Hauttypen kommt es eher zu Hypo- und bei dunkleren Hauttypen eher zu Hyperpigmentierungen nach der Behandlung. In der Heilungszeit sollte eine Spezialpflege aufgetragen werden und zudem generell auf Lichtschutz geachtet werden.

Tabelle 11.9.2: Gängige alternative Skin Resurfacing Methoden und ihre Anwendung

a) *Oberflächliche* Hautabtragung:	10-35% TCA, Glykolsäure oder AHA, Salicylsäure
	Microdermabrasion, Kryotherapie (CO_2-Slush)
b) *Mittel tiefe* Hautabtragung:	35-40% TCA, Phenol
	YAG- oder konservative CO_2-Laser
c) *Tiefere* Hautabtragung:	TCA > 50%,
	Erbium:YAG- oder CO_2-Laser
	Dermabrasion

11.10 Photorejuvenation (Photodynamische Therapie, PDT)

Prinzip

Die *photodynamische Therapie (PDT)*, auch *Photorejuvenation*, dient in der Dermatologie der gezielten Abtragung von UV-geschädigten Hautbezirken unter Anwendung licht-aktivierbarer chemischer Substanzen (sog. *Photosensibilisatoren*) und anschließender Behandlung mit aktivierender Lichtbestrahlung in der Gegenwart des im Gewebe vorhandenen Sauerstoffs. Als photo-sensibilisierende Substanzen werden dabei 5-Amino-Laevulinsäure (5-ALA), ein natürlicher Farbstoff aus der Gruppe der *Porphyrine* (Vorstufen des roten Blutfarbstoffs Hämoglobin) und sein Methylester Methyl-Aminolevulinat (MAL, MAOP) verwendet [8]. Diese Farbstoffe werden dabei selektiv besonders gut von geschädigten Hautzellen aufgenommen, wo sie dann durch die nachfolgende Bestrahlung aktiviert werden und den Prozess des Zelltodes (sog. *Apoptose*) auslösen. Die abgestorbenen geschädigten Zellen werden dann vom Körper eliminiert. Gesunde Haut wird durch die PDT nicht geschädigt. Zudem wirkt die durch die Wärme bei der PDT ausgelöste Kollagendenaturierung positiv auf die Kollagenneubildung und bewirkt so eine Straffung und Faltenreduktion.

Anwendungsgebiete

Neben der klassischen medizinischen Anwendung zur Behandlung von durch UV-Licht (*aktinisch*) geschädigter Haut, insbesondere initialer Formen des weißen Hautkrebs wie sog. *aktinischer Keratosen*, eignet sich das Verfahren kosmetisch zur Faltenreduktion, Weitere Anwendungen sind verschiedene Hauttumore und entzündliche Hauterkrankungen wie *Akne*, Schuppenflechte, und kreisrunder Haarausfall sowie Viruswarzen.

Verfahren

Für das in der dermatologischen Praxis durchgeführte Verfahren wird zunächst für einige Stunden eine Creme mit ALA oder MAL unter Folienabschluss auf die geschädigten Hautbezirke aufgetragen (z.B. *Metvix®*). Nach der Einwirkzeit wird für einige Minuten mit einer besonderen Lichtquelle im Bereich ~630 nm bestrahlt. In Absprache mit dem behandelnden Arzt/Ärztin wird ein Schmerzmittel eingenommen. Eine aktuelle alternative, wenig schmerzhafte Methode ist die Tageslicht-PDT, bei der die natürliche Sonnenstrahlung genutzt wird. Die geschädigten und behandelten Hautbezirken kommt es zu einer Schälung.

Nachteile und Begrenzung

Keine Behandlung bei Photosensibilität. Vor der Behandlung sollte ein *Hautkrebsscreening* erfolgen sowie im Falle eines unklaren Hautbefunds bei Bedarf eine Probebiopsie zum Ausschluss des Vorliegens eines invasiven weißen Hautkrebses oder eines Melanoms.

11.11 Fadenlifting (Thread-Lift, Korean V-Lift)

Prinzip

Das bereits in den 60er Jahren entwickelte sog. „Fadenlifting" ist eine weitere „sanfte" Haut-Verjüngungsprozedur, die minimal-invasiv ohne Operation oder Vollnarkose auskommt. Durch Einbringen von mit kleinen Widerhaken bestückten, abbaubaren, gewebeaktiven chirurgischen Fäden wird eine „Fixierung" der Haut erzielt und zusätzlich die hauteigene Kollagenproduktion angeregt [5]. Es kommt zur Straffung und Volumenzunahme der Haut. Durch den Einsatz moderner hypoallergener Fäden wurde die Methode im Vergleich zu den ursprünglich verwendeten, mit dem Risiko einer Abstoßungsreaktion verbundenen Fadenmaterialien, wie Gold, Silikon oder *Goretex®*, in den letzten Jahren stark verbessert.

Materialien

Zum Einsatz kommen heute biokompatible, abbaubare (*resorbierbare*) Fadenmaterialien wie:

- *Polydioxanon* (PDO-Fäden): z.B. Venus V-Line-, Perfectstyle- oder Seralea-Fäden
- *Caprolakton*
- *Poly-L-Milchsäuren* (PMS-Fäden, PLLA-Fäden): z.B. Silhouette Soft®-Fäden
- Aptos-Fäden sind dagegen monofile, *nicht* resorbierbare Kunststofffäden

Durch verschiedene Stärken und Verdrillung der Fäden sowie spezielle Zugfäden lassen sich unterschiedle Effektstärken erzielen und verschieden empfindliche Areale behandeln. Durch Marketingbezeichnungen wird die noch nicht gefestigte Nomenklatur etwas unübersichtlich.

Anwendungsgebiete: Für wen eignet sich das Fadenlifting?

Die Methode der Implantation gewebeaktiver Fadenmaterialien eignet sich zur Straffung von erschlafften Hautbezirken und zur Volumenverbesserung bei milder bis mäßiger Erschlaffung zwischen etwa 40.-60. Lebensjahr – insbesondere im Bereich der Kinnlinie, der Wangen, Brauen, an Hals und Dekolleté, an den Oberarmen oder anderen Cellulite-Regionen – sowie auch zur Lippenvergrößerung. Der Einsatz spezieller stärker verdrillter Zugfäden mit Widerhaken (z.B. vom Typ Cog Pro oder Cog Master Gear) ist besonders bei mittel stark hängenden Wangenpartien alternativ zu einem chirurgischen Lifting geeignet.

Vorgehen und Wirkung

Unter lokaler Betäubung der Ein- und Ausstichstelle wird das Fadenmaterial steril mittels spezieller Injektionsnadeln gitter- bzw. schlaufenförmig in das tiefe Bindegewebe der Hauteingebracht, so dass eine Straffung der Region entsteht. Während die ursprünglich eingesetzten Kunststofffäden permanent in der Haut bleiben, sind sowohl PDO- wie auch PMS-Fäden langfristig resorbierbar und lösen sich nach etwa 6-12 Monaten von selber auf. Neben einem bereits sofort bzw. in den ersten Wochen sichtbaren natürlichen Lifting-Effekt wird durch die Gewebeinduktion ein längerfristiges bis zu zwei Jahre haltendes Ergebnis mit dem Fadenlifting erzielt. Die Fadenlifting Methode kann gut mit physikalischen Verfahren wie der Ultraschallbehandlung sowie mit Hyaluronsäure- oder PRP-Injektionen kombiniert werden.

Welche Nebenwirkungen können beim Fadenlifting auftreten?

Wie bei anderen Injektionsverfahren können mögliche Schwellungen und Blutergüsse an den Einstichstellen durch Kühlung und vorbeugende Einnahme von Arnika-Globuli minimiert werden. Selten kann es zu Infektionen an der Einstichstelle kommen oder zu einem „Durchscheinen" der Fäden durch die Haut. Gegen die verwendeten modernen Nahtmaterialen sind Allergien nicht bekannt. Eine überschießende Kollagenbildung mit Narben wird bei dem Verfahren nur sehr selten beobachtet. Alle resorbierbaren Fadenmaterialien lösen sich zudem nach etwa 1 Jahr von selbst auf.

Gibt es einen „Prejuvenation"-Effekt beim Fadenlifiting?

Durch Förderung des Kollagenaufbaus haben Fadenliftings eine gewisse vorbeugende Wirkung gegenüber dem Absacken der Kinn-Wangen-Partie und der Faltenbildung. Daher wenden auch bereits jüngere Patient/innen die Methode „pro-aktiv" zum Vorbeugen vor sichtbaren Alterserscheinungen der Gesichtshaut an.

11.12 Lifting (chirurgisches Face-Lift)

Prinzip

Durch chirurgische Entfernung („Wegschneiden") von erschlafftem Gewebe und Repositionierung wird eine Straffung der Gesichtshaut und Halspartie erreicht. Beim *Lifting* handelt es sich um ein invasives, also operatives, Verfahren, das in Lokalanästhesie oder Vollnarkose durchgeführt wird.

Welche Lifting-Verfahren gibt es?

Je nach Stärke der Alterserscheinungen, wie Faltenbildung und Erschlaffung, und der zu straffenden Hautregion können anstelle des klassischen „kompletten" Gesichts-Lifting unterschiedliche *partielle Lifting-Verfahren* zur Anwendung kommen (Tabelle 10.12). Der

Vorteil dieser Teil-Liftings liegt in geringerer Traumatisierung und Narbenbildung sowie in kürzerer Erholungszeit und niedrigeren Kosten.

Tabelle 10.12: Übersicht über aktuelle Lifting-Verfahren und ihre Indikationen

- *Mini-Lift (S-Lift)* — Teil-Lifting bei leichter Erschlaffung der Wangenregion und Kieferlinie etwa ab 40. Lebensjahr - mit nur minimalen Narben und geringer Erholungszeit von einigen Tagen
- *Klassisches Face-Lift* — Kombination aus Stirn-, Wangen- und Hals-Lifting ab etwa 50. Lebensjahr
- *SMAS-Lift (Platysma-Plastik)* — Repositionierung der direkt unter Haut und Fettgewebe des Halses liegenden oberflächlichen Bindegewebsschicht, des sog. superfiziellen muskulär aponeurotischen Systems (SMAS, Platysma), zur Korrektur eines „Doppel-Kinns" beim Hals-Lift oder Face-Lift
- *Augenlid-Lift (Blepharoplastik)* — Korrektur von hängendem Oberlid oder Tränensacken am Unterlid

Indikationsstellung: Für welche Bedürfnisse eignet sich ein chirurgisches Face-Lift?

Unter sorgfältiger Abwägung des Risiko-Nutzen-Verhältnisses kann ein Face-Lift bei stärkerer Erschlaffung der Haut erwogen werden, wenn minimal-invasive Verfahren ausgeschöpft oder ineffektiv sind.

Vorteile

Mit modernen Lifting Verfahren wird zumeist eine gute und effektive Straffung der Haut erzielt. Auch wenn ein Fortschreiten des Alterungsprozesse durch ein Lifting nicht aufgehalten werden kann, ist die erzielte Straffung an den behandelten Stellen dauerhaft. Durch Platzieren der Schnittführung in wenig sichtbaren Bereichen, wie z.B. hinter den Ohren oder im Haaransatz, und die Verwendung von sehr feinem Nahtmaterial sind die Narben zumeist nach der Heilungsphase nur wenig sichtbar.

Risiken und Nebenwirkungen

Prinzipiell bergen Lifting-Verfahren alle Risiken eines operativen Eingriffs wie Blutergüsse, Entzündung und Infektion, Narbenbildung, Gefäß- und Nervenverletzung, allergische Reaktionen sowie die Risiken der gewählten Narkoseform. Eine gezielte und individuelle

Beratung in einer erfahrenen Facharzt-Praxis und Abwägung des Risiko-Nutzen-Verhältnisses ist notwendig (Kontaktadressen z.B. über www.deutscher-aerzte-service.de).

11.13 Ausgewählte und weiterführende Literatur

1. Liebl, Horst; Kloth, Luther C.; PT; MS; Fapta, CWS; Faccws. Skin Cell Proliferation Stimulated by Microneedles. *J Am Coll Clin Wound Spec.* 2012; 4(1): 2–6. doi:10.1016/j.jccw.2012.11.001.

2. Fabi S, Sundaram H. The potential of topical and injectable growth factors and cytokines for skin rejuvenation. *Facial Plast Surg.* 2014; 30 (2): 157–71.

3. Goldberg DJ. Facial Resurfacing. 2010. *John Wiley&Sons.* 1. Auflage. ISBN: 978-1-4051-9080-0.

4. Uerlich, F. 1999. Fruchtsäurepeeling - Die dermatologische und ästhetisch-korrektive Anwendung von Alpha-Hydroxysäuren (AHA). *Hautarzt.* 50:448–460; Springer.

5. Gauglitz GG, Podda M. Therapiekonzepte zur Behandlung des alternden Gesichts. 2015. *Hautarzt.* 2015 Oct; 66(10):738–743 doi:10.1007/s00105-015-3688-8

6. Imhof M, Podda M, Sommer B. Ästhetische Botulinumtoxin-Therapie. S1-Leitlinie013-077. 2018. Deutsche Dermatologie Gesellschaft (DDG). *AMWF online.*

7. Bahmer F, Drosner M, Hohenleutner U, Kaufmann R, Kautz G, et al. Empfehlungen zur Behandlung mit Laser und hochenergetischen Blitzlampen in der Dermatologie. 2007. Deutsche Dermatologie Gesellschaft (DDG). *AMWF online.*

8. Philipp-Dormston WG. Photodynamic therapy for aesthetic-cosmetic indications. *G Ital Dermatol Venereol.* 2018; 153(6):817-826.

12. Haargesundheit – Weis(s)heiten rund ums Haar

12.1 Haare und Alterung

Die Bildung unserer Haare in den Haarfollikeln der Kopfhaut ist ein äußerst komplexer Prozess (s. Kapitel 3 *Anatomie*) und unterliegt vielen verschiedenen Einflüssen: Hormone, Durchblutung, Ernährung, Schadstoffe, Stress, mechanische Belastung, Keime, Medikamente und weitere Faktoren wirken sich auf Haarbildung und Haarwachstumszyklus aus. Durch den multifaktoriellen Alterungsprozess kommt es physiologischer Weise etwa ab dem 40. Lebensjahr bei fast allen Menschen zu einer Verminderung des Haarwuchses und des Haarpigments. Verstärkter Haarausfall kann sowohl für Frauen wie auch für Männer sehr belastend sein und ist daher oft Anlass für eine genauere Untersuchung. Abgesehen vom physiologischen Haarausfall und Dünnerwerden der Haare im Alter unterscheidet man verschiedene Krankheitszustände der Kopfhaut sowie beim Mann auch des Bartes, die mit Haarausfall (sog. *Effluvium*) und Glatzenbildung (sog. *Alopezie*) einhergehen können [1].

12.2 Formen des Haarausfalls (Effluvium, Alopezie)

Der Prozess des (Kopf-)Haarausfalls wird medizinisch als *Effluvium* bezeichnet. Eine erhöhte Haarausfallrate liegt bei Überschreiten des normalen (physiologischen) Haarverlusts am behaarten Kopf von etwa 50-100 Haaren pro Tag bei täglicher Kopfwäsche vor. Der medizinische Begriff *Alopezie* wird für den Zustand der Haarlosigkeit in Form von lichten und kahlen Stellen und der Glatzenbildung verwendet.

Nach dem Bild und der Verteilung des Haarverlusts werden verschiedene Prozesse und Zustände von Haarspezialisten unterschieden [1,2]:

1. Erblich bedingter Haarverlust (androgenetische Alopezie)

Die sog. *androgenetische Alopezie* ist hormonell bedingt infolge Abhängigkeit der Haarwurzel vom Testosteronmetaboliten *Dihydrotestosteron* (*DHT*), der den Haarausfall durch Katageninduktion fördert (s. Kapitel 3 *Anatomie* und Kapitel 8 *Hormone*). Geschlechtsabhängig hat die androgenetische Alopezie 2 mögliche Erscheinungsformen:

a) Androgenetische Alopezie vom *männlichen* Typ, meist in „Tonsur"-Form bis zur Glatze

b) Androgenetische Alopezie vom *weiblichen* Typ, meist im Scheitelbereich

2. Diffuser Haarausfall (diffuses Effluvium)

In diffuser Verteilung nimmt die Haardichte am gesamten Kopf dabei ab, und das Kopfhaar wird insgesamt lichter – im Gegensatz zu umschriebenen (lokalisiertem) Haarausfall mit fleckförmigen kahlen Stellen im Haarkleid.

Der multifaktorielle *altersbedingte Haarverlust* ist ein *diffuses Telogeneffluvium*.

3. Telogeneffluvium (häufigster Typ des Haarausfalls)

Verschiedene mildere schädliche Faktoren können den Haarzyklus stören und durch vorzeitigen Haarwachstumsstop und Zelltod (*Apoptose*) der Haarmatrixzellen zu vermehren Eintritt der Haarfollikel die Ruhephase (*Telogen*) mit nach 2-3 Monaten folgendem Haarausfall führen. – Mögliche Auslöser sind insbesondere hormonelle Störungen, fieberhafte Infektionen, Medikamente, Fehlernährung, Blutarmut und Stress sowie auch die Schwangerschaft (sog. *postpartales Effluvium*). Dagegen lösen starke Schäden durch Chemotherapie, radioaktive Strahlung oder Vergiftungen das seltenere sog. *Anageneffluvium* durch Untergang (*Nekrose*) von Haarmatrix und -wurzelscheide aus. Durch starke Schädigung fallen die Haare kurzfristig innerhalb von Tagen bis Wochen aus.

4. Haarausfall bei Medikamenteneinnahme und Vitalstoffmangel

Verschiedene Medikamente, die die Zellteilung hemmen, führen auch zu Haarausfall. Ebenso können einseitige Ernährung und strenge Fastenkuren durch Nährstoffmangel Haarausfall auslösen. Bei Beseitigung der Auslöser ist dieser Haarausfall meist umkehrbar (lat. *reversibel*).

5. Vernarbender Haarausfall (narbige Alopezie)

An Stelle der Haarfollikelöffnungen an der Kopfhaut treten bindegewebige Narbenareale. Ursache ist die zumeist *entzündungsbedingte Zerstörung* der Kopfhaut in den Haarfollikeln. Neben Autoimmunerkrankungen wie *Lupus* oder *Sklerodermie* können Verletzungen und verschiedene Entzündungen der Kopfhaut für den narbigen Haarausfall verantwortlich sein (s. Abschnitt 12.6).

⌘ Hinweis: Kommt es zu einer Zerstörung der Haarfollikel, ist der Haarausfall *nicht* umkehrbar.

12.3 Diagnostik bei Haarausfall

Bei verstärktem Haarausfall solltest Du Beratung in einer spezialisierten Arztpraxis suchen, die mit der Haar-Diagnostik vertraut ist. Neben einer genauen *Inspektion* der Kopfhaut und des Haarwuchsmusters geben einige weitere Untersuchungen gezielten Aufschluss auf die genaue Form und auf Ursachen des Haarausfalls, wie eine Blutuntersuchung, das *Trichogramm* und der

Trichoscan. Insbesondere bei Entzündungen oder unklaren Zuständen wird möglicherweise auch eine *Probebiopsie* der Kopfhaut angeordnet.

- *Haarkalender*: Auszählen der pro Tag ausgefallenen Haare über mehrere Wochen
- *Blutuntersuchung*: Komplexe Laboruntersuchung mit Blutbild, Eisenspiegel, Mineralstoffen, Vitaminen, Hormonspiegel u.a. Werten
- *Trichogramm*: Untersuchung eines von der Kopfhaut mit Hilfe einer Zange mit Wurzel entnommenen Haarbüschels hinsichtlich der Haarwachstumszustände
- *TrichoScan®*: Nichtinvasive Methode zur Messung der Haardichte und des Haarstoffwechsels. Vermehrter Eintritt von Haarfollikeln in die Ruhephase ist damit nachweisbar.
- *Probebiopsie* der Kopfhaut in Lokalanästhesie: Besonders bei narbigem Haarverlust und Entzündungen oder nicht einzuordnenden Alopezien

Einige genannte Leistungen sind Privatleistungen und daher u.U. mit Zuzahlungen verbunden.

12.4 Präparate gegen alterungsbedingten Haarausfall

– So packt man den Haarausfall bei der Wurzel...

Die Therapiemöglichkeiten richten sich in erster Linie nach der Form des Haarausfalls. Im ersten Schritt werden zunächst mittels Blutuntersuchung diagnostizierte mögliche Mangelzustände durch entsprechende Nahrungsergänzung oder Medikamente ausgeglichen. Speziell *Zink*, *Biotin* und *Selen* sowie auch Kiesel- und Folsäure unterstützen das Haarwachstum. Bei allgemeinem altersbedingt erhöhtem Haarverlust gibt es zudem verschiedene lokal an der Kopfhaut anwendbare Präparate mit gewisser Wirksamkeit, zu denen Deine Arztpraxis Dich gerne beraten wird:

1. Coffein-Shampoos und -Präparate

Durch Coffein-haltige Präparate wird eine Durchblutungsförderung der Kopfhaut erreicht. *CNPDA* ist ein neuartiges Creme-Präparat, das *Coffein* in Kombination mit *Niacinamid*, *Panthenol*, *Dimethicone*, und *Acrylatpolymer* enthält [3].

2. Haartonika auf pflanzlicher Basis

Durch *pflanzliche Öle* mit Bestandteilen von *Brennnessel*, *Rosmarin*, *Thymian*, *Lavendel* oder *Basilikum* wird die Durchblutung der Kopfhaut verbessert und zudem teilweise eine hormonelle Wirkung ausgeübt. Kontrollierte Studien fehlen aber bei vielen Produkten [4].

3. Minoxidil (z.B. Regaine® als 2-5%ige Lösung oder Schaum für Frauen und Männer)

Das durchblutungsfördernde Mittel sorgt für eine bessere Versorgung der Haarfollikel mit Nährstoffen und körpereigenen Wachstumsfaktoren und wird auch als Blutdrucksenker eingesetzt. Als „Nebeneffekt" bewirkt es *Anagen-* und *Telogenverlängerung* des Haarzyklus. Minoxidil sollte 2x täglich auf die Kopfhaut über mind. 3 Monate aufgebracht werden.

4. Antiandrogene (wie Finasterid und Dutasterid) für Haarausfall des Mannes

Diese auch zur Behandlung der Prostatahypertrophie eingesetzten Wirkstoffe senken durch Hemmung der *5-alpha-Reduktase (5AR)* die Spiegel des für den androgenetischen Haarausfall verantwortlichen Testosteronmetaboliten *Dihydrotestosteron (DHT)* (s. Kapitel 8). Bei frühzeitiger Anwendung bei Männern vor dem 40. Lebensjahr kann der Haarverlust teilweise zurückgehen.

5. 17-alpha-Estradiol (z.B. Ell-Cranell alpha 0,03%®)

Auch dieses zu den Östrogenen zählende Mittel hemmt das für die Bildung von DHT verantwortliche Enzym *5-alpha-Reduktase*. Der durch DHT vermittelte Haarausfall wird so vermindert. Bei androgenetisch bedingtem Haarausfall ist es bei Männern wie auch bei Frauen bedingt wirksam. Die alkoholische Lösung wird auf die Kopfhaut aufgetragen und kann bei empfindlichen Personen zu Rötungen und Allergien führen.

♂ Die *gute Nachricht*: Da auch der alterungsbedinge Haarausfall und die Haarergrauung multifaktoriell bedingt sind, kann ein gesunder Lebensstill nach der *Fit+Jung-Formel* zu einer Verbesserung und Verzögerung der Alterserscheinungen der Haare führen.

12.5 Therapeutische Prozeduren bei Glatzenbildung

Bei dauerhafter Glatzenbildung ist generell die Förderung erneuten Haarwuchses schwierig. Einige kosmetische Verfahren können aber bei der Wiederherstellung des Kopfhaares helfen:

1. Mesotherapie (Microneedling, Plättchen-reiches Plasma, PRP)

Durch diese minimal-invasiven Therapieformen wird die Regeneration und das Wachstum der Haarfollikelzellen durch Mikroverletzungen sowie körpereigene Wachstumsfaktoren und Nährstoffe angeregt. PRP, das *Wachstumsfaktoren* aus Blutplättchen des eigenen Blutes enthält, wird direkt unter die Kopfhaut gespritzt oder mittels Microneedling eingebracht. Beim Microneedling mit einem *Dermaroller* wird die Durchblutung gefördert, und es lassen sich verschiedene Wirkstoffe in (Kopf-)Haut einbringen (s. Kapitel 11 *Prozeduren*).

2. Haarverpflanzung (Eigenhaartransplantation)

Wenn keine andere Maßnahme hilft, kommt eine Haartransplantation als *Ultima Ratio* der Behandlung des *Androgeneffluviums* in Frage [1]. In örtlicher Betäubung werden dabei Haarfollikel mittels Stanze oder als *Micrograft* aus der Hinterkopfregion entnommen und im Bereich des Haarverlust in der frontalen und seitlichen Region wieder eingepflanzt. Da die

Haarfollikel aus der Hinterkopfregion weniger empfindlich gegenüber Androgenen als die frontalen sind, sind die Ergebnisse der Haartransplantation dauerhaft. Das ursprüngliche jugendliche Erscheinungsbild des Haarkleids wird jedoch meist nicht vollständig erreicht.

12.6 Krankheitszustände der Kopfhaut

Bei der Abgrenzung einiger der häufigsten entzündlichen Erkrankungen der Kopfhaut, die mit Haarverlust einhergehen können, gegenüber altersbedingtem Haarausfall hilft diese Übersicht:

- *Psoriasis* (Schuppenflechte): Eine relativ häufige entzündliche Hauterkrankung mit Kopfhautbeteiligung, die meist mit Entzündung, Rötung und Schuppung der Kopfhaut sowie teilweise starkem Juckreiz einhergeht. Oft gibt es eine familiäre Häufung, also andere Familienmitglieder, die auch unter Schuppenflechte leiden. Verschiedene Kortison und Vitamin D-haltige Präparate sowie Azol-haltige Shampoos sind zur Therapie geeignet. Zu einem dauerhaften Haarverlust kommt es in der Regel nicht.

- *Seborrhoische Dermatitis*: Vermehrte Talgproduktion der Kopfhaut, oft mit zusätzlicher Überbesiedlung und Irritation durch den Hefepilz *Malassezia furfur*.

- *Alopecia areata* (kreisrunder Haarausfall): Durch eine *Autoimmunreaktion* kommt es zu einer T-Zell vermittelten Entzündung um die Haarbulbi und zu einem zumeist reversiblen büschelhaften Haarverlust. Häufigster Auslöser ist *Stress*. Auch können gleichzeitig andere Autoimmunerkrankungen auftreten. Länger als ein Jahr anhaltender Haarverlust oder kompletter Haarverlust (*Alopecia totalis*) sind dabei prognostisch ungünstig. In der Therapie kommen Kortison, Reiztherapien und Immunstimulation durch künstliche Kontaktallergene (DNCP) in Frage sowie auch neue immunmodulierende Ansätze (sog. JAK-Inhibitoren).

- *Lichen planopilaris* (Knötchenflechte): *Autoimmunerkrankung* der Kopfhaut unklarer Ursache, bei der die Haarfollikel angegriffen werden und sich typische Schuppenkrausen um die abgebrochenen Haarschäfte bilden. Als Sonderform gilt die sog. *frontale fibrosierende Alopezie* vom Typ *Kossard*, die besonders Frauen in der Menopause betreffen kann.

- *Folliculitis decalvans*: Entzündliche Erkrankung der Kopfhaut, deren Ursache vermutlich eine Überreaktion des Körpers gegen das Bakterium *Staphylococcus aureus* ist, das häufig die Haut und Kopfhaut besiedelt. Durch die verstärkte Immunreaktion kommt es zu Entzündung der Kopfhaut und narbigem Haarverlust. Zur Therapie eigenen sich Antibiotika und Kortison.

- *Pilzerkrankungen* der Kopfhaut (*Tinea capitis*, *Microsporie*): Auch Besiedlung der Kopfhaut mit bestimmten Pilzarten kann zu Haarverlust führen, der nicht immer rückgängig zu machen ist.

Die Diagnosesicherung und Abgrenzung des Haarverlusts sollte über eine in der Behandlung von Haar- und Kopfhauterkrankungen versierte Arztpraxis erfolgen.

12.7 Ausgewählte und weiterführende Literatur

1. Fritsch P, Schwarz T. Dermatologie Venerologie. Kapitel 18.3 Krankheiten des Haarapparats. *Springer-Verlag*. 2018. 3. Auflage, 898-909. ISBN 978-3-662-53646-9.

2. Raab W. Haarerkrankungen in der dermatologischen Praxis. *Springer-Verlag*. 2012. ISBN-13 978-3642205279.

3. Davis MG, Thomas JH, van de Velde S, Boissy Y, Dawson TL Jr, Iveson R, Sutton K. A novel cosmetic approach to treat thinning hair. *Br J Dermatol*. 201; 165 Suppl 3:24-30. doi: 10.1111/j.1365-2133.2011.10633.x

4. Malone M, Tsai G. The evidence for herbal and botanical remedies, Part 2. *J Fam Pract*. 2018; 67(1):E1-E9.

13. Anti-Aging Medikamente – Verjüngung auf Rezept?

Grundsätzlich sollen die Strategien der *Fit+Jung-Formel* zu einem gesunden Lebensstil beitragen und dabei helfen, Medikation einzusparen und einige potentiell mit Nebenwirkungen behaftete Medikamente gar nicht erst zu benötigen. Für bestimmte Arzneimittelwirkstoffe konnten aber ganz konkrete jungmachende Wirkungen nachgewiesen werden, so dass die entsprechenden Medikamente als „Anti-Aging Medizin" Beachtung finden. Ebenso wirkt bei nachgewiesenen Erkrankungen von Herz-Kreislauf-, Verdauungs- oder Nervensystem die ärztlich verordnete spezifische Therapie krankheitsmildernd und damit lebensverlängernd.

13.1 Besonderheiten der Arzneimitteltherapie im Alter

Mit zunehmendem Alter treten oft neben mehreren medikamentös behandlungsbedürftigen Erkrankungen gleichzeitig Schlaf- und Verdauungsprobleme und kognitive Einschränkungen auf. Durch den Alterungsprozess kommt es zudem zu veränderter Verstoffwechselung und verminderter Ausscheidung (*Pharmakokinetik*) sowie veränderter Wirkung von Medikamenten (*Pharmakodynamik*) [1]. Gerade älteren Patienten haben aber häufig unübersichtliche Medikamentenpläne mit einer Vielzahl von Medikamenten, die untereinander teilweise unabsehbare Wechselwirkungen haben können und deren Nebenwirkungen sich untereinander verstärken. Das Verhältnis von Nutzen zu Risiko muss daher bei älteren Patienten besonders sorgfältig vor einer Arzneimitteltherapie gewogen werden. Nicht medikamentöse Therapieformen sollten ausgeschöpft werden. Im Einzelfall muss in Abhängigkeit von der Organfunktion die Dosis vermindert werden, da sonst Erkrankungshäufigkeit und Sterblichkeit erhöht werden können.

13.2 Medikamente mit potentiell „verjüngender" Wirkung

Die gesundheitsfördernden anti-aging Effekte der hier aufgeführten Medikamentenwirkstoffe beruhen insbesondere darauf, dass die bekannte lebensverlängernde Wirkung des *Fastens* und der Kalorienrestriktion imitiert (engl. *calorie restriction mimetics*, CRM) oder allgemein die Herz-Kreislauf-Gesundheit, Durchblutung und Entzündungsneigung verbessert wird. – Zu den Medikamenten mit erwiesenem anti-aging Potential und Wirksamkeit bei altersabhängigen Erkrankungen zählen insbesondere das Antidiabetikum *Metformin*, das Immunsuppressivum

Rapamycin und das ähnlich wirksame *Resveratrol* sowie das in niedriger Dosierung zur Blutverdünnung eingesetzte Schmerzmittel *Acetylsalicylsäure (ASS 100)* und einige andere Herz-Kreislauf-Medikamente. Mechanistisch beeinflussen diese Stoffe Alterungsregulatoren wie mTOR (*mechanistic Target Of Rapamycin*), FOXO (*Forkhead-box protein O*) und PGC1α (*PPARγ coactivator 1α*) und wirken damit auf Energiehaushalt, oxidativen Stress und Entzündungen. Kalorienrestriktion wirkt durch Deaktivierung von mTOR lebensverlängernd. Gleichzeitig können die potentiellen CRMs durch ihre Wechselwirkungen mit bestimmten Aspekten des Zellstoffwechsels, -wachstums und Zelltods (*Apoptose*) sowie der Gefäßneubildung die Krebsentstehung vermindern [2,3].

Resveratrol wird nicht bei den Medikamenten, sondern bei den *Nahrungsergänzungsmitteln* beschrieben. Auch verschreibungspflichte *Hormonersatztherapien (HET)* zählen zu Anti-Aging Medikamenten und werden im *Kapitel 8* bei der *Hormonoptimierung* vorgestellt.

13.2.1 Metformin

Das zu den Biguaniden zählende *Metformin* ist das Therapeutikum der Wahl in der Behandlung des Typ II-Diabetes, besonders bei übergewichtigen Patienten. Als Anti-Aging Medikament wirkt es vergleichbar mit der Kalorienreduktion und kann einen gewissen Gewichtsverlust und Verlust des Körperfetts fördern [2].

- *Vorteile*: Metformin vermindert den Blutzuckerspiegel durch verminderte Glukoseproduktion in der Leber bei gleichzeitiger verbesserter Insulin-abhängige Glukoseaufnahme durch die peripheren Gewebe. Zudem wird die Fettmasse und das Arteriosklerose-Risiko durch Förderung der Fettsäurenutzung vermindert. In behandelten Typ II-Diabetikern reduziert Metformin auch das Auftreten von Krebserkrankungen.

- *Mechanismus*: Bei nicht komplett bekannten Zielmolekülen beruhen die anti-aging Wirkungen von Metformin wahrscheinlich vorwiegend auf Interaktionen mit den mitochondrialen Elektronentransportkomplexen sowie mit den Enzymen AMPK, mTOR und ähnlich wie Resveratrol auch mit *Sirtuin 1 (SIRT1 Aktivator)*.

13.2.2 Rapamycin (Sirolimus, mTOR-Hemmer)

Das aus Bakterien gewonnene, antimikrobiell aktive Immunsuppressivum *Rapamycin* entfaltet bekanntermaßen durch Hemmung des Enzyms mTOR, als *mechanistic Target of Rapamycin*, seine lebensverlängernde Wirkung in verschiedenen Modellorganismen. Da auch Hungern das Rapamycin-Zielmolekül mTOR hemmt, wirkt die Rapamycin-Gabe gleichsam gegen Fettleibigkeit – und verhindert eine Gewichtszunahme unter der Therapie. Potentiell kann der

Wirkstoff verschiedene altersabhängige Erkrankungen verhindern wie unter anderem Dysfunktionen der Knochen, Muskulatur und des Immunsystems, sowie die Insulinempfindlichkeit verbessern [3].

- *Einsatz*: Bei Menschen werden Rapamycin und seine Verwandten („*Rapalogs*") derzeit zur Verhinderung der von Abstoßungsreaktionen in der *Transplantationsmedizin* eingesetzt sowie als Krebsmedikamente. Zu den *Rapalogs*, also Substanzen mit Rapamycin-ähnlicher Wirkung als mTOR-Hemmer, gehören neben Rapamycin (Sirolimus) auch Temsirolimus, Tacrolimus (Prograf®), Pimecrolimus, Everolimus, Deforolimus und weitere Analoga.

13.2.3 Acetylsalicylsäure (ASS, Aspirin)

Das als Schmerzmittel bekannte Aspirin mit dem Wirkstoff *Acetylsalicylsäure (ASS)* ist rezeptfrei erhältlich und wird in niedriger Dosierung von 100 mg zur Blutverdünnung und Prophylaxe von Herzinfarkt und Schlaganfall eingesetzt (ASS 100, „Baby-Aspirin").

- *Vorteil*: Als anti-entzündlicher Wirkstoff vermindert ASS „unterschwellige" Entzündungen im Körper, die als Alterungsfaktor wirken, und vermindert zudem das Risiko für Gefäßverschlüsse durch Hemmung der Blutplättchen-Verklumpung. Neben seiner erwiesenen Wirksamkeit in der Prophylaxe kardiovaskulärer Ereignisse kann ASS daher möglicherweise weitere altersbedingte Erkrankungen und ihre Komplikationen, wie beispielsweise Demenz und Depressionen, verhindern. So werden auch Erektionsstörungen durch die durchblutungsfördernde Wirkung am Penis gemildert und Karies durch Stimulation der Stammzellen im Zahnmark und Förderung der Remineralisierung der Zähne bekämpft

- *Nebenwirkungen*: Von einer allzu sorglosen Anwendung von ASS sollte wegen der möglichen *Risiken* für erhöhte Blutungsneigung, Magengeschwüre und Schädigung der Nieren – besonders bei höherer Dosierung – abgesehen werden. In einer aktuellen Studie konnte zudem *keine* Verringerung des Krebsrisikos bei gesunden älteren Erwachsenen durch regelmäßige ASS-Einnahme nachgewiesen werden [4].

13.2.4 Andere Herz-Kreislauf-Medikamente

Auch andere blutdrucksendende Medikamente wie ß-Blocker, Angiotensin II-Rezeptorblocker (*Sartane*) sowie *Angiotensin Converting Enzym (ACE)-Hemmer* haben verschiedene anti-aging Wirkungen, unter anderem durch schützende Wirkung auf das Herz und durch Hemmung von mTOR. Bei bestimmten Patientengruppen können ebenso *Statine* anti-aging Wirkungen haben und Rapalog-induzierte Fettstoffwechselstörungen (*Dyslipidämien*) mildern [3].

13.2.5 Die Fit+Jung Formel als "Anti-Aging Formula"

Auf natürliche Weise wird durch ein gesundheitsförderndes Stufenprogramm wie die *Fit+Jung-Formel* mit der Kombination aus kohlenhydrat- und fettbalancierter Ernährung, regelmäßiger Bewegung und Fitness sowie natürlichem Muskelaufbau der mTOR-Signalweg gehemmt, die Insulinempfindlichkeit verbessert und somit potentiell eine lebensverlängernde Wirkung erzielt.

13.3 Ausgewählte und weiterführende Literatur

1. Ellegast J. Klinische Pharmakologie. *Urban&Fischer*. 2013. 2. Auflage. ISBN 978-3-437-42567-7-7.

2. Mouchiroud L, Molin L, Dallière N, Solari F. Life span extension by resveratrol, rapamycin, and metformin: The promise of dietary restriction mimetics for an healthy aging. *Biofactors*. 2010 Sep-Oct;36(5):377-82. doi: 10.1002/biof.127.

3. Blagosklonny MV. Koschei the immortal and anti-aging drugs. *Cell Death Dis*. 2014 Dec 4;5:e1552. doi: 10.1038/cddis.2014.520.

4. ASPREE Investigator Group: Mc Neil JJ et al. Effect of Aspirin on all-cause mortality in the healthy elderly. *N Engl J Med*. 2018 Oct 18;379(16):1519-1528. doi: 10.1056/NEJMoa1803955.

14. Innovationen und Ausblick

14.1 Innovationen aus der Alterungsforschung – Was gibt's Neues?

Im Anschluss an unsere Reise durch die Welt der Jungmach-Wirkstoffe und der aktuellen Fitness- und Gesundheits-Strategien der *Fit+Jung-Formel* gibt dieses Kapitel noch einen kurzen Überblick über ausgewählte moderne experimentelle Ansätze der heutigen Alterungsforschung. In den nächsten 10-20 Jahren könnten aus einigen dieser sich derzeit noch in der Entwicklungsphase befindlichen Konzepte möglicherweise neue Behandlungsformen und Produkte für unsere Gesundheit und eine schöne Haut im Alter entstehen. Bestimmte innovative Strategien und Produkte verwenden sogar auch heute schon im Ansatz das Wissen dieser Forschungsthemen:

14.1.1 Stammzell-Verjüngung („stem cell rejuvenation")

Eine der ursächlichen Faktoren des Alters ist die mit der Zeit abnehmende oder veränderte Funktion der für die Regeneration wichtigen *Stammzellen* unserer Gewebe (s. Kapitel 2 *Alterungsmechanismen*). Dieser Alterungsprozess betrifft das Knochenmark als Ort der Blutzellproduktion ebenso wie andere Organe wie Haut, Nervensystem, Muskeln oder Darm. In der Blutbildung verschiebt sich im Alter der relative Anteil der weißen Blutzellen zugunsten der sog. *Myelopoiese*. Damit nimmt das Risiko für bestimme Blutkrebsarten, die myeloische Leukämien, zu, – und es stehen weniger spezifische Immunzellen der T- und B-Zellreihe zur Infekt- und Tumorabwehr und Eliminierung überalteter (*seneszenter*) Zellen zur Verfügung [1,2]. Aktuelle Forschungsprojekte befassen sich weltweit damit, mit welchen genauen Veränderungen die Stammzellen mit dem Alter zu kämpfen haben und wie Stammzellen älterer Menschen unterstützt bzw. wieder „verjüngt" werden könnten [1,2].

Ein Ansatz befasst sich dabei mit der Epigenetik und einer epigenetischen „*Reprogrammierung*" der gealterten Stammzellen: Durch eine Umverteilung bestimmter epigenetischer Marker an Verpackungsmolekülen der DNA im Zellkern, der sog. Histon-Acetylierung (H4K16Ac), verlieren „alte" blutbildende Stammzellen im Knochenmark ihre zelleigene Polarität und funktionieren dann bei der zur Blutbildung notwendigen Zellteilung anders als Stammzellen junger Menschen. Der spezifische Hemmstoff *CASIN* des für die innere Zellstruktur und Polarität verantwortlichen Enzyms CDC42 könnte die Funktion der alten Stammzellen wiederherstellen und die Blutbildung so normalisieren. Bei der „Stammzell-verjüngung" muss beachtet werden, dass möglicherweise in „alten" Stammzellen mit der Zeit auch DNA-Schäden und Veränderungen der Reparatur- und Sicherungssignalwege stattfinden und sich anhäufen können. – Bei einer erneuten Wachstumsförderung darf daher nicht versehentlich ein unkontrolliertes Wachstum geschädigter Zellen ausgelöst werden.

- *Anwendung*: Einige Hautprodukte nutzen das Prinzip der *Stammzellerfrischung* heute schon für das Anti-Aging, indem sie pflanzliche Stammzellextrakte in Stammzellmasken oder -cremes für die Haut wirken lassen. Mittels *Fruchtsäurepeelings* werden Basalzellen der Haut zu verbesserter Regeneration angeregt. Ebenso nutzt die plastische Chirurgie die Transplantation von *Fettgewebsstammzellen* zur Aufpolsterung (s. Abschnitt 14.1.5 *Wundheilung*).

14.1.2 Seneszenzkontrolle

Mit zunehmendem Alter sammeln sich im Körper immer mehr *überalterte Zellen* an, die aufgrund ihrer Altersschäden zum Wachstumsstop und Schutz vor Entartung in den Zustand der „Seneszenz" mit verschiedenen molekularen Veränderungen eingetreten sind. Da seneszente Zellen dem Körper nicht nur *nicht* nützen, sondern ihm tatsächlich durch den sog. *senescence associated secretory phenotype (SASP)* mit Produktion entzündungsfördernder Botenstoffe schaden können, befasst sich die Alterungsforschung intensiv mit Ansätzen, diese krankmachenden alten Zellen gezielt und auf sichere Weise aus dem Körper zu eliminieren (*Senolytika*) oder den Eintritt in die Seneszenz umzukehren [3,4]. Erkrankungen wie Arthritis, Arteriosklerose und Krebs, bei denen seneszente Zellen erwiesenermaßen eine Rolle spielen, könnten mit diesen „Senotherapien" besser behandelt werden.

- *Anmerkung*: In Fachkreisen stark beachtet wurde dieses Jahr ein Zwischenergebnis einer erfolgreichen Behandlung einer Gruppe älteren Probanden im Rahmen der *TRIIM-Studie* (*Thymus Regeneration, Immunorestoration,* and *Insulin Mitigation*) [5]: Bei den Patienten führte die regelmäßige Gabe von Wachstumshormon (*rhGH*), DEHA und Metformin zu einer Verjüngung des Immunsystems, speziell einer Regeneration der wichtigen *Thymusdrüse*, dem Ort der T-Zell Reifung. Durch das verjüngte Immunsystem wurden seneszente Zellen und Krebszellen wieder besser unschädlich gemacht. Das messbare sog. "epigenetische Alter" der Patienten war durch die 1-jährige Behandlung im Vergleich zum chronologischen Alter um 2 Jahre verjüngt worden.

14.1.3 Telomerase-Aktivatoren

Durch Aktivierung des Enzyms *Telomerase* kann die mit dem Alter eingetretene Verkürzung der Telomere, die als biologische Uhr fungierenden, an den Chromosomenenden in älteren

Zellen wieder rückgängig gemacht werden. Bei gesunden älteren Menschen wirkt sich *körperliche Bewegung* positiv auf die Telomerlänge aus und kann das Immunsystem „verjüngen" (s. Kapitel 7 *Fitness*).

Nach dem aktuellen Zwischenergebnis einer Studie konnte der als Nahrungsergänzungsmittel in den USA vermarktete *Telomeraseaktivator TA-65* tatsächlich bei einer Gruppe 53-87-jähriger Patienten mit *Cytomegalovirus (CMV)-Infektion* nach 1-jähriger regelmäßiger Einnahme eine signifikante Telomerverlängerung bewirken [6]. CMV bewirkt eine verstärkte „Immunoseneszenz", also eine Alterung des Immunsystems. – Da aber auch Krebszellen das Prinzip der Telomeraseaktivierung nutzen, um „unsterblich" zu werden, müssen zur Evaluation der Sicherheit einer generellen Telomerase-Aktivierung bei gesunden älteren Patienten zunächst aussagekräftige Langzeitergebnisse vorliegen.

14.1.4 Neue Peptide

Die Entwicklung und Erforschung neuartiger vom Körper nutzbarer *Peptide*, also Verbindungen von wenigen Aminosäuren, ist ein wachsendes medizinisches Feld. Der mögliche Einsatz der Peptide reicht von verbesserter Hautpflege und Wundheilung, über Förderung der Wachstumshormon-Freisetzung und Diabetesbehandlung, positiver Beeinflussung von Immunsystem, Nervensystem, Gedächtnisfunktion, Schlaf und Libido, bis zur Heilung Magengeschwüren und der Krebstherapie [7]

So befasst sich auch die Nachwuchsforschergruppe *„Bioaktive Peptide und Proteintechnologie"* unter Leitung von Dr. S. Cheison an der Technischen Universität München (TUM) mit der Erforschung neuer Peptide für die Behandlung von Krebs und Alterserkrankungen: „Der größte Vorteil synthetisch hergestellter Peptide ist aber, dass man sie im Labor gezielt so zusammenstellen kann, dass ein optimaler *Anti-Age*-Cocktail entsteht. Der kommt von Natur aus in Milch, Gemüse und keiner anderen Quelle so vor" [8].

- *Anwendung*: Verschiedene clevere Peptide wie *Carnosin, Carnitin* und *Kollagenpeptide* helfen schon heute als gesunde innere *Beauty-Booster*, und spezialisierte Peptide werden auch bereits in anti-aging Cremes eingesetzt (s. Kapitel 6 *Ernährung* und Kapitel 9 *Cosmeceuticals*).

14.1.5 Neue Wundheilungs- und Krebstherapien

Verbesserte Stammzelltherapien sind auch die große Hoffnung für die Wundheilungs- und regenerative Medizin der Zukunft: Menschen mit Querschnittslähmung sollen irgendwann dank neuronaler Stammzellen wieder laufen können, großflächige Verbrennungen und Wunden sollen ohne Vernarbung heilen. Die Forschung ist bereits auf dem richtigen Weg, wie auch eine im Magazin *Science* veröffentliche Studie der *University of California* Irvine zeigte, bei der Narbenbildung durch Behandlung mit Haarfollikelstammzellen oder mit Faktoren dieser Stammzellen gleichermaßen verbessert werden konnten [9]. Die Bindegewebszellen der Wunden konnten sich unter dem Einfluss der Stammzell-Faktoren in Fettzellen umwandeln (sog. *Reprogrammierung*) und produzierten dann weniger Narbengewebe. Auch eine entsprechende „Reprogrammierung" von Krebszellen in gesunde Zellen könnte mit neuen Techniken und Molekülen wie den sog. *microRNAs* in Zukunft möglich sein. Unsere Stammzellen und die Reprogrammierung könnten so eine wertvolle natürliche „*Toolbox*" für alle mit Gewebsminderung (*Atrophie*) einhergehenden Erkrankungen des Alters darstellen.

14.2 Ausblick

Mit Hilfe eines integrierten Gesundheitsprogramms wie der in der *Fit+Jung-Formel* vorgestellten Kombination an Gesundheitsstrategien lässt sich bei entsprechender Disziplin auch schon heute eine sehr gute und ganzheitliche positive Wirkung für gesundes Altern und zum Schutz vor altmachenden Einflüssen erzielen. Die Bedeutung persönlicher, alters- und geschlechtsspezifischer Risikofaktoren für den Alterungsprozess wird derzeit immer besser erforscht. Vielen Genvariationen konnten heute schon Bedeutungen für unsere Gesundheit zugewiesen werden; und auch die Analyse epigenetischer Veränderungen durch Alterung, Umweltfaktoren und Enzymvarianten stellt ein wachsendes Forschungsgebiet dar [10].

In den kommenden Jahren werden sowohl verbesserte Wirkstoffe, Gesundheitskonzepte sowie nicht-invasive Messmöglichkeiten entwickelt werden wie auch genauere Kenntnisse und Informationen über den Einfluss persönlicher und äußerer Faktoren auf Alterung und Krankheiten zur Verfügung stehen. Neue Algorithmen und Apps könnten also schon bald basierend auf diesen Informationen, der jeweiligen eigenen Krankengeschichte sowie dem *real-time* Monitoring des Vitalstoffbedarfs und physiologischer Parameter dabei helfen, für interessierte Menschen regelmäßig *personalisierte Gesundheitsvorsorgepläne* zu erstellen mit entsprechenden Empfehlungen für Fitness, Kochrezepte, Nahrungsergänzung, Hautpflege, Entspannung – und Erinnerungsfunktion für Gesundheitstermine und -veranstaltungen. Über Updates und Entwicklungen wird unter www.fitjung-formel.de berichtet.

14.3 Ausgewählte und weiterführende Literatur

1. Wang MJ, Chen J, Chen F, Liu Q, Sun Y et al. Rejuvenating strategies of tissue specific stem cells for healthy aging. *Aging Dis.* 2019; 10(4):871-882. doi: 10.14336/AD.2018.1119.

2. Guidi N, Geiger H. Rejuvenation of aged hematopoietic stem cells. *Semin Hematol.* 2017; 54(1):51-55. doi: 10.1053/j.seminhematol.2016.10.005.

3. Kim EC, Kim JR. Senotherapeutics: Emerging strategy for healthy aging and age-related disease. *BMB Rep.* 2019; 52(1):47-55.

4. Childs BG, Gluscevic M, Baker DJ, Laberge RM, Marguess D, Dananberg J, van Deursen JM. Senescent cells: An emerging target for diseases of ageing. *Nat Rev Drug Discov.* 2017; 16(10):718-735. doi: 10.1038/nrd.2017.116.

5. Fahy GM, Brooke RT, Watson JP, Good Z, Vasanawala SS et al. Reversal of epigenetic aging and immunsenescent trends in humans. *Aging Cell.* 2019; 18(6):e13028. doi: 10.1111/acel.13028.

6. Salvador L, Singaravelu G, Harley CB, Flom P, Suram A, Raffaele JM. A natural product telomerase activator lengthens telomeres in humans: A randomized, double blind and placebo controlled study. *Rejuvenation Res.* 2016; 19(6):478–484. doi: 10.1089/rej.2015.1793

7. Fosgerau K, Hoffmann T. Peptide therapeutics: Current status and future directions. *Drug Discov Today.* 2015; 20(1):122-8. doi: 10.1016/j.drudis.2014.10.003.

8. Cheiron S. in: Anti-Aging Pflege der Zukunft. www.fuersie.de/beauty *online.*

9. Plikus MV, Guerreo-Juarez CF, Ito M, Li YR, Dedhia PH *et al.* Regeneration of fat cells from myofibroblasts during wound healing. *Science.* 2017; 355(6326):748-752. doi: 10.1126/science.aai8792.

10. Sen P, Shah PP, Nativio R, Berger SL. Epigenetic Mechanisms of Longevity and Aging. *Cell.* 2016; 166(4):822-839. doi: 10.1016/j.cell.2016.07.050.

Anhang

1. Fragebogen für das Alterungsquiz (Kapitel 1)

I. Aktueller Status:

    - 1. Alter: Wie alt bist Du heute? (Alter in Jahren)
< 20 Jahre	0 Punkte
20-50 Jahre	1 Punkt
50-70 Jahre	2 Punkte
> 70 Jahre	3 Punkte

    - 2. Biologisches Geschlecht:
weiblich	0 Punkte
männlich	3 Punkte

II. Allgemeine Veranlagungen:

    - 3. Alterung: Wie alt sind Deine Eltern geworden? (gemittelt für Mutter und Vater)
> 80 Jahre	0 Punkte
60-80 Jahre	2 Punkte
< 60 Jahre	3 Punkte
meine Eltern sind noch unter 60 Jahren	1 Punkt

    - 4. Familienanamnese (max. 6 Punkte in der Gesamtauswertung):
Sind Deine Eltern an einer der nachfolgenden Erkrankungen erkrankt oder gestorben?
(mehrere Antworten möglich, wenn bekannt - jeweils für beide Elternteile)

Herzerkrankung	3 Punkte	(in Typ A, Arterien)
Schlaganfall	3 Punkte	(in Typ A, Arterien)
Diabetes, Stoffwechselerkrankung	3 Punkte	(in Typ B, Blood)
Krebserkrankung	3 Punkte	(in Typ C, Cancer)
Demenz	3 Punkte	(in Typ D, Demenz)
unbekannt	3 Punkte	(in I, Indefinite)
sicher keine dieser Erkrankungen	0 Punkte	(I, Indefinite)

III. Risikofaktor-Abschätzung (sog. X-Faktoren)

    - 5. Nimmst Du derzeit regelmäßig Medikamente ein?
(außer Kontrazeption, optionales Multivitaminprärat oder Nahrungsergänzung)
ja	3 Punkte
nein	0 Punkte

    - 6. Bist Du derzeit für eine der folgenden Erkrankungen in ärztlicher Behandlung?
Hormonelle Störung, Osteoporose	3 Punkte	(in Typ E, Endokrin)
Diabetes mellitus	3 Punkte	(in Typ B)
Herz-Kreislauf-Erkrankung oder Bluthochdruck	3 Punkte	(in Typ A)
Fett-Stoffwechselstörung	3 Punkte	(je in Typ A und B)
Krebserkrankung	3 Punkte	(in Typ C)
Gelenkbeschwerden oder Gicht	3 Punkte	(in Typ B)
Demenzerkrankung	3 Punkte	(in Typ D)
Andere	3 Punkte	(in Typ I)

- 7. Ist einer der folgenden Blutwerte beim Check-up auffällig gewesen?
    Blutfette oder Cholesterinwerte   1 Punkt   (in Typ A und B)
    Glykosyliertes Hämoglobin (HbA1c)   1 Punkt   (in Typ B)
    (Marker für Blutzucker) oder Glukose
    C-reaktives Protein (CRP)   1 Punkt   (in Typ B)
    (Marker für Entzündungen im Körper)
    Hormonwert   1 Punkt   (in Typ E)
    kein Gesundheitscheck (letzte 3 Jahre) 3 Punkte   (in Typ I)

- 8. Fühlst Du Dich durch eine Erkrankung in Deiner Lebensqualität eingeschränkt?
    keine Erkrankung oder Einschränkung   0 Punkte
    leicht eingeschränkt   1 Punkt
    mäßig eingeschränkt   2 Punkte
    deutlich eingeschränkte Lebensqualität 3 Punkte

- 9. Rauchst Du?
    nein, ich habe noch nie geraucht   0 Punkt
    bereits länger aufgehört   1 Punkt
    weniger als 10 Zigaretten/Tag   2 Punkte
    mehr als 10 Zigaretten/Tag   3 Punkte

- 10. Konsumierst Du Alkohol?
    ab und zu ein Glas Rotwein o.ä.   0 Punkt
    nie   1 Punkte
    regelmäßig mehr als ein Glas   2 Punkte
    täglich mehr als zwei Gläser und häufig 3 Punkte
    Bier und hochprozentige Spirituosen

- 11. Besteht eine erhöhte Belastung mit Umweltschadstoffen (UmS) am Wohnort oder Arbeitsplatz
    naturnah, kein beruflicher UmS-kontakt   0 Punkte
    Großstadt, kein beruflicher UmS-kontakt 1 Punkte
    naturnah, beruflicher Schadstoffkontakt 2 Punkte
    Großstadt, beruflicher Schadstoffkontakt 3 Punkte

- 12. Hast Du ein erhöhtes Risiko für Sonnenlicht-abhängige Hautveränderungen?
    dunklerer Hauttyp, nie Sonnenbrand   0 Punkte
    mittlerer Hauttyp, selten Sonnenbrand   1 Punkt
    heller Hauttyp, teilweise Sonnenbrand   2 Punkte
    oft Sonnenbrände, kaum Bräunung   3 Punkte
    oder Hautkrebs/-vorstufen in der Vorgeschichte

IV. Körperbau und körperliche Verfassung

- 13. Hast Du Übergewicht/einen erhöhten Body mass index (BMI) *
    Wie ist Dein BMI*?
    18-25 (Ideal- und Normalgewicht)   0 Punkte
    <18 oder 25-30   2 Punkte   (bei > 25 in Kategorie B)
    > 30 (Adipositas)   3 Punkte   (in Kategorie B)
    * Berechnung des BMI: s. Kapitel 2 und www.fitjung-formel.de

- 14. Hast Du in den letzten Jahren ungewollt Gewicht zugenommen? (> 1 Kleidergröße)
    Gewicht konstant oder abgenommen   0 Punkte
    Weniger als 5 kg zugenommen   1 Punkt
    5-10 kg zugenommen   2 Punkte

Mehr als 10 kg zugenommen   3 Punkte
Hast Du Diäten ohne bleibenden Erfolg versucht und es ist schwierig, Gewichtsverlust beizubehalten? – Dann ist eine dauerhafte Ernährungsumstellung sinnvoll.

15. Hast Du eine Fettzunahme im Bauchbereich bemerkt?
    - Bauchumfang konstant < 80   0 Punkte
    - 80-100   1 Punkt   (in Kategorie B)
    - 100-120 cm   2 Punkte   (in Kategorie B)
    - > 120 cm   3 Punkte   (in Kategorie B)

16. Hat sich Deine Muskulatur und Muskeltonus/-kraft in letzter Zeit vermindert?
    - Nein, kräftig, eher Muskulatur aufgebaut   0 Punkte
    - Allenfalls leichter Abnahme   1 Punkt
    - Merklicher Muskel- und Kraftabbau   2 Punkte
    - Immobilität und Muskelschwund   3 Punkte

17. Wie hoch ist Dein Blutdruck*? *Regelmäßige Blutdruckkontrolle beim Check-Up!
    - Immer normal und unter 140/90 mmHg   0 Punkte
    - Mein Blutdruck schwankt häufiger   1 Punkt   (in Kategorie A)
    - Zwar öfter erhöht über 140/90 mmHg, aktuell aber gut eingestellt   2 Punkte   (in Kategorie A)
    - Über 140/90 mmHg und unbehandelt oder nicht bekannt   3 Punkte   (in Kategorie A)

V. Vitalität und Nervensystem:

18. Kannst Du Dir neue Informationen gut merken und Dich auf geistige Belastungen gut konzentrieren (z.B. Lesen, Sudoku, Kopfrechnen)?
    - Ja, gutes Gedächtnis und Konzentration   0 Punkte
    - Selten vergesse ich Informationen und selten Konzentrationsprobleme   1 Punkt   (in Kategorie D)
    - Öfter Gedächtnis-/Konz.-probleme   2 Punkte   (in Kategorie D)
    - Starke Gedächtnis- und Konzentrationsstörungen   3 Punkte   (in Kategorie D)

19. Fühlst Du Dich oft müde, abgeschlagen oder energielos?
    - Nein, ich fühle mich fit und voller Energie   0 Punkte
    - Abgeschlagenheit bei Belastungen   1 Punkt
    - Öfter müde und energielos   2 Punkte
    - Chronisch müde und energielos   3 Punkte

20. Schläfst Du gut und bist beim Aufwachen ausgeruht?
    - Ja, ich schlafe 7-9 Stunden gut durch   0 Punkte
    - Teilweise <7 Stunden Schlaf   1 Punkt
    - Öfter Ein- und Durchschlafprobleme   2 Punkte
    - Nein, chronische Schlafprobleme   3 Punkte

21. Fühlst Du Dich durch Stress in der Lebensqualität beeinträchtig
    - nein, ich fühle mich nicht gestresst 0 Punkte
    - Stress kommt im Alltag vor, aber ich kann gut damit umgehen   1 Punkt
    - öfter durch Stress beeinträchtigt   2 Punkte
    - ja, ständig durch Stress beeinträchtigt   3 Punkte

22. Bist Du mit Deinem Sex-Leben zufrieden?
    (und nur Männer: + Hast Du regelmäßige „Morgenerektionen")

ja, zufriedenstellendes Sex-Leben	0 Punkte	
OK, aber etwas weniger geworden	1 Punkt	(in Kategorie E)
eher unzufrieden und zu selten	2 Punkte	(in Kategorie E)
sehr unzufrieden, kein Sex-Leben	3 Punkte	(in Kategorie E)

VI. Lebensstil (aktuelle positive Einflüsse und Jungmach-Aktivitäten)

23. Ernährst Du Dich frisch und ausgewogen?

täglich mehrfach Obst, Gemüse, Vollkorn	0 Punkte
täglich 1-2 Obst- oder Gemüseportion	1 Punkt
unregelmäßig Obst oder Gemüse, öfter Weißbrot, Nudelgerichte oder Süßes	2 Punkte
meist Weißbrot, Fertiggerichte/*Fast food*, Süßes	3 Punkte

24. Wieviel Fleisch und Fisch isst Du?

nie oder selten Fleisch, häufig Fisch, Pilze	0 Punkte
vegane Ernährung	1 Punkt
mehr als 3 Tage pro Woche Fleisch oder Wurst	2 Punkte
täglich Fleisch oder Wurst, nie/selten Fisch	3 Punkte

25. Nimmst Du derzeit ein Multivitaminpräparat oder Nahrungsergänzungsmittel ein?

ja, Multivitaminpräparat und/oder individuelle Nahrungsergänzung nach Gesundheitscheck	0 Punkt
Vitamine wegen Mangelzuständen	1 Punkt
unregelmäßig Vitamine ohne Check-up	2 Punkte
nein, noch nie mit Vitalstoffmangel befasst	3 Punkte

26. Treibst Du aktiv Sport?

Fitness oder moderater Sport min. 3x/Woche	0 Punkte
Fitness oder moderater Sport 1-2x/Woche	1 Punkt
unregelmäßig Sport oder Leistungssport	2 Punkte
fast/nie Sport („Sport ist Mord")	3 Punkte

27. Gibt es medizinische Gründe dafür, dass Du keinen Sport treiben oder bestimmte Sportarten nicht ausüben darfst?

ja	3 Punkte

28. Gibt es andere leichte körperliche Aktivitäten, die Du regelmäßig durchführst

viel ausgewogene Bewegung im Alltag	0 Punkte
häufig Sitzen, aber zwischendurch Bewegung	1 Punkt
überwiegend Sitzen, seltener Laufen	2 Punkte
nein, ich bewege mich nur wenig oder einseitig	3 Punkte

29. Wieviele gute Freundschaften oder engere Kontakte hast Du?

großer Freundeskreis, gute soziale Vernetzung	0 Punkte
mehr als 3 Freundschaften	1 Punkt
1-3 Freunde oder regelmäßige Kontakte	2 Punkte
keine Freunde oder nennenswerte Kontakte	3 Punkte

30. Hast Du ein Haustier oder ein erfüllendes aktives Hobby (mit viel Bewegung)?

ja, Hund und/oder erfüllendes aktives Hobby	0 Punkte
ja, anderes Haustier und/oder Hobby	1 Punkt
kein Haustier, aber anderes Hobby	1 Punkt
nein, kein Haustier oder aktives Hobby	3 Punkte

2. Glossar

Begriffserklärungen und Rezept unter www.fitjung-formel.de